目 录

语文事业

新中国语言文字事业的历程与前路 …………………… 1
记忆中的"中国文字改革委员会" …………………… 4
以民为本的语文规范化 ………………………………… 14
语文规范的时代性 ……………………………………… 16
新时代语文工作者的历史担当 ………………………… 18
新时代浪潮中的社会语文生活 ………………………… 21
增加民族文化元素
　　——当今语言文字领域的新潮 …………………… 26
百年京音趣话 …………………………………………… 28

语文趣谈

趣说字母和汉字 ………………………………………… 32
趣说"牛"字 …………………………………………… 37
"虎"字趣谈 …………………………………………… 40
从竹简到纸张 …………………………………………… 43
察称谓，破奇案 ………………………………………… 44
细察姓名，论证古国创建者 …………………………… 45

2 语言趣话

错说一句，丢了性命	46
言语轻率必埋祸根	47
添几个字，效果巨大	49
猪八戒的话为什么可笑	50
《儒林外史》中的严贡生为什么显得可笑	51
邹忌借琴谏威王	52
邹忌劝说语的三个特点	54
烛之武为何几句话劝退了秦国军队	55
李斯成功劝止秦王"逐客"的话语步骤	56
把握住关键时刻进行劝说	58
庄公为何三次回绝建议	59
王安石辩驳之词为何显得坚定有力	61
康有为"先破后立"驳倒顽固派	62
《荷花淀》中水生报名参军的话语为何赢得妻子支持	64
《小马过河》中对话的表达特色	65
《格列佛游记》中的奇想	67
一个奇异的部落：语言环境的复杂多样	69
"狼孩"与勃朗特三姊妹的故事	70
从小猩猩跟婴儿的比赛说起	71
"圆桌会议"的来历	73
"揶揄"的故事	74

语言之妙

细品语言之妙，提升语言能力…………… 75
趣话语言的转换………………………… 79
给孩子讲故事，语言须"三化"………… 81
巧用对比，引人入胜…………………… 85
古代精美短文的"三个诀窍"…………… 87
论说中描写性语句的独特作用………… 91
中华对联的神韵………………………… 99
老舍语言的魅力……………………… 103
侯宝林相声中的语言妙招…………… 110
"察言观色"的故事…………………… 115

语文奇遇

我的"语文奇遇"……………………… 123
给部委、出版社讲课的故事………… 131
答复中央电视台语言文字问题20余载 … 136
在报刊写语言文字专栏的故事……… 144
《光明日报》，胸怀宽广的朋友……… 156
校对趣事……………………………… 173

汉语拼音

关于汉语拼音的分词连写…………… 179

国际上哪些文件认定"汉语拼音"是拼写汉语
　专有名词的国际标准························ 181
漫话《红楼梦》里"紫檀堡"的读音·············· 183
说说"嫦娥奔月"的"奔"······················ 187

词汇运用

语言生活中的词语嬗变·························· 189
从人民大众视角看法律语言走向·················· 195
"社会称谓"的变化 ···························· 198
"家国情怀"的内蕴 ···························· 201
文稿推敲词语的思路 ·························· 204
趣话传统书信的敬辞和格式······················ 207
"一方面……，（另）一方面"的规范使用
　及新用法 ·································· 209
宜舍弃的旧写法 ······························ 216
"冬至"不是"冬天到了"的意思·················· 217
从"鼎力"的误用说起·························· 220

标点符号

标点符号功能及当下使用中的几个问题············ 222
标点符号某些用法中的细节······················ 231
一个每天都能看到的标点差错···················· 237
与"某某说"相关的标点 ························ 239

公文语言

公文及法规写作中的语言文字问题……243
公文常用的三组词及"其他"用法辨析……285
公文文风问题……293
趣话公文中的文学语言……298

《红楼梦》语言

曹雪芹并不知道《红楼梦》这个书名……302
《红楼梦》语言的含蓄特色……304
趣话《红楼梦》中奇特的"留白"……317
焦大话语中几个有趣的词……320
贾政的告示为何碰了壁……323
《红楼梦》中的色彩衬托……324
从《红楼梦》"凸碧堂品笛"说到《桃花源记》……326

语文人物

我所知道的周有光先生……330
我的父亲杜松寿……337

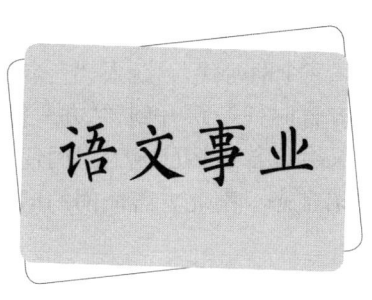

新中国语言文字事业的历程与前路

1949年10月10日,新中国刚刚成立,国家的第一个语言文字机构便诞生了,这就是"中国文字改革协会"。

在共和国前进的征途中,它数次更名,每次改易,都标志着中国语言文字事业迈入一个新阶段:

1952年2月5日改为"中国文字改革研究委员会",显现出中国正式开始"官方"研制汉语拼音和简化字;1954年12月23日改为"中国文字改革委员会",标志着中国进入依靠国家力量推行语文现代化的新阶段;1985年12月16日改为"国家语言文字工作委员会",昭示着中国语言文字事业进入以"规范化、标准化"为核心任务的新时期。

　　70多年语文事业风雨兼程、砥砺前行，使得中国社会语文生活从"三个旧时代"，跃入"三个新时代"。

　　——从"方言时代"跃升到"'方·普'时代"。如今，会说方言又会说普通话已成为祖国辽阔大地上司空见惯的社会用语常态。南北方言隔阂的旧状态，早已不复存在。

　　——从"扫盲时代"跃升到总体上的"无盲时代"。二十世纪五六十年代大张旗鼓扫除文盲，无数人欣喜脱盲。改革开放后教育事业飞速发展，"文盲充斥现象"已成历史陈迹。

　　——汉语拼音从"识字工具时代"跃升到"社会交际工具时代"。拼音从小学课堂跨入社会。如今，每天有数以亿计的人用汉语拼音敲键盘、发信息。

　　此外，70多年来社会语文规范的一个显著变化是，许多党政机关、新闻媒体、文化单位，从"留意语文规范的时代"，跃升到"普遍追求高质量语文规范的时代"。例如，立法、部委公文、传媒等领域都在实施愈加严格的语文质量管控举措，且日臻成熟。过去，请专家讲语言规范的寥若晨星，如今已司空见惯。有学者称，往昔读大报，5分钟就见一错；现在20分钟也找不到一例了。

　　回望70多年语文风云，感慨系之：语文事业这条小河，只有汇入全社会这条宽阔平稳的大江，服务国家发展战略，满足社会实际需要，助力弘扬中华文化，才能行稳致远。

从这一点出发，登高远望，可见未来语文事业任重道远，前景更加灿烂辉煌。

当下的"'方·普'时代"将向明天的"'方·普'+双语时代"奋力挺进。在祖国未来的社会语文生活中，既能看到人们会说方言和普通话，又能看到少数民族群众普遍会说民族语和普通话。这就需要加大推进少数民族区域双语教学的力度，这对促进少数民族地区教育和经济发展、民族团结、社会稳定乃至对国家发展，都具有重要战略意义。

全社会的语言文字规范化水平将获得普遍提高。不仅中央党政机关、新闻媒体重视，而且从中央到地方的所有单位、媒体都更加重视语言文字规范，并将其提高到一个崭新的水平。同时，查阅语文规范的途径更加多元、便捷、大众化。

将大力促进社会语言文明建设，让社会生活中的语言文明春风化雨般深入人心，成为亿万群众的自觉行动。在各种社会生活、工作的语境中，在国内外旅游中，将普遍呈现出良好的语言文明素质。在公共场合小声说话、打手机，成为大众自然的语言文明习惯。语言文明的提升，就是社会文明的提升。

促使方言研究跟弘扬传统文化、地方文化相结合。让方言研究跟释解传统典籍中的古代词语相结合，跟促进方言戏剧、方言曲艺、方言说书、方言民间故事、方言诗歌等的蓬勃发展相结合，从而使方言研究融入弘扬中华文化的洪流。

可以预见，未来的中国社会语言，包括网络语言，将更现代、更规范、更文明，释放出宏大的促进社会崭新发展的正能量。

（原载《光明日报》2019年9月7日）

记忆中的"中国文字改革委员会"

中国文字改革研究委员会是1952年2月5日成立的。1954年11月20日，在周恩来总理的提议下改名为"中国文字改革委员会"，任命吴玉章为主任，胡愈之为副主任。1954年12月23日，中国文字改革委员会召开成立大会。吴玉章在会上说："前中国文字改革研究委员会改组成为中国文字改革委员会，这不仅仅是名称的改变，而是机构性质的改变。过去基本上是研究机构，现在就不同了，不能仅仅做研究工作，而应该走到人民中间去，走到生活中间去，根据政府的政策，采取切实可行的步骤来推行各项文字改革的具体工作……"在这次会上，吴玉章提到了第二年的工作任务是："1.制定《汉字简化方案》；2.制定《汉语拼音方案》；3.研究和推行标准音（普通话）的教学。"这三项内容，其实就是后来常说的"三大任务"。从20世纪50年代起，"三大任务"的提法一直延续到中国文字改革委员会更名为"国家语言文字工作委员会"为止。

1955年初,中国文字改革委员会(简称"文改会")迁至景山东面的景山东街(现在叫"沙滩后街")的北京大学旧址。清初,这里是公主府,是乾隆第四个女儿的府邸。清末,这里是"京师大学堂",是戊戌变法仅存的一项成果,民国后改称"国立北京大学"。文改会搬进院内东侧的一栋方形二层灰楼内,这儿原先是北大数学系。在二十世纪五六十年代,这栋小楼引领着全国亿万人民的语文生活,推动着我国历史上规模最大的语文运动。

1955年12月,文改会在这儿发布了《第一批异体字整理表》。异体字指读音跟意思都相同,只是写法不同的字。例如"杯"有异体字"盃","草"有异体字"艸","床"有异体字"牀"。这个表里有810组异体字,根据从简从俗的原则,从中选出810个作为正体。例如只留"炮"而淘汰"砲""礮",只留"昆"而淘汰"崐""崑",只留"烟"而淘汰"煙""菸"。但是在汉字的实际使用中,表中有的被淘汰的异体字有区分意思的作用,有的是姓氏,人们还在用。因此,1965年文改会颁布的《印刷通用汉字字形表》中,将15个被淘汰的异体字恢复为规范字。其中最有影响的就是恢复了"黏"。在《第一批异体字整理表》中,"黏"是作为"粘"的异体字被淘汰的。这样一来,"粘"字在使用中,做动词时读zhān,做形容词时读nián,很不方便。恢复"黏"后,"粘"只读zhān,是动词;"黏"只读nián,是形容词。

两字分工明确("粘"字做姓氏时仍读 nián)。

在景山东街这座灰楼里,文改会做了三件大事。

第一件是五六十年代在全国推行轰轰烈烈的推广普通话运动。普通话在清代叫官话,在民国时期叫国语。1955年全国文字改革会议和现代汉语规范问题学术会议期间,决定将汉民族共同语定名为"普通话"。会后经各方研究,正式确定现代汉民族的共同语就是"以北京语音为标准音,以北方话为基础方言,以典范的现代白话文著作为语法规范的普通话"。北京话形成的时间很早,元代周德清所著《中原音韵》(1324年)所反映的音系,跟现代北京音系基本相合。也就是说,北京语音在元代就已经形成。政府最早推行官话的是清代的雍正王朝,据说因雍正皇帝听不懂福建官员的陈述,而下令在福建、广东设立正音书院,来教官话。五四时代开展了国语运动,1920年北京成立了国语传习所,培训了各省学员四五百人。中华书局办的国语专修学校和商务印书馆办的国语讲习所,为南方各省培养了两三千个国语教员。1956年2月2日,国务院发出《关于成立中央推广普通话工作委员会的通知》,主任是陈毅元帅,副主任有郭沫若、吴玉章、陆定一、林枫、张奚若、舒舍予(老舍)等人。这个委员会的工作机关,设在文改会的灰楼里。在这栋楼里,还决定开办"普通话语音研究班",从1956年到1960年,共办了9期。

从推广普通话的必要性来说,五六十年代强调的是语言沟通。我在各种材料中看到一个有趣的例子。解放军在西南剿匪，当地群众给部队带路。走到一处山崖前，带路的老乡说："这里有 fěi！"战士们听说有"匪"，立即持枪准备战斗。老乡赶紧指指山泉，做了个喝水的动作，大家这才省悟，说的是"水"，大笑起来，纷纷摘下水壶灌水。

随着社会的发展，特别是改革开放后各地人员的交流，如今早已不存在几十年前那种因方言隔阂而语言不通的窘况了。新时代推广普通话工作的重点，应该转移到西部辽阔的少数民族地区，助力新疆、西藏等地学校搞好双语教学。学好普通话，对少数民族经济、文化的发展以及跟内地的交流有重要、深远的意义。

第二件是对全国人民文化生活产生重大影响的汉字简化工作。文改会于1956年2月、1956年6月、1958年5月、1959年7月分四批推行了《汉字简化方案》。这些工作都是在这座灰楼中完成的。

汉字简化后，笔画减少，在"手写"时代，大受欢迎。据统计，1964年颁布的《简化字总表》中，繁体字的平均笔画数是16笔，简化字的平均笔画数是8笔。也就是说，笔画数减少了一半，写起来省事多了。我当时上小学，课堂上老师说"學"以后写成"学"，同学们一听，鼓掌欢呼起来。

个别简体字的正确写法，往往有人没注意。一个常见的例子是"藉"的用法。"藉"表示"凭借""假托"义时，简化为"借"。有人不晓得，仍用"藉"表"凭借""假托"。一本语文词典的前言里说"……藉以纪念"。这里要表示的是"凭借"的意思，其中的"藉"应写成"借"。

有的笔画多的汉字没简化，群众在某些场合自动采用简化写法。例如"蒜薹"的"薹"，多达17笔，不好写。故此，在菜市场常见"蒜苔"的写法。"橘子"的"橘"16笔，水果店的牌子上都写"桔子"。"苔""桔"在市场会长久生存。不是正式场合，倒也不必纠结。

笔画少了写起来方便。我有一位台湾朋友，来函信封上总写"台湾"二字，没有一次写"臺湾"。

有人曾质疑简化字使文化倒退。某香港艺人说，看见大陆的简化字，就知道大陆人读不了古书，没文化。我真想问问这位艺人，你会繁体字，你能读懂先秦典籍吗？读古书要学古汉语，须记住常用词的多项词义，得学古汉语语法，还要了解古代文化知识。这样才能学好古汉语、读懂古书。至于繁简字，只是其中一个很小的环节，比较容易解决。而且，1956年以来，大陆出版了卷帙浩繁的简化字古籍。四书五经、二十四史、唐诗宋词、历代散文等，应有尽有。简化字很好地传承了中华文化。我上初中时，老师教《古文观止》，给学生发的是油印的简化字教材，学习中没感觉任何障碍，许多古文名篇"至今喜诵之不衰"。

第三件是推出《汉语拼音方案》。

1958年2月，第一届全国人民代表大会第五次会议批准的《汉语拼音方案》，是在这栋灰楼里经过无数次大小会议后产生的。

《汉语拼音方案》实质上是用拉丁字母拼写汉语。这件事很早就发生了。1605年（明代万历三十三年），意大利天主教传教士利玛窦出版的《西字奇迹》中便用拉丁字母拼写汉语。这是最早的用拉丁字母拼写汉语的尝试。1626年，法国天主教传教士金尼阁出版了《西儒耳目资》，其中的拼音方案是利玛窦方案的修订方案。第一个用拉丁字母拼写汉语的中国人，是福建人卢戆章。他在1892年出版了拼音课本《一目了然初阶》。1928年，国民政府大学院（即教育部）公布了刘复、赵元任等拟定的《国语罗马字拼音法式》。1931年，在苏联海参崴召开的中国文字拉丁化第一次代表大会上，公布了瞿秋白、吴玉章等研制的"拉丁化新文字"。《汉语拼音方案》吸取了历史上这些方案的优点。所以，周恩来总理1958年在《当前文字改革的任务》中说："从采用拉丁字母来说，它（指《汉语拼音方案》）的历史渊源远则可以一直推溯到三百五十多年以前，近则可以说是总结了六十年来我国人民创制汉语拼音方案的经验。"

　　我上小学一年级时，学的是注音字母。它跟《汉语拼音方案》的功用是相同的。要说不同，主要有两点：第一，《汉语拼音方案》采用的是拉丁字母，而注音字母则是笔画式的民族形式；第二，《汉语拼音方案》是音素化的，而注音字母不是音素化的，有的是音素组合。

　　长期以来，汉语拼音主要用于识字和查字典、词典。新时代则增加了电脑和手机的汉字输入。不过，就速度而言，注音字母的汉字输入速度并不比汉语拼音慢，甚至更快。因为汉语拼音是音素化的，而注音字母的许多音节是双拼的。

20世纪90年代，曾有语言学者认为，"汉语拼音正词法＋社会流通性＝拼音文字"。但是近几十年的研究证明，这个想法是无法实现的。因为汉语中同音字太多。读一篇汉字文章，快速读一下就能知道大意。读一篇汉语拼音写的文章，即使标调，理解起来也要慢得多。如果不标调，就更慢了。

而且，西文的"词"是语言中自然存在的，所以人家的正词法就相对简单。汉语拼音的正词法，要人为划分词的界限，例如生活中常说的"羊肉"，有的学者认为是词，有的说不是词，争论不休。现今，通过研究汉语拼音正词法使汉字拼音化的想头已烟消云散。

1959年底，文改会从景山东街搬迁到朝内南小街51号。那儿盖起一座五层新楼，据说是用建造人民大会堂剩下的材料修建的。

1957年10月，文改会在景山东街办公楼里曾对地名进行了审订，搬到朝内南小街后，1962年12月，又审订了一些地名读音。新中国成立后，对地名读音只审订了这两次。1959年的审音没有审地名读音。《现代汉语词典》收录了两次地名审音。《辞海》也据此给地名标注读音。地名中的字，有时读音跟一般读法不同。确定地名读音，应查阅《辞海》《现代汉语词典》以及《汉语拼音词汇　专名部分》。

1980年10月，我到文改会的"中央普通话进修班"

学习。学习班设在朝内南小街办公楼的五层，讲课的有语音专家徐世荣、周殿福，著名播音员夏青等。通过近一学期的学习，我系统掌握了普通话语音知识、国际音标和舌面元音图等。在这里学到的知识对我此后长期从事语言文字工作帮助甚大。

1985年底，中国文字改革委员会改名为国家语言文字工作委员会（简称"国家语委"），不再搞文字改革了，而是以促进语言文字的规范化、标准化为工作目标。1954年成立的中国文字改革委员会至此画上句号。

从1952年中国文字改革研究委员会成立到现在的国家语委，已70多年了，但语言文字工作的根本属性仍未改变。

我在一本书中读到吴玉章的一篇文章，在一份旧得发黄的《文字改革工作通讯》中看到他同年的一份电报，深受感动和启示。

1959年3月20日，中国文字改革委员会主任吴玉章在《人民日报》发表《利用拼音字母帮助扫盲和推广普通话》，说："第一，拼音字母很受群众欢迎。第二，群众学习拼音字母，并没有什么困难。第三，拼音字母能够……巩固和扩大扫盲成果。……深入宣传，发动群众，……在工人农民中间只求大体上能听能讲普通话，首先普及，然后逐步提高，……推广普通话应该采取多种多样的方式，不要采取强制的方式。"

同年12月，吴玉章给"山西省推行注音扫盲和推广普通话现场会议"发了一封贺电，指出："万荣县的农民掌握了拼音字母之后，不仅很快摘掉了文盲帽子，而且正在大量阅读注音的通俗读物。一个农民能够继续不断地看书，这才是真正永远摆脱了文盲状态，这样的人就不会'回生'，而且相反，他会不断提高。……至于在工农群众中推广普通话，也必须教学拼音字母，必须与学习文化相结合，即必须使群众阅读注音读物，否则就不能经常化，也无法提高。"

细阅吴玉章所云会发现，文章和电报说的是"推广普通话"和"推行汉语拼音"两项工作，但吴老不是从"如何落实好两项工作"着眼的，而是完全站在帮助人民群众脱盲、学文化的立场上说话的。他目光所及，是做这两件事的根本目的。

这时，《汉语拼音方案》诞生一年，简化字刚公布三年——新中国语文运动方兴未艾，正处于如火如荼的高潮期。在这场席卷神州的巨浪大潮里，中国文改会主任的话，言辞恳挚、情意拳拳，洋溢在字里行间的"人民情怀"扑面而来。

这一情结其来有自。抗战时期，延安等地给农民办"冬学"教"新文字"（即共产党人30年代拟制的汉语拼音方案），帮助农民识字扫盲。陕甘宁边区政府主席林伯渠倡导："推行新文字，扫除文盲，使人民普遍享受进步文化的果实。"1941年，边区《新施政纲领》中说："要使边区的人民人人都识字，就必须积极推行边区过去消灭文盲的办法，就必须大力地推行新文字……"话语同样饱含着深深的为民之情。

再向前看。1931年共产党人瞿秋白、吴玉章等创立"新文字"的目的就是为了消除"广大人民识字的障碍","要造成真正通俗化,劳动大众化的文字"。完全面向人民,目标是实现人民群众在文化上的翻身解放。

新中国成立后,1952年在中国文字改革研究委员会成立大会上,中央人民政府政务院文化教育委员会主任郭沫若说:"人民现在在经济上、政治上翻身,迫切需要学习文化,因之,文字工具问题急需解决。"一席话明确宣示出,新中国语文工作是以关怀人民、服务人民为宗旨的,跟以往党领导的语文运动一脉相承。

可以说,"全心全意面向人民"是延安以来党领导的语文工作的"初心"。

面对新时代的社会语文生活和人民大众,不忘党的语文工作"初心",须做到"两个坚持":

第一,在制定、修订语言文字规范时,应坚持"从群众中来,到群众中去"的方针。就是说,需要制定、修订哪些规范,要从人民群众的需要出发。就修订而言,群众提出意见较多的项目,宜进行修订;群众没有或很少提出意见的,宜暂不修订。

第二,在实施有关工作时,应坚持"便民、利民"方针。务必注意不给群众带来不便,即百姓常说的"别给大伙儿添乱";不可将语文工作视为谋利的"产业",收费事项宜逐步走向少收费乃至不收费的利民方向;也不宜将语文工作抬升到吓人的高度。

吴玉章是革命家,是著名的"延安五老"之一。先贤已逝,箴言犹在,警醒后人。

以民为本的语文规范化

从瞿秋白、吴玉章等在苏联研究"中国拉丁化字母"算起,党领导的语文运动轰轰烈烈,已经百载。其间的语文工作归纳起来,做了三件大事。

第一件,千方百计让劳动群众识字、提高文化。20世纪30年代,在陕北窑洞的农民冬学中,在上海阁楼的工人夜校里,语文工作者通过教"字母"帮助工农识字。新中国成立后的汉字简化极大促进了新中国的扫盲,周恩来总理在《当前文字改革的任务》里举了个鲜活生动的事例:"天津一个工人说,'盡、邊、辦'……总记不住,这回简化成'尽、边、办',一下就记住了。"二十世纪五六十年代,语言专家在山西、河北等地用汉语拼音开展注音识字扫盲,成绩斐然,被誉为"加速工农群众知识化的捷径"。

第二件,方便人民交流。新中国掀起了我国有史以来最大规模的共同语推广运动,波澜壮阔的"推普"(推广普通话),使辽阔疆域的亿万大众迅速推倒了方言隔阂的藩篱,天南海北得以顺畅交流。从通都大邑到广阔乡村,民众由只操浓重乡音跃升到普、方兼通,开创出赤县神州划时代的语言生活新面貌。

第三件，方便人民写字、阅读。新中国的简化字不仅利于识字，还方便写字。简化字比繁体字平均减少一半笔画，好写多了。周恩来总理在上述报告中叹赏："河南一位老师向小学生介绍简化字，说'豐收'的'豐'字今后可以简写成三横一竖的'丰'字，孩子们高兴得鼓掌欢呼。"简化字在新中国成立初期是儿童识字、成人扫盲的利器，明效大验。自那时起颁布的《简化字总表》《普通话异读词审音表》《通用规范汉字表》等，以及出版的《新华字典》《现代汉语词典》等，涵盖字形、字音、词形、词义规范，在方便亿万群众读写上厥功至伟。竖排改横排、修订标点符号用法等，对便利大众阅读，功不可没。

值得注意的是，虽然早在清末就提出"言文一致"，"五四"时期又大力倡导白话文，但实际上，直至新中国建立，"白话文运动"才取得彻底胜利。根本原因是，中国共产党领导的媒体是面向天下庶民的。白话文的全面推广，使书面语变得自然晓畅、平易近人、亲切活泛，极大方便了广大群众阅读。

这三件事的宗旨可以概括为"利民、便民"。"利民、便民"是党领导的语文运动始终高扬的旗帜。每一项举措，都促进了国家通用语言文字的规范化。

翘首瞻望，几项重任横亘眼前：

一是要更好地引导社会语文应用，特别是在法规、新闻、出版等领域。这对促进社会生活中的语言文字规范化意义重大。二是在修订规范标准上，切实贯彻"从群众中来,到群众中去"的方针。群众感觉不便的,可修订;群众没有异议的,暂不修订。不宜因"语言文字理据"而反复更动,饾饤杂陈。三是要下大力气推广国家通用语言文字,这对增进经济社会文化交流、筑牢中华民族共同体意识具有现实而深远的意义。

(原载《光明日报》2021年7月11日)

语文规范的时代性

审读一本畅销刊物,发现把手表的"机芯"误写为"机心"。编辑申辩说:"过去的刊物、图书有这么用'机心'的,不算错。"过去,"机心"确有这种用法,但是现在不这么用了。因此,《现代汉语词典》《现代汉语学习词典》《当代汉语词典》等工具书中的"机心"条,只有"狡猾诡诈的用心"一类意思,而没有"钟表等内部的机械装置"之义。表示此义,《现代汉语词典》等辞书中皆用"机芯"。有的词典如《现代汉语规范词典》还特别说明,"表示钟表等机械内部的机件……现在一般写作'机芯'"。

时代不同,词语用法往往有别。"五四"前后,"伊"在文学作品中常用来表示"她"。鲁迅《一件小事》中说:"伊伏在地上;车夫便也立住脚。"其中的"伊"即

"她"。而今，此用途早已消泯。

又如，某中央媒体有"正直海防吃紧"的说法，指出应为"正值"后，编辑辩解道，历史上"直"也有跟"值"相同的表示"遇上""碰上"的用例。这话不错，《醒世恒言·勘皮靴单证二郎神》中有"正直太尉朝罢回来"之语。不过，这是古书写法，现在不这样用"直"了。而今《现代汉语词典》中的"直"，已经没有该义项了。《新华字典》"直"字条则注出："古同'值'。"意思是在古代"直"曾有"同'值'"的用法。

再如，《现代汉语词典》告诉我们："望洋兴叹"在古代指"在伟大的事物面前感叹自己的渺小"，而现在则多用来表示"感到无可奈何"；"空穴来风"在古代指某种说法有根据，如今恰相反，多指没根据。

语文规范有时代性。不能拿现在的规范苛责古人，也不能以古人做法衡量今文。不宜以今律古，也不宜以古律今。

审读、加工稿件，应当以现代汉语规范为圭臬。此外，还需注意近期的规范调整。例如2005年第5版《现代汉语词典》推荐使用"执著"，而2012年的第6版推荐使用"执着"。当下，"执着"已成社会主流词形。《现代汉语词典》第5版推荐写"当做""叫做""看做"，第6版更易为"当作""叫作""看作"，社会普遍依此而变。

在词语运用中，有时遇到这种情况：书报刊上某个文言词语，跟词典上有差别。例如许多人写"昨日黄花"，可词典上是"明日黄花"。苏东坡《九日次韵王巩》

一诗说:"相逢不用忙归去,明日黄花蝶也愁。"意思是过了重阳节的菊花即将枯萎,没有什么观赏价值了。后来,人们用"明日黄花"比喻过时的事物。然而在大众的使用中,用"昨日黄花"比喻过时的事物比用"明日黄花"更容易理解,因此有一定流行。"明日黄花"是主流用法,人们大多采用词典上的词形。但也应看到,"昨日黄花"亦有不少用量。因此,我们起草文稿的时候,宜写"明日黄花",但对他人"昨日黄花"的写法,也应容忍,不宜视为"硬伤"。

新时代语文工作者的历史担当

回眸往昔,半个世纪以来,社会生活历经了沧海桑田的深刻变迁。五六十年前,人们常说语文工作有"三大任务":简化汉字、推广普通话、推行《汉语拼音方案》。面对当下崭新的社会语文生态,展望未来,从"以人民为中心"的思想出发,语文工作者在新时代当肩负哪些历史重任呢?心下揣度,似应包括以下几项:

一、对跟语言文字关系密切的行业,进行"分行业引导"

社会的语文规范运动,虽需法规约束,但更重要、更大量的工作，是进行积极引导。目今，从新现状出发，宜进行"分行业引导"。即对那些与语言文字关系密切的行业，针对不同情况、需要，予以语文规范和语文应用的导引，奋力实现新纪元语文规范社会化的宏远目标。

譬如，对制定法规的单位，可促其建立专家组，对法规文本进行语文审订；对党政机关，可开办公文用语规范化讲座；对电视台、报刊等媒体，可经常性指瑕求疵；对学校，可建立多种形式答疑平台，跟语文教师抵掌而谈。其实，近年来以上"因势利导"业已悄然施行，只是还未上升到自觉主动全面推进的境界。从长远目光来看，这些"对口发力"是21世纪语文工作向社会纵深领域挺进并与人民相结合的一个序幕。

中国语文工作者具有光荣的与人民相结合的优秀传统。如20世纪30年代在上海工人夜校及陕甘宁边区冬学教"新文字"，60年代在河北、山西等地农村教汉语拼音等。与民众的密切交融，使语文工作如虎添翼，获得广阔空间与蓬勃的生命力。服务民众，乃语文事业的康庄大道。

二、全方位推进社会文明用语建设

社会文明用语建设，是弘扬中华民族传统美德、促进人际和谐、构筑社会主义文明社会的一项重要举措。

文明用语可分为工作中的和社会生活中的两类。

党政机关、司法部门、服务行业的文明用语，体现着以民为本的理念，直接关涉社会和谐稳定。语文工作者当多予关切，倡导并协助有关机构从实际出发，拟定用语样板和规矩，力促推行，使文明用语规范化、日常化，成为温暖百姓的杨柳风。

对社会生活如社会交际、公共场所、外出旅游中的文明用语，可经媒体、单位等渠道大力提倡，同时果敢抨击不文明用语，勤勉培育文明用语的舆论环境，使文明用语成为社会生活的润滑剂，推升社会文明水平。

网络粗语已成社会顽疾。语文工作者应强化对网络语言的关注度，爱憎分明地激浊扬清，持续推动网络语言走上健康之路。

20世纪90年代国家语委曾召开语言文明建设座谈会。

三、发展双语教学是我国语文战线一项具有深远意义的战略任务

在新的历史阶段，语文工作者有个急迫的历史责任，就是奋力助推双语教学，特别是对西部地区。这对提振新疆、西藏等地教育事业，促进西部经济长远发展乃至民族团结和社会稳定，具有深远的战略意义。

可以说，助力双语教学，是语言文字战线为中华民族伟大复兴而担负的一项紧要的历史使命。

同时，襄赞双语教学，对国家通用语言文字的普及，对中国辽阔国土内人员的自由沟通具有重要价值。这也是推广普通话的一种延伸，从这一视角看，双语教学是

新时期推广普通话的重点和难点之一。

四、从人民需要出发修订语文规范

质言之,规范的修订是为全体人民服务的,是面对海内众庶诘问而完成的一份"语文作业"。

在规范修订中,公众啧有烦言的项目,可酌情调整;没有异议的,则保持不变。从方便社会使用来说,不宜修订过多。满纸饾饤杂陈的变更,必使百姓一脸茫然,纷纷转身离去。"从群众中来,到群众中去"是这个活茬的主旨。

承担上述几宗任务,是新时代中国语文工作者的天职。

新时代浪潮中的社会语文生活

新时代的浪潮奔腾不息,推动社会不断前进,社会语文生活也在时代的变迁中渐次生变,呈现出各种各样的新姿容——

一、电脑大普及开启汉字文化新步履和"词时代"

当下,电脑应用迅速向社会纵深领域挺进,键盘操作已成各行各业乃至生活的日常功课。连续敲击的"打写"空前普及,"手写"大为减少,汉字的呈现方式发生了几千年来的历史性巨变。电脑时代,汉字形体记忆比"手写时代"弱化,"能认不能写"如晨露夕月,司空见惯,成为"新常态"。

这一情状唤起世人对汉字文化疏离的警觉,呼吁传承之声此起彼伏。汉字文化的核心是"六书"(指汉字的六种构造条例,包括:象形、指事、会意、形声、转注、假借。——编者注),但"六书"不便推广,而汉字书法易于"大众化",于是一浪高过一浪受到追捧,各类活动源源不断,书法特色学校如雨后春笋。以书法为龙头的汉字文化新运动,虽初蔚起,必绵长恒久。

电脑打字,输入的常常不是字而是词。如录入"语言文字问题"不是连敲六字,而是打出"语言""文字""问题"三个词。久而久之,"词意识"深入人心,且史无前例。"词观念"的确立,激发了对准确用词的翘企,近义词辨析已成审读、笔耕者惯常作业。"词时代"不觉间降临。词典取代字典成为新时代宠儿。其中,《现代汉语词典》系社会普遍认可的权威工具书,就像英语的《牛津词典》、俄语的《现代俄语词典》、法语的《拉鲁斯词典》一样。

二、求新意念促使新词语和字母词风靡神州

在倡导创新的时代,求新意念风生水起。遣词造

句追求"新异鲜活",已成新风。例如把"时尚"说成"潮",把"夸奖"说成"点赞"……百姓对三天两头飞进词语密林的"新鸟"已见怪不怪,不过粲然一笑而已。诠释新词、引领应用之举,具有积极意义。

字母词如今风行天下。其实早就存在,如"X光"至少流行半个多世纪了。固然不宜滥用,但也应看到四个优点:

其一,能迅速反映外来事物或概念;其二,是缩写形式,十分简短,易记易用;其三,一望(或一听)即知所指,"定指"作用突出;其四,域外知晓,利于中外交流。

四大"长项"赋予字母词强大的生命力。

有人担心字母词给汉语"添乱"。须知字母词进入社会语文生活,要迈过"社会流通性"这一高门槛,"面生者"皆被拒之门外,"偏安一隅"。外来词不过占汉语词汇百分之一二,字母词是其中一个品种,占比更低。区区"外来客"在汉语浩浩荡荡的语流中寥若晨星,远远搅乱不了"汉语世界",更动摇不了"语法+基本词汇"构筑的汉语根基。

三、口语与微信"比翼齐飞","双音化"大提速

说话比行文更适应现代生活的快节奏。在新时代,飞机、汽车、高铁等交通工具的迅猛发展,使面对面交流骤增;手持通信工具的"全覆盖",令"手机对谈"遍

布辽阔疆域。一句话:口语"占领"的"地盘"旷古未有地扩展了。于是,口才备受青睐。能言善辩、对答如流已成优秀从业者必备技能。不光发言人、主持人、领导者,就是普通人在工作、会议、活动中,想把事儿办漂亮,亦须有此"基本功"。抬眼远望,口才已成世间争夺话语权的有力武器。

用微信交际,包括对话、"指谈"、浏览,天南海北随处可见。越来越多的人首先从微信获知新闻。人们慨叹:"没有Wi-Fi的距离是世界上最远的距离。"微信成为前程远大的交际平台和社会语文生活方式。庞大的阅读量,必对新闻乃至文学语言产生深远影响,易懂、流畅的文风将更为流布。口语与微信乃当今社会交际璀璨耀眼的"双子星座"。

新时代多音词的"双音化"步伐大大提速。过去常说的"春节晚会""航空母舰""国家博物馆"早已被"春晚""航母""国博"挤下历史舞台。如今,一个多音词"抛头露面"没多久,不经意间,便被"双音化"兄弟抢占了"座位"。

四、城市五方杂处加速方言消融,方言文化却逆势勃兴

都市里比比皆是的五方杂处使方言向普通话靠拢步履加快。通都大邑的方言犹如加速消融的冰川。大城市,特别是北方大都会语言面貌浑然不觉中巨变,普通

话悄然成为主流用语。北京城里的土词儿在岁月的流逝中消泯，笔者上中学时校园流行的"剋（kēi）""太差（chái）""挨呲（cī）儿"等，已杳无踪迹。"纯正"乡音，或仅存于小城镇与乡间。

与此恰成对照，方言文化迅速崛起。丰富鲜活的方言语料保藏于地方戏剧、曲艺之中，在龙腾虎跃的群众娱乐活动里大放异彩。在影视剧、小品里，方言元素摇身一变，化为一种灵验的艺术手段，一种提升表现力的"妙招"，百试不爽。采用的多系方言色彩的普通话，而非地道方言。这一"调味品"在文学语言中也大行其道，吴语味儿浓厚的长篇小说《繁花》获第九届茅盾文学奖。

方言"文化角色"的彰显，缘于经济快速发展后日益增长的群众文化生活需要及文艺创作的特色追求。其势头强劲，前景昌盛。方言文化包孕着地域风俗和桑梓深情，是传统文化的组成部分，研究、丰富和发展方言文化，就是研究、丰富和发展民族文化。

（原载《光明日报》2016年3月20日）

增加民族文化元素
——当今语言文字领域的新潮

近年来,文化界都在大力弘扬传统文化,这对传承中华文明、实现民族复兴具有重要意义。

在语言文字园地,文化元素也悄然渗入。例如:

以往推广普通话专注于声韵调的准确,而今还着力推行古诗文诵读。十余年来这一活动大规模地在各地展开,九州典籍神韵在"推普"的琅琅诵读声中,浸润了年轻一代的心灵。

昔日的字典词典,重在诠释词语的语文义,时下则出现了多种俗语类辞书,释解生活中鲜活的谚语、歇后语等。

近年解读汉字的图书及电视节目,不囿于形音义及其流变,也注重文化阐释,讲解相关的古代观念、习俗等。

…………

增添文化元素,已成当今语言文字领域新的历史潮流。举目瞻望,翰墨筋脉势必在今后岁月向语文工作与研究的各领域"随风潜入",浸润蔓延。

故而语文工作者宜顺应大潮，着眼长远，因势而谋——

如在方言调查中，将地方文化纳入视域，搜集整理五湖四海熟语、俏皮话及民间故事等，窥察地方姓氏文化；诠释成语时"链接"历史、文化知识；书法教学除指导习字，也讲解鉴赏常识，介绍书道名家；察看社会语文应用时，除了给媒体"纠错"，还着意倡导生活和网络中的文明用语，引领传承流传千百年的敬谦语……

环顾目下语文天地，春潮涌动，新风乍起：人们在对语言本体及其衍变的审视中平添文化目光，以生气勃勃的新颖思维，演绎出现今语文交响乐的宏丽旋律。其实，这也是语文工作者的一项历史责任。

在糅入文化元素时，有的要注意"用"。如"推普"的经典诵读中，大轰大嗡的群体活动虽营造出浩大声势，但学生偏重于读和背。对传统文化而言，能用才是真懂；活在民众口头笔头，方为真正传承。规范朗读非终极目标，享用五千年典籍积淀才是国人新世纪翘企。有两群人：一群只重朗读古诗文；另一群不光熟读背诵，还能自如运用。无疑，后者才是国学真正的传承人。让学生会用，须多举实例，"样板"示范，犹醍醐灌顶。学时顾及用，用时才易记起所学。

有的要留心避"冷"。时见关涉汉字的图书或节目，采撷的文化成分，过于生僻，受众反映冷淡。对翰墨渊薮的摄取，当遵循"古为今用"宗旨。就是说，宜遴选对现代人有启发意义或跟现实生活有某种交集的"原料"。这样，勾连的斑斓文墨便有了"大众性"，避免了"小众性"。让社会大众能理解、能欣赏、能使用，活跃于社会口语、书面语中，增益文化养分之举，方获成功。

宏富的民族文脉正在为中华崛起注入磅礴的力量。在这场气势如虹的"文艺复兴"中，中国语文工作者是完全可以大有作为的。可以预言：在湍急奔涌的语文新潮中，持续的辛勤劳作，必将推出一个崭新的语文时代。

（原载《光明日报》2017年5月7日）

百年京音趣话

一百年前的1924年，发生了一件关乎亿万人民语言生活的大事。这年1月，北京的"国语统一筹备会"废弃了南北兼顾的"老国音"，将语音标准调整为"以北京的普通读法为标准"的"新国音"。这一举措确立了北京语音的标准音地位，标志着汉民族共同语的最终成熟！

这符合语言演进规律，民族共同语标准音一般不是各地音的杂凑，而是以一地之音为标准。例如意大利共同语以多斯岗省首府佛罗伦萨语音为标准音。1924年在现代汉民族共同语形成的历史上，是值得纪念的一年。

此后，我国注音字书皆以京音（北京音系）为标准。

譬如1930年的《国语罗马字常用字表》、1932年的《国音常用字汇》、1937年的《国语辞典》均以京音为准。文学艺术活动也开始普遍采用京音，如20世纪30年代风行华夏的电影。著名歌剧《白毛女》开始用方音，后改为京音。

但是，一直到新中国成立，京音才真正在人民大众中得到快速推广。之前，方言隔阂严重。有个著名笑话：操西南方音群众说的"这里有水"被北方解放军战士听成"这里有匪"。20世纪50年代至80年代，教育部等单位共举办19次中央普通话培训班。在广播、电视及学校教育的推动下，京音畅行全国城乡。1981年我在福建山区跟挑担农民攀谈，令我吃惊的是，老乡竟说一口清晰京音。这跟鲁迅1926年在厦门时所说"这里的话，我一字都不懂"[①]的方言隔阂状态有天壤之别！改革开放后，随着打工潮、经商潮引发的人口流动，京音愈加普及。几年前我返回当年插队的陕西关中小村，土生土长的老支书，竟也操一口京音，令我惊诧不已。

1992年我去香港新界大超市，店员听不懂京音，找了半天，才请出位会普通话的。现今香港年轻人能听、说京音者甚多，与往昔有霄壤之别。

1945年台湾光复后，学习京音热情高涨，到20世纪70年代，全岛已普及京音。从那时起，岛内各种正式

[①] 鲁迅：《鲁迅全集》第十一卷，人民文学出版社，2005，第107页。

场合中，都用京音发言或交谈。有件事儿很有趣，我在电视上听到某台湾女评论员把连词"和"说成 hàn，不觉哑然失笑——这是老北京话呀！《北京方言词典》[①]中说，昔日北京土音"和（hàn）""现在已不大活用，使用范围限于'什么和（hàn）什么''哪儿和（hàn）哪儿''谁和（hàn）谁'"等。相声大师侯宝林在名段《普通话与方言》中提及此词，说："'我和他'的'和'，北京话把它的字音念成了'焊'（hàn）。"侯大师打趣："我'焊'二妞儿一块儿玩儿去啦，'焊'二妞儿，你说怎么'焊'？是气焊，还是电焊？怎么焊也受不了哇！这是特殊方音。"台湾《彩色辞海》[②]也收"和（hàn）"，还举了"你和（hàn）我"的用例。台湾评论员不仅说京音，有时还蹦出北京土词，如"幺蛾子"——原指一张骨牌，此牌不好对付，故京人用它表"坏主意"之义。

京音词语牵涉对文学作品的理解。《红楼梦》第六十九回中，尤二姐吞金而死，贾琏向凤姐要丧葬费。凤姐不耐烦地说："咱们的月例，一月赶不上一月，鸡儿吃了过年粮。"[③]其中"鸡儿"的"儿"系儿化读法，不到一个音素，仅呈卷舌音色，使"鸡儿"谐音"今儿"。"儿"若读成一个音节，"鸡儿"意思变成"鸡"，就无法理解小说原意了。另外，这句话里的"过年"是"明年"之义，乃京音轻声词，读 guònian。

---

① 陈刚编《北京方言词典》，商务印书馆，1985。
② 《彩色辞海》，钟文出版社，2004。
③ 曹雪芹：《红楼梦》，人民文学出版社，2008。

京音词语寄托无限乡愁。小时候华灯初上回家，胡同里各种美食小摊冒着热气，一声长长的吆喝："驴——肉——"在耳畔回荡。"驴""肉"二字拖腔很长，且读高平调的阴平。如今，想起那声悠长的"驴肉"，浓浓的京都里巷情怀油然而生。

历史上，甚至一条小河，一座小山，也分隔出两种方音；而今，繁密的交通网纵横交错，神州处处可闻京音。

赶巧的是，记载北京音雏形的《中原音韵》于元代1324年问世，距今700多年。那时人们不会想到，京音不仅阔步走向世界，还回响在中国空间站，遨游星辰大海。

昔日，东南闽、粤推广京音硕果累累；现今，西南等地双语教学成绩斐然，意义深远……

语文趣谈

趣说字母和汉字

一、字母和汉字产生的时间

世界上最早的字母,是腓尼基字母,它产生于3000多年前地中海东岸的古国腓尼基。汉字的甲骨文是商代卜辞,也有3000多年历史。也就是说,3000多年前,在中国的河南,人们用青铜刀在乌龟壳上"咔嗤咔嗤"刻写甲骨文的时候,远在地球另一边的地中海东岸,腓尼基人正在硬泥版上"叮咚叮咚"錾凿人类最早的字母——腓尼基字母。可以说,中国的汉字和西方的字母大体是同时产生的。

二、字母和汉字在世界上的传播

腓尼基字母随贸易传播,分为三支:一支是希腊字母,希腊字母衍生出拉丁字母、斯拉夫字母等;另一支衍生出阿拉伯字母;还有一支衍生出印度字母。拉丁字母是世界上使用最广泛的字母,有100多个国家和地区使用。英文、法文、德文、西班牙文等采用拉丁字母,俄文等采用斯拉夫字母。我国汉语拼音也采用拉丁字母(说汉语拼音采用的是英文字母的说法不准确、不妥当)。

汉字在汉朝传入越南,后来越南在汉字基础上创造了喃字。1945年越南开始使用拉丁字母文字。汉字大约在3世纪传入朝鲜半岛。明代,朝鲜人创制了谚文使用至今。约于3世纪末,汉字传入日本。日本至今仍使用一两千个汉字。新加坡华人较多,汉字广泛流行。

三、字母和汉字跟语言单位的关系

从语音方面说,一个汉字一般代表一个音节。例如"书"在语音上是一个音节。跟汉字不同,西文字母不固定跟某一语音单位对应。一个字母往往代表不了一个音节甚至一个音素,如英语的book有四个字母,却包含三个音素。

从语义方面说,一个汉字一般代表一个语素。例如"水"在语义上是一个语素。一个字母往往不能代表一个语素。如英语的water有五个字母,仅代表一个语素(水)。

从文字适应语言的角度说,汉字适应了汉语"语素单音化"这一突出特点。

四、字母和汉字的三个时代

从呈现方式说,字母和汉字都经历了三个时代。它们最初是刻写的,这是第一个时代。

有了纸张之后,字母和汉字多书写在纸上,这是第二个时代。

打字机的出现,特别是电脑的出现,给字母和汉字的呈现方式带来历史性、革命性变革,字母和汉字的呈现方式升级为"打写"。这是第三个时代。

"三个时代"是字母和汉字呈现方式的三个阶段,也是人类文明的三次巨大进步。

在电脑上"打写",导致从"读纸时代"进入"读纸+读屏时代",即"双读时代"。西文输入靠在键盘上直接敲击词语字母,所以对词形识记没有影响。汉字大多不是直接输入电脑的,而是用编码输入的。不论拼音还是"五笔"等,都是编码输入方式。长期、反复的编码输入,引发"提笔忘字现象"。有人对此担忧,其实不必。因为汉字在几千年前刚出现时,就是"目治"的,是诉诸视觉的,汉字诞生之日起,就是用来视读的。电脑时代,人们仍在视读它——汉字的基本功能依然在正常体现。

"双读时代"是人类阅读形态的进展。只提倡"读纸",不提倡乃至贬抑"读屏",是落后的阅读观。

随着技术发展,"读屏"将更加普及、舒适。未来的"读屏"将更加贴合读者需求。

五、字母和汉字的作用

拉丁字母用于汉语拼音,是注音工具。《汉语拼音方案》里单字母、双字母记录的语音单位是音素。字母用于拼音文字时,是最小的书写单位,用来构词。

汉字是记录汉语的(书面)符号系统,是汉语最重要的辅助性交际工具。汉字的作用不止于此。

汉字出世前,生产经验靠口耳相传,难免琐碎、不系统。汉字降生后,人们能够全面系统地记录、传承生产经验,从而有力地促进了社会发展,加快了社会前进的脚步。恩格斯在《家庭、私有制和国家的起源》中提到文字时说:"(人类)从铁矿的熔炼开始,并因文字的发明与它的应用于文献记录而转入文明时代。"各种文字包括汉字,具有交际和促进社会发展两方面作用。《语言学概论》①在"文字的作用"一小节中明确指出,"(文字)对社会的交际、发展有相当大的影响"。

六、字母和汉字的字体

拉丁字母常见的字体是哥特体和罗马体。这两种字

---

① 高名凯、石安石主编《语言学概论》,中华书局,1987。

体的差别很小，只有两个字母不同，哥特体的 a、g，罗马体写成 a、g。《汉语拼音方案》刚公布时，文本上多用罗马体，现在多用哥特体。哥特体便于书写，故教学中喜用。

汉字有规范字、繁体字、异体字。欲详细了解，除翻检《现代汉语词典》等辞书外，还可查阅《通用规范汉字表》附件《规范字与繁体字、异体字对照表》。根据《中华人民共和国国家通用语言文字法》的规定，一般宜用规范字。但是，请领导、名人、书法家题词时，出现繁体字、异体字也是可以的。因为手写字蕴含书法艺术，而书法艺术不拘囿于规范字。从网上下载的字用于会标、标语、文牍等，则务须使用规范字。

七、字母和汉字的笔顺

字母也有笔顺。如 i、j 先写下面，后写一点；p 先写竖，后写半圈；……

写汉字讲求笔顺，有益于写得快及字形匀称、端正。笔顺规则见于《现代汉语通用字笔顺规范》。其中，有的字笔顺可能跟一些人习惯不同，应注意。如"万（第三笔是撇）、火（第三笔是中间的撇）、怀（第三笔是竖心旁的竖）、爽（先写一横，再四个'叉'，顺序：左上、左下、右上、右下。每'叉'先撇后点。最后写一撇一捺）"。

趣说"牛"字

把"牛"等十二种动物跟纪年法匹配,始于汉代,有两千年了,可谓一种古老的中华文化。

"牛"字包孕了若干有趣的含义:

1. 指人"固执"或"执着"。例如田汉话剧《关汉卿》中说:"他的牛脾气您还不知道,他写《窦娥冤》您也知道是为打不平的。"其中的"牛脾气"指固执的性格。老舍《骆驼祥子》里,虎妞对祥子说:"我真疼你,你也别不知好歹!跟我犯牛脖子,没你的好儿,告诉你!"虎妞说的"牛脖子"也指固执。《红楼梦》第三十二回中,袭人抱怨:"偏生我们那个牛心左性的小爷,凭着小的大的活计,一概不要家里这些活计上的人作。我又弄不开这些。"她的意思是,宝玉的针线活儿只让袭人一个人做,别人做的一概不要,这让她忙不开。袭人说的"牛心"即"固执"。

"牛"也用来表示"执着",常见的说法是"牛劲儿"。例如新闻中时见:

(1)牛劲儿蹚出致富路。
(2)他不忘初心,在带动村民致富奔小康的路上

"牛劲儿十足"。

（3）这股韧性十足的"牛劲儿"促使他在专业的路上越钻越深。

（4）这位村委会主任凭着一股子"牛劲儿"干了一件"不可能干成的事"。

（5）老王拿着技术资料，反复琢磨研究，以一股不达目的誓不罢休的"牛劲儿"鞭策自己。

2. 诙谐地指某种"大"。如用"牛力"表"力气大"，曹雪芹的爷爷曹寅诗云"万夫谁敌此牛力"；用"牛气"表"自高自大"，如"本以为他很牛气，谁知一见面发现他很平易近人"；用"吹牛"表"说大话"，如"先别吹牛，干出个样儿让我们瞧瞧"；用"真牛"表本领大，如"他一来，就把难题解决了，真牛啊"。成语"牛刀小试"指"有大本领，先在小事上试一下身手"。谚语"牛大自有破牛法"是说，牛的体量再大，也有肢解它的办法。报上"'牛'起来的脱贫路"指"作用大起来的脱贫路"。

3. 指"勤恳工作的人"。毛泽东说"应该学鲁迅的榜样，做无产阶级和人民大众的'牛'"，其中的"牛"即指"勤恳工作的人"。"老黄牛"是新中国七十余年来流行的"热词"。《现代汉语词典》自1978年1版以来，各版皆收"老黄牛"，释义为"比喻老老实实、勤勤恳恳工作的人"。在新时代，"老黄牛"依然生机勃勃、充满活力，常见诸报端——"甘做扶贫路上'老黄牛'""他是埋头苦干的'老黄牛'式干部"等语层见叠出。

有的含"牛"词语颇具意趣。如"牛喘"包含这样一个故事：西汉丞相丙吉出行，遇路旁斗殴死伤者，不闻不问；见别人赶的牛大口喘气，当即查询。随从奇怪，问。丙吉答：斗殴打架由地方官管；牛喘气若因天气异常，恐有大灾，须作准备。他的意思是，应管分内事。后人用这个典故表示"恪尽职守，关心民事"之意。

有的含"牛"词语容易用错。如"牛鼻子"一词，"比喻事情的关键或要害"。《辞海》举例说："牵住敌人的牛鼻子。"其中的"牵"，常有人误写成"抓"。牵牛时抓的是牛鼻环或环上牛鼻绳，而不是用手直接抓住牛鼻子，故宜说"牵……牛鼻子"。

有的词虽不含"牛"，却跟牛关系密切。如"反刍"虽没"牛"，却常指牛再次咀嚼食物。"反刍"也喻指学习方法。

春天，有个民俗叫"鞭打春牛"，指用鞭子抽打泥做的牛，意在催耕迎春、企盼丰收。媒体上的"鞭打快牛"，字面义为用鞭子抽打走得快的牛，常用来比喻"给优秀单位或个人压担子"。

现今，神州大地无数"快牛"奋力前行，"不待扬鞭自奋蹄"，奋进中始终心怀"牛劲儿"。

只要有"牛劲儿"，必定会"真牛"。

"虎"字趣谈

甲骨文的"虎"字是🐅，活灵活现，隐含着祖先对虎的几点突出印象：大嘴、巨齿、身躯硕大、尾巴粗壮、条状斑纹鲜明。前四点可概括为"大"，后一点则指虎身花纹。金文的"彪"字写作🐆，专指虎纹，右面三撇是对条纹的"写真"。虎纹是老虎丛林捕猎时的"保护色"。在古人眼里，这是老虎最显著的特征之一，故"彪"字引申出"显著"之义。查字典会发现，"虎"有时在"虎"部（如《新华字典》），有时在"虍（hū）"部（如《汉语大字典》），有时"虍""虎"两部皆收（如《现代汉语词典》）。第三种做法最方便读者。有趣的是，作为部首的"虍"，本义竟也是虎纹！足见先民对虎纹印象之深。

古今自然环境不同，古人见虎多，不同的老虎各有名称。如白虎叫"甝（hán）"，黑虎叫"䖺（téng）"，短毛虎叫"虥（zhàn）"，发怒的虎叫"虤（yán）"……，这恰似冰天雪地的因纽特人给飘舞的雪、地上的雪、堆积的雪赋予不同名称一样。词语是社会生活的一面镜子，细致入微而又活灵活现地映现出不同时代、不同地域的"原生态"。

历史上，起先只说单音词"虎"，如《易经》说"风从虎"。宋代才开始说双音词"老虎"，北宋苏辙《湖阴曲》说的"老虎穴中卧"，是"老虎"最早用例之一。

民间含"虎"的词语，有的折射出古老习俗。如"虎馍"指扁扁的虎形馍，一二尺见方，虎身有彩绘。在大笼屉蒸好后，小心翼翼放入木盘，用细绳将盘挂于杠上，由两个汉子担着，送到男孩儿满月的喜气洋洋的人家，隆重致贺。"虎符"一词指皇帝的调兵信物，其实"虎符"也是民俗词语，指用黄布或绫罗缝制的小老虎（或画着虎形的黄布条儿）。端午时，将其缀于上臂以辟邪。《红楼梦》三十一回说："这日正是端阳佳节，蒲艾簪门，虎符系臂。"意思是，端午节这天，将蒲、艾两种香草插在门上，把虎符拴在臂上。

有的含"虎"之词意趣盎然，如"马虎"。相传宋朝有人画了个马身虎头的动物。他一会儿说是马，一会儿说是虎，苍黄反复，被戏称"马虎先生"。后人用"马虎"表示"粗心大意"，带嘲讽意味。"马虎"有"马马虎虎"和"马里马虎"两种重叠形式，"马马虎虎"除表"粗心"外，还含"勉强、凑合"之义，如："九十多啦，身体马马虎虎。"

老虎是威猛动物，古人借虎形以显示威严。西汉吕后虽是女性，她的"皇后之玺"印钮竟是只猛虎！清朝衙门前常悬挂"虎头牌"，借以彰显威风。古诗文用"虎"显示威武之气的就更多了，如词坛巨擘辛弃疾在生气勃勃的《永遇乐·京口北固亭怀古》中说"金戈铁马，气吞万里如虎",一个"虎"字呼唤出雄师劲旅的豪迈气概。

熟语中的"虎"字意蕴隽永,耐人寻味。成语"龙腾虎跃"是说像龙一样飞腾,像虎一样跳跃;"虎啸风生,龙腾云起"意为因虎啸而生风,因龙腾而云起,指英雄豪杰奋发有为。谚语"虎跳快如梭,一夜过九坡"表示老虎行动勇猛敏捷;"虎怕插翅,人怕有志"意即老虎插上翅膀,就会更加威猛,人有志气就能在事业上突飞猛进……

"虎将"意指勇猛之将,最早见于《三国志·吴书·诸葛瑾传》:"宁能御雄才虎将以制天下乎?"唐代大诗人李白赞叹,"虎将如雷霆"(《赠张相镐二首》)。《聊斋志异·阳武侯》里的士兵,因虎魂附体而骁勇善战,成为一员虎将。在真实生活中,虎将皆有坚定不移的信念。——霍去病横扫匈奴,笃信"匈奴未灭,何以家为";岳飞大败金兵,志在"直捣黄龙";被称为"徐老虎"的红军猛将徐海东,对革命必胜坚信不疑,率红25军首先抵达陕北。——信念成就虎将!因为,信念坚如磐石,做事必坚韧不拔。

培养新时代的理想信念,就是培养新时代的虎将。

从竹简到纸张

东汉之前，人们把字写在竹简或者丝织品上。丝织品昂贵，所以用竹简写东西很普遍。竹简是细长的竹片。古人用毛笔在竹简上写字，写错了，就用小刀削去，所以当时读书人有随身携带小刀的习惯，"删削"这个词也一直流传到今天。写好字的竹简用绳子、丝线或皮条拴在一起。汉字里的"册"是个象形字，就是描绘串联在一起的竹简。

有个成语叫"韦（wéi）编三绝"，其中的"韦"指皮绳。这个成语是说孔子阅读竹简上的《易经》很下功夫，翻阅次数太多，以至串联竹简的皮绳都断了好几次。

战国时，有个人叫惠施，在魏国做相国。《庄子·天下》中说："惠施多方，其书五车。"后来，人们用"学富五车"来形容学识渊博。

秦始皇统一中国后，每天要看全国各地奏章，奏章是写在竹简上的。据说他每天要读一百二十斤竹简，约合现在六十多斤，不读完不休息。

西汉的时候，东方朔给汉武帝写了个长篇建议，用了三千片竹简，特地请了两位大力士把竹简搬进宫里。汉武帝花了两个月才看完。

虽然东汉时，蔡伦已经改进了造纸术，但直到晋代，纸张才普及。这以后，人们都在纸上写字了。晋代左思写了《三都赋》，人们争相传抄，连洛阳的纸都涨了价，"洛阳纸贵"的成语便流传下来，用来形容文章写得好、广为流传。

察称谓，破奇案

北宋思想家程颢在山西晋城做县官的时候，当地发生了一起离奇的案件：

有个财主死了，儿子张某继承大宗田产，成了令人羡慕的年轻富豪。

一天，有个老头找上门来，自称是张某亲生父亲。张某不胜惊讶，难辨真伪，两人来到县衙。老头自述，早年在外行医，妻在家产子，即张某，家贫难养，不得已送人。说着拿出个旧处方本，上面记载，某年某月某日，由谁把儿子抱给××翁，也就是送给张某去世不久的父亲。老头解释："我四处奔波，治病救人，回来方知此事，便详记在处方本后面。"

程颢端坐细听，一言不发。忽然，他问张某："你今年多大？""三十六。"又问："你去世的父亲若健在该多少岁？"答："七十六。"

程颢转脸审视老头，随即一拍惊堂木，指着张某问："他出生时，去世的张老先生年方四十，村里乡亲怎会称他'××翁'？从实招来！"

挖空心思巧设的骗局被一语道破，老头无言以对，惊恐不已，只得伏地认罪。

"翁"古来用以称男性老人。《广韵·东韵》说："翁，老称也。"被称"翁"的一般是鬓发斑白的老者。因此，三国时的曹丕在《与吴质书》中说："已成老翁，但未白头耳。"称谓有严格的社会规约性，骗子的"证据"忽略了这种规约性，所以露出马脚。

细察姓名，论证古国创建者

唐代的时候，中国云南大理有个小国叫"南诏"。南诏国跟唐朝相处和睦，南诏国王还娶了唐朝的公主做王后。

从18世纪下半叶开始，有的西方学者说，南诏国不是我国境内的少数民族建立的，是境外的泰族人建立的。此后一直争论不休。20世纪40年代，我国语言学家罗常培巧妙地证明了南诏国千真万确是我国境内的藏缅语族的少数民族建立的。

有趣的是，他没有从历史学的角度寻找南诏国建立者的蛛丝马迹，而是通过对语言现象的考察分析来确定南诏国的建立者的。

罗先生仔细考察了南诏国的族谱，发现南诏国存在"父子连名制"现象。"父子连名制"是取名时的一种习惯。依照这种习惯，儿子的名字中至少要有一个字跟父亲的名字相同，孙子的名字中至少要有一个字跟儿子的名字相同。例如，南诏国王室几代人的名字是：散比里—比里松—松萨—萨特外—特外克龙—克龙猛。只有我国境内的藏缅语族的少数民族才有这种命名习惯。罗常培的文章发表后，南诏国是外国人建立的说法立即不攻自破。

从此以后，再也没有人说南诏国是外国人建立的了。

语言学家细心观察古人姓名，并通过阐明姓名构成特征来证明古代小国是谁建立的，可谓出奇制胜。

错说一句，丢了性命

娄圭是曹操谋士。曹操攻打马超时，娄圭献计献策，建功甚多，深得曹操赏识。娄圭便有些得意忘形，有时说话不大审慎。

一次，娄圭跟习授一同乘车出行，恰好遇曹操携子外出。习授很羡慕曹家车队的气派，对娄圭赞叹道："这样的父子，该有多快活啊！"娄圭听了，未加思索，脱口道："人活世上，应当自己有所作为，岂可只是羡慕别人。"这句话表面上平平常常，若仔细"揣摩"，会品出其中隐含着"取而代之"的意味。

习授将此话咂摸了一阵子后，将其悄悄"禀报"了曹操，并称此语泄露娄圭有"不轨"企图。曹操闻听，勃然大怒，随即下令，将娄圭捉拿斩首。

娄圭做梦也没想到，向来足智多谋的自己，会因为没留神说了句错话，而功名顿失，命丧黄泉。

习授偷偷把朋友私下谈话向"领导"汇报，固然为人不齿，但娄圭口不择言，随意说出引火烧身的话，则是祸事的根源。

言语谨慎，可避无妄之灾；信口开河，迟早自取其祸。

言语轻率必埋祸根

《聊斋志异》的《辛十四娘》中，有个冯书生，说话往往不谨慎。

楚公子给他看自己写的诗，冯书生嘲笑了人家一番。这个失礼让楚公子很不舒坦，由此埋下了嫌隙的种子。按理说，朋友给自己看其诗作，是对自己的信任，宜全面估价：既要充分肯定优点，同时也要诚恳指出不足。而冯书生只是讥刺缺陷。这种做法，势必伤害对方自尊心，造成话语的负面效应。

后来，冯书生到楚公子家做客。席间，冯书生竟然在谈话中向在座的客人暗示，楚公子考取的功名，不过是靠做官的父亲"走后门"得来的。

冯书生在酒席上揭露楚公子"学历造假"之语一出口，四座惊骇，许多客人脸色骤变。这固然与楚家势焰熏天相关，同时也因为，冯书生的话语在客人们看来，极为失当。

不管楚公子人品怎样，既然自己是被邀请来的客人，就应当有客人的礼数，不宜随口攻击主人，尤其是在涉及对方根本利益的重大问题上。冯书生此举深深刺痛了楚公子，并最终导致自己身陷囹圄。

明代方孝孺在《棠溪书舍记》里说："慎言，笃行之一事耳。""慎言"指出言谨慎，"笃行"指纯正踏实的行为。这句话可以理解为，出言谨慎，是做到行为正派、稳重必不可少的一环。嘴上没把门儿的，必然在随意谈笑间，给自己埋下祸根。克服言语轻率的毛病，犹如曲突徙薪，可防患于未然。

添几个字，效果巨大

在繁华的巴黎大街上，站着一位双目失明的老人，他是个乞丐。他身旁的牌子上写着："我什么也看不见！"路上的行人来来往往，但是很少有人向他罐子里投钱。

法国著名诗人让·彼浩勒经过这里，看了看牌子上的字，停住步子问："老人家，今天上午有人给您钱吗？"

老人叹了口气，摇摇头，脸上显出悲伤的样子。

诗人听了，思忖了一下，拿起笔在那行字的前面添上几个字，随后离去。

晚上，诗人又经过这里，他问老人下午是否有人投钱。老人笑道："不知为什么，下午给我钱的人多极了！"诗人听了，欣慰地笑了。

原来，诗人在前面加了几个字后，原先的话语变成了："春天已经来了，可是我什么也看不见！"

加了几个字，为什么给老人投钱的人骤然增多了呢？

加上"春天已经来了，可是"之后，就形成了百花盛开的春天景色跟年迈盲人（他眼前一片漆黑）之间的巨大反差，从而使得老人的处境显得愈加凄凉、无助，路人怜悯之心因之陡然大增。

把两种情况放在一起进行对比，比单说某种情况，更具有说服力和感染力。这就是语言中"对比"修辞手法的魅力。

猪八戒的话为什么可笑

《西游记》第二十一回中，黄风怪口吐狂风致使孙悟空眼睛又酸又痛。悟空和猪八戒向一位老者打听妖精来历，顺便讨要眼药。老人不信孙猴儿眼睛是被妖怪的风吹痛了："你们若遇着他那风吹了，还想得活哩？""他那风，比不得什么春秋风、松竹风与那东西南北风……"刚说至此，八戒插话："想必是夹脑风、羊耳风、大麻风、偏正头风？"人们读到这里会莞尔一笑。

猪八戒的话为何令人忍俊不禁？老汉说的几种风，都是指空气流动形成的"风"，八戒说的却不是。"夹脑风"指两个太阳穴都痛的症状。"羊耳风"，是幼儿的一种神经系统综合征，发作时不省人事。"大麻风"，指麻风病。"偏正头风"指头痛病，"痛在头之当中者，为正头风；痛在左半部或右半部者为偏头风"。八戒说的"风"跟老汉说的"风"，风马牛不相及。

八戒的问话是戏谑之语。他就老者话语提出的问题，不合常理。这种问话，能造成幽默效果。老舍话剧《茶馆》里，坏人逼迫王掌柜的，明天一定要办某事。王掌柜的针对话里说到"明天"，气愤地问："要是我明天死了呢？"反抗中带着诙谐。就别人行为提出不合常理的问题同样能造成谐谑效果。《红楼梦》第三十一回中，黛玉问宝玉和袭人："大节下，怎么好好的哭起来了？难道是为争粽子吃，争恼了不成？"在大观园中，这显然不合常理，所以宝玉和袭人一听都"嗤的"破涕为笑。打破常理、常情的问话，包孕了某种"悖谬性"，故能引发幽默感。

《儒林外史》中的严贡生为什么显得可笑

《儒林外史》中有个可笑的片段：

有个叫严贡生的，对范进吹嘘说："小弟只是一个为人率真，在乡里之间从不晓得占人寸丝半粟的便宜。"正说着，来了个小厮，向他报告说："早上关的那口猪，那人来讨了，在家里吵哩。"

人们读到这里都会禁不住笑出声来。觉得可笑的同时，也厌恶严贡生这个既爱占别人便宜，还爱吹嘘自己的人。

为什么觉得可笑呢？

是因为，人物的话语与其行为之间存在着矛盾。严贡生口头上说自己从不占别人便宜，行为上，却正在占别人便宜。正是说话人话语的语意跟行为之间的矛盾性使得读者笑出声来。

行为之间的矛盾性，也会造成幽默的效果。例如《儒林外史》中，范进中举后，知县请他吃饭。范进以自己有丧事为由，把银杯换为瓷杯；把象牙筷子换成竹筷子。但是当酒菜端上来的时候，他却顾不得"居丧"应吃素的礼数，急不可耐地"拣了一个大虾元子送到嘴里"。这种行为上的矛盾性，使得范进非常滑稽可笑。

在文学作品中可以找到各式各样用"矛盾法"制造笑料的例子。用"矛盾法"制造的幽默，具有一种讽刺意味。有的时候，这种讽刺意味明显；有的时候，这种讽刺意味不明显。如果说话人的某种行为或话语含有明显的消极意识，则讽刺意味明显；如果消极意识不明显，讽刺意味也就不显著，制造这样的语段的目的在于搞笑。

邹忌借琴谏威王

战国时代，齐威王贪恋酒色，沉溺靡靡之音，不理朝政。齐国农桑衰颓，国政紊乱，周围的韩、赵、鲁、魏乘机兴兵进犯。大臣们忧心忡忡，百姓惊惶不安。齐威王仍满不在乎，整日与妃子饮酒，听音乐。

学士邹忌对国君说，自己深通音乐，愿为威王弹奏，威王很高兴。琴案摆好了，邹忌却站而不坐。威王以为位置不当，让人将琴案移至自己身旁。邹忌坐了下来，但双手按琴，仍不弹奏。威王想，或许琴不好吧，命人换上最好的琴。邹忌依旧端坐不动。威王不悦："你自称知音善琴，为何抚而不弹？"邹忌答："我懂得琴理，弹奏可请乐工。"威王忍着性子说："那你就说说琴理吧。"

邹忌道："以琴为业的人，必须终生勤奋研究琴理，探索琴音。大王身为国君，理应倾力治国安邦。如今君王不理政事，国力衰退，这与我抚琴而不弹奏有何不同？抚琴不弹，不能满足您的欣赏欲望；为君不问事，则有负万民瞩望啊！"

齐威王听了，如醍醐灌顶，顿然醒悟。后来，他拜邹忌为相国，共商国是。

邹忌劝说威王运用的是讽喻的方法。通过讲故事来打比方，此即"讽喻"。邹忌运用此法，且辅以动作，使威王"一目了然"。"讽喻"由于举例具体生动，让抽象的哲理变得简单直观、显而易见，故具有强大的说服力。

邹忌劝说语的三个特点

《邹忌讽齐王纳谏》中，邹忌的巧妙劝说，使得齐王当即欣然接受了邹忌的意见，立即广开言路，齐国因此走向治国坦途。

邹忌的劝说极富特色，从言语交际的角度看，有三个特点。

第一，他没有引经据典，援引古代先贤范例，而是选取日常生活中的身边小事来展开论说。故而话语显得自然、亲切、真实、有诚意。他从司空见惯的居家琐事中汲取事例，揭示了妻子、妾、客人的三种说法跟实际状况之间的巨大反差，并从中获取启示。这种来源于平凡岁月的寻常事例跟听话人距离近，容易为听话人所接受，利于打动对方。

第二，邹忌的劝说之语运用了对比的手法，他罗列的语料跟客观事实形成鲜明对照。值得注意的是，这并不是他的全部策略。他没有简单地采用常见的"两体对比"手段，把两件事物置于一处加以比较，而是将对比继续延伸，在"两体对比"的一方中，又采用了"多体对比"的技巧。邹忌列举出三种语料：妻子的话，妾的话，客人的话。三种话语之间相互映衬，又形成了一层对比，且三种话语各包含了自身的因果关系，从而极大地提升了论述的真实性和逻辑性，赋予邹忌劝说语以强大的难以抵御的说服力。

第三，邹忌所举的三个话语例子，贴近齐王的生活状况。齐王对邹忌所说的妻、妾、客的三种话语及三种心态，心领神会。劝说语举出的实例接近听话人的生活或景况，接近对方的日常感受，易于掀起对方思想和情感的波澜，引起对方强烈共鸣。

这三点是邹忌劝说语的制胜之道，值得借鉴。

烛之武为何几句话劝退了秦国军队

《烛之武退秦师》一文绘声绘色地描述了烛之武劝说语的非凡效力。

秦、晋两军压境，郑国危在旦夕。

郑国大臣烛之武面见秦军统帅，寥寥数语，令秦人改弦易辙，放弃攻郑，晋军也班师返回。一席话化解了危机，胜过千军万马。

烛之武的劝说语分为两个步骤。

第一步，进行利益对比。烛之武指出，若灭掉郑国，则晋国会将郑国一口吞并，地盘得以扩大，实力因之增强，这对与晋国毗邻的雄心勃勃的秦国来说，实力相对减弱，不是好事。如果不灭郑，郑国愿意给秦国派往东方途经郑国的使臣，提供任何方便和支持。他向秦人表明，灭郑对秦有害无利，不灭郑则秦有利可图——此番妙语令秦军统帅醍醐灌顶。

第二步，分析秦晋关系。烛之武提起，当初要不是秦国派兵护送，晋惠公怎能回国当上国君。晋惠公答应将焦、瑕两地送秦作为回报，事后却背信弃义，自食其言。晋人不可信赖啊。晋人眼下图谋灭郑东扩疆域，将来势必侵蚀秦国而西扩疆土。听到这里，秦国统帅彻底抛弃了攻郑计划，转而跟郑结盟，满意地打道回府了。

通过两个话语步骤，烛之武一针见血地指出，攻郑非但对秦无任何好处，且有损秦国战略利益。秦人幡然醒悟后，完全听从了烛之武的劝说之辞。

烛之武的劝说语效果巨大，是将对方的眼前利益跟长远利益相结合而展开论述的，故能迅速打动对方，达到自己的言语目的。

李斯成功劝止秦王"逐客"的话语步骤

李斯是上蔡（今河南）人，到秦国后受到秦王（即后来的秦始皇）重用。后来，秦王在本地贵族煽动下，责令驱逐各地来秦"客卿"。李斯见此，呈上《谏逐客书》。秦王阅后，立即收回成命，李斯也得以官复原职。可见李斯话语效果之大。

《谏逐客书》虽然仅有七百余字，但由于采用了三个巧妙而独特的话语步骤，故而具有强大的说服力，一举劝说成功。

第一步，一口气连续陈述了以往九位（"五子""四君"）"外籍"客卿对秦国的重大历史功绩。指出，吸纳客卿，是秦国强盛的重要历史经验；驱逐客卿，对秦国今后发展极为不利。

第二步，指出如今的秦王拥有许许多多来自秦国之外的宝物（乃至美女），而独拒人才，是"重物轻人"，对成就秦国统一天下大业极为不利。

第三步，阐明拒绝人才，等于把人才推给了敌国，这对敌国十分有益，而对秦国安全极为不利。

其中的第一步摆出历史事实，告诉秦王一连串吸收外来人才使秦国得以富强的历史经验；第二步指明，在对待外来事物上"重物轻人"是要吃大亏的；第三步告诫：驱逐人才，等于把人才拱手送给敌手。

这一席话，没有局限于"驱逐还是不驱逐"的狭小视角，而是着眼于当时秦国的发展，处处从秦国统一天下的大业出发，因此说到秦王的心坎儿上，秦王阅后幡然醒悟，立即叫停了错误举动。一篇短文，收获了惊人奇效。

把握住关键时刻进行劝说

当赵匡胤要领兵出征抗辽的时候,大街小巷到处传播着他将黄袍加身,夺取帝位的流言。京城人心惶惶,此前夺得帝位的新天子上台时,常纵兵抢掠,城里富商闻讯,纷纷逃出京城,舆论压力铺天盖地而来。赵匡胤一时慌了手脚,回家跟家属唉声叹气:"外面如此躁动不安,这可如何是好?"他的姐姐正在做饭,闻听此言,非常气愤,怒斥:"大丈夫面临生死存亡的重要关头,心里要有定力,敢于行动,跑到家里跟女眷诉苦有什么用!"赵匡胤一听此话,才稳住神儿,下决心举行陈桥兵变,获取了帝位。他姐姐在关键时刻批评、激励他的话语,对推动他起事,发挥了重大作用。

赵匡胤登上帝位后,志得意满。他的母亲自然成为太后。众人纷纷前来祝贺。赵匡胤的母亲杜太后脸上却毫无喜色。她神情凝重地说:"做了皇帝,如果治国有方,民富国强,自然受人尊崇。而若治国无方,国势衰微,民生凋敝,必群起而攻,皇帝便成为众矢之的。那时想做个百姓过太平日子都不可得啊!"这一席话,警醒了赵匡胤,他立即跪倒在地,说:"母亲教诲,儿一定铭记心头。"从此谨慎执政,治国有策,国力强盛。杜太后在赵匡胤执政之初的关键时刻的劝说，对赵匡胤的治国之道，发挥了"指路"的作用。

赵匡胤的姐姐和母亲，都抓住了历史转折关头的关键时刻，进行极有力度的劝说。在关键时刻，一时的想法，至关重要，往往决定了此后长期的事态走向。因此在这种时候，一定要紧紧抓住时机，大力劝说，力求让事情往好的方向发展。赵匡胤的姐姐和母亲深明此理，都获得了巨大成功。

两位女士在劝说的时候，不仅指出了好的结果，更着重点明了坏的后果。这种清晰告以可能出现的恶果的话语，如一记重锤，给听话人敲响了警钟，彻底唤醒了听话人内心的忧患意识，从而痛下决心，付诸行动。

所以，劝说他人的人，必须紧紧抓住关键时刻，或者说，在关键时刻话语要"重拳出击"，晓以利害，以获取最佳效果。

庄公为何三次回绝建议

《郑伯克段于鄢》中说，庄公三次拒绝了臣下提出的征伐其弟共叔段的建议。

大臣的第一次建议，是在共叔段修筑了超过规定的城池，势力膨胀之时。臣下向庄公进言："不如早作打算，不要使共叔段势力再发展扩大,再发展,就不好对付了。"庄公回绝了这一主张,认为:"多行不义必自毙,子姑待之。"意思是:"多做不义的事情,是会自取灭亡的,你等着瞧吧。"

大臣的第二次建议,发生在共叔段让一些边城听命于自己之时。臣子说:"国家不能容忍地方同时听命于中央和某势力集团,您如果不想让位,应趁早出兵除掉共叔段。"庄公再次驳回,道:"无庸,将自及。"意思是:"还用不着动手,他会自取祸殃的。"

大臣的第三次建议,发生在共叔段再度扩大势力范围之时。官员有些担心,对庄公说:"应该进攻了,否则势力再扩大,就难以对付了。"庄公答:"不义不昵,厚将崩。"意思是:"没有正义,就不能团结人,终将走向崩溃。"虽然属下三次建言,但庄公一直按兵不动。

最后,当共叔段整顿装备,图谋突然袭击时,庄公获悉对方发起攻击的具体日期,才断然采取措施,先发制人,派军队平叛,并一举成功。

庄公之所以一连三次回绝了属下发兵的献策,是因为共叔段一直在扩大势力,并未有举兵进犯的实际行动。如果这时贸然派兵进剿,显然理据不足,难以服众。确认对方已完成出征准备,获悉其举兵日期后,才发兵征讨。这时,只有这时,出兵的理由才是无可辩驳的。

庄公三次回绝建议的做法,显示出他是一个处事慎重的人。在生活中,听到"进攻性建议"时,宜谨慎对待。多观察,多思考,慎行动。确实看到某种情况并反复衡量后,再采取适当行动。

王安石辩驳之词为何显得坚定有力

王安石任参知政事时,施行新法。施行一年后,司马光给王安石写了封长达三千三百多字的长信,全面抨击变法。王安石复了封信,意犹未尽,又回一信,这便是《答司马谏议书》。此信虽然仅区区四百余字,却说理充分,刚毅有力。

之所以达到这样的表达效果,是因为王安石采取了简洁精当的话语步骤:

首先,他抓住几个要点对来信进行了驳斥。对"侵官(侵犯他人职权)",他说,在朝堂上公开商谈、修订法令制度并责成有关部门执行,不算侵犯他人官权。对"生事(制造事端)",他说,兴办好事,革除弊端,不是惹是生非。对"征利(夺取利益)",他说,替国家理财,不是与民争利。对"拒谏(拒不接受意见)",他说,驳斥错误言论,责难奸佞小人,不是拒听意见。王安石的复函没有随对方起舞,句句回应,而是集中火力,抓住几个要点,重点反击,摧垮对手攻势。

其次,他指出,不关心国事,附和世俗之见的积弊必须革除——指明了变法的必要性。

再次，王安石用商代英明君王盘庚不怕埋怨、力排众议、坚持迁都，使衰落的商朝得以复兴的史实申明，认准了的正确的事，就应当坚持做下去。

最后表示，如责怪自己未能很好造福于民，愿诚恳接受；但决不苟同墨守成规、无所作为的主张。

这四个话语步骤的内容，分别是驳论、立论、历史范例、主观态度。前三个从正反两面及举出史实来阐明变法势在必行，后一个则展示出变法革新的坚定决心。四个话语步骤逐步推进，环环相扣，将辩驳的言语片段锻造成一把锋利的板斧，一柄有分量的铁锤。

康有为"先破后立"驳倒顽固派

1898年1月的一个午后，康有为来到总理衙门，李鸿章等五位大臣正在等他。康有为是为陈述变法主张而来的。

一开始，荣禄质问："祖宗之法岂可随意改变？"康有为反驳道，祖宗之法是用以治理祖宗留下的疆土的，现在疆土都保不住了，再也不能因循守旧。他举例说，祖宗之法里并没有总理衙门，现在不是因治国需要设立了吗？可见祖宗之法是可以变革的。

反对的大臣登时哑口无言。

刑部尚书廖寿恒询问:"如此而言,变法应从哪里着手?"

康有为答,宜从改革法律和官制入手。李鸿章一听,立即诘问:"难道六部可以尽撤,法律可以尽弃?"康有为予以驳斥:法律和官制都是旧法,恰恰是它们造成了中国危亡的局面,应予废除。即使一时不能废除,也应酌情修改,才利于国家。李鸿章被驳得无言以对。

接着,康有为就翁同龢的问话解释,变法所需款项也不用发愁。只要效法西方改革制度,税收将增加十倍。随后,康有为介绍了西方国家的法律、官制、财政、学校、军队等方面进行改革取得的成就,特别指出中国与日本情况相近,最易仿效。此时,再无人反驳了。

康有为之所以辩论成功,主要得益于采取了"先破后立"的方法。他先针对荣禄祖宗之法不可变更的说法,指出国势衰微,变法势在必行。继之,反驳了法律和官制不可变更的言论。彻底驳倒对方谬论后,才转入正面阐述变法措施,在辩论中彻底获胜。

"先破",就阻止了对手的进攻,给"后立"开辟了道路。没有"先破","后立"就毫无说服力,甚至没有机会出手。"先破"可帮助辩论者在道理和气势上占据优势,压倒对方。

《荷花淀》中水生报名参军的话语为何赢得妻子支持

《荷花淀》中的水生是村里的游击组长，报名参加了地方部队。其他几个跟他一起参军的都不敢回村，让水生回来跟家里说。水生回村首先面对的是自己的妻子。水生由于话语得当，赢得了妻子的支持。

他回家没有张嘴就说自己跟伙伴儿参军的事，而是先问："爹哩？"随后又关心孩子："小华哩？"水生首先关注家庭，就让妻子感到，他的心依旧在这个家里，而不是不管不顾地只想着自己"高飞"。

接着，水生说："今天县委召集我们开会。假若敌人再在同口安上据点，那和端村就成了一条线，淀里的斗争形势就变了。会上决定成立一个地区队，我第一个举手报了名的。"这些话清楚地说明了是因为形势所迫而要成立地方部队，参军是为了坚持抗战，跟鬼子斗争到底。妻子自然明白这个大道理。

水生继续对妻子说："……家里的事，你就多做些，爹老了，小华还不顶事。"他又说："千斤的担子你先担吧，打走了鬼子，我回来谢你。"这些话深切表明了他对妻子的信赖，对妻子的倚重，对妻子的感谢。这么一来，将要承受家庭生活重担的妻子心里平衡些了。她既知道了丈夫参加地方部队的重要意义，又洞悉了丈夫内心对家庭的关爱，尤其知晓了丈夫对自己即将付出的辛劳的感谢。她已经同意丈夫参军了。

但是，水生最后对妻子说了这样一句话："不要叫敌人汉奸捉活的。捉住了要和他拼命。"这句话表达出了水生对妻子深切的情感，而妻子"流着眼泪答应了他"。这些话语体现出两人生死不渝、忠贞不贰的深情。

至此，水生完全赢得了妻子的支持，而且是妻子发自内心的全力支持。

水生没有一开始就说自己要参军，大谈参军的重要意义；而是首先关注家人，询问老人和孩子的状况，又充分体察到妻子的艰辛并感谢妻子的付出，最后又表达出对妻子的一往情深。

关心他人，关爱他人，才能获得他人真心的支持。

《小马过河》中对话的表达特色

《小马过河》中的对话写得很精彩，在课文的表达中发挥了重要作用。这些对话至少有下面几个特色。

第一，在适当处制造悬念，推动故事向前发展，增强了吸引力。小马在听了老牛说河水浅可以蹚过去以及松鼠说河水深不能蹚之后，去问老马这两种对立的说法哪种对。作者没有让老马直接告诉小马谁的说法对及两种说法不同的原因，而是让小马自己去"试一试"。如果直接说明，故事就会到此结束。而作者让老马劝小马自己去实践一下，就使得原本十分简单的故事跌宕起伏，多了悬念，增强了吸引力，并使小马在后面的情节中获得对河水深浅的切身感受，从而使得文章更具说服力。

第二，对话的前后照应，深化了角色形象。例如，当小马回家述说遇河而返时，老马说："那条河不是很浅吗？"这句话跟前面老马对小马说的"你把这半口袋麦子驮到磨坊去吧"相照应，显示出老马完全了解河水的深浅，且只让小马驮半袋麦子，从而充分显示出老马的老练周到和对小马的关爱。再如，当小马听了妈妈的话，尝试下水时，松鼠又赶来大叫："怎么？你不要命啦！"这句话跟前面松鼠说的"我的一个伙伴就是掉在这条河里淹死的"相照应，写出了松鼠的真诚和友爱。这些照应使得角色形象更加丰满。

第三，对话真实感强，使故事演绎过程自然可信。例如小马听了老牛跟松鼠相互抵牾的话，一时间不知所措，叹了口气，说："唉！还是回家问问妈妈吧！"这句话活灵活现地刻画出小马受挫后的困窘和无奈，逼真自然，似行云流水，无斧凿痕。勾勒出的小马的内心活动也跟小读者心态契合，因而能拨动他们的心弦。

第四，对话富于启发性。小马过河遇阻后，老马告诉他："孩子，光听别人说，自己不动脑筋，不去试试，是不行的。河水是深是浅，你去试一试就知道了。"这句话是对小马的启示，也是全文的主旨，是作者要告诉小读者的核心思想。此语是在一系列铺垫后水到渠成地推出的，既浅显易懂又启迪心智，升华了作品内涵，也使小读者真正获益。

《格列佛游记》中的奇想

英国作家斯威夫特充满奇特想象的《格列佛游记》，是孩子们喜欢的一本书。这本书写到"大人国"时，有一段非常奇妙的描写：

语言学校的三位教授，异想天开地计划抛弃话语中的词汇。他们认为，既然"词只是事物的名称"，那么，需要交际的人，只要准备一条大口袋，提到什么，就从口袋里摸出来"以物示意"，便可取代麻烦的词语了。

这显然极为荒谬。有的东西没法装，如火、水；说话时表达的不仅是实物，如"喜欢""盼望"；虚词也很难用物品表示，如"因为""只要"。人类的有声语言把几十个音位组合起来，可表述任何思想和事物，且异常方便，任何交际手段都无法比肩。

作者自然对教授们的"发明"嗤之以鼻。值得玩味的是，作品对该计划失败原因的描述：

  要不是妇女和俗人、文盲联合起来反对，这种发明早就已经实现了，这对于这个国家的臣民有莫大的方便……但是妇女和俗人、文盲们要求有像他们的祖先一样用嘴说话的自由，不然他们就起来反抗。俗人常常是与科学势不两立的敌人。不过很多博学聪明的人还是坚持执行这种以物示意的新计划。

  这跟作者在故事里批评当时英国的殖民政策，却偏偏声明与大不列颠民族无关一样，运用了"反语"这一叙述技巧。略加品味，便能领会："妇女和俗人、文盲们"的意见是正确、科学的，而"博学聪明的人"不过是痴人说梦。

  小说对"妇女"等的主张，是"以反当正"，用否定语句表达肯定意思；对"博学聪明的人"的见解，则是"以正当反"，用肯定语句表达否定意思。这种"说反话"的叙述方式深刻揭示出教授们妄想的荒诞性，透露出辛辣的讽刺意味。反语分讽刺类和风趣类，讽刺类的反语能大大加重批判分量，并增添语言的变化。

一个奇异的部落：语言环境的复杂多样

在南美洲亚马孙河流域的热带森林里，有一个奇异的部落。这个部落实行严格的"族外婚"：所有的女孩儿，都必须嫁到外部落；所有的男孩儿都必须娶外部落的女子。故而该部落的男孩儿跟女孩儿都得学习一种以上的外部落的语言，以便跟外部落年轻人谈恋爱。

外部落的女孩儿嫁到这个部落后，按照规定，必须说这个部落的语言，并用这个部落的语言来教育后代。

如此一来，就造成了这么一种状况——

部落里新出生的婴儿，都是由学会本部落语言的外部落女子教会说话的，而这些女子的母语都是外语。这使得部落里所有玩耍的小孩儿，话语中无不带有这样那样的特点。人们几乎无法找到操着一口"纯正"本部落语言的人。这个部落的语言状况因而极为复杂。

上述故事是英国语言学家赫德森讲的。他讲这个故事的目的，不是告诉我们一个奇异的部落，而是让我们明白，这不是一个奇异的语言现象，而是我们每天面对的最真实、最普通的语言状况。也就是说，每个社会都是如此。

可以认为，我们周围的每一个人的语言，都有某种复杂性。一个社会的语言更是如此。"一个社会一种语言"只是表面现象，我们生活在复杂多样的语言环境中。

"狼孩"与勃朗特三姊妹的故事

1920年，在印度加尔各答东北的米德纳波尔小城，人们常见到两只神秘的"动物"尾随在三只大狼身后，出没于森林附近。后来，人们打死大狼，发现这两只神秘的"动物"竟然是两个女孩！大的七八岁，小的仅两岁。

两个孩子被送进孤儿院。大的取名"卡玛拉"，小的称之"阿玛拉"。翌年阿玛拉不幸夭折，卡玛拉一直活到1929年。她们就是轰动一时的"狼孩"。

狼孩刚被发现时，不会说话。卡玛拉经过7年教育，至16岁去世时，穷竭心智学会45个单词，勉强能说几句话——但已无法获得正常人的语言能力了。

这则趣闻生动而深刻地启迪我们，幼儿语言教育何其紧要。

勃朗特三姐妹的故事从另一侧面昭示出早期语言训练的重要性。

19世纪初英国的一个小山村里，住着牧师勃朗特一家。勃朗特有三个女儿：夏洛蒂、艾米莉和安妮。三姊妹从小承担家务，烤面包、洗衣、拾掇房间，什么都干。

干完活儿，孩子们从书架上挑选父亲的藏书阅读。故事看多了，她们干脆自己编，互相讲着玩儿。后来还编系列童话。渐渐地，仨女孩儿不满足于口头创作了，把想好的故事写在纸上。女孩儿们越写越多，光夏洛蒂就写了100多页。

少年时代大量、持续的口头及笔头言语锤炼，极大地提升了姑娘们的表达能力和创造才能，磨砺出生花妙笔。夏洛蒂创作了《简·爱》，艾米莉撰写了《呼啸山庄》，安妮则出版了《艾格妮斯·格雷》。前两部小说成为享誉世界的名著。

这两个故事从反、正两面告诉人们，孩提时代的语言操练，对人一生的语言能力，具有多么巨大、深远的影响。

从小猩猩跟婴儿的比赛说起

《红楼梦》中，屋檐下的鹦鹉看见林黛玉回来了，叫道："雪雁，快掀帘子，姑娘来了！"它还会学着黛玉长吁短叹。这些都是听多了模仿的，它并不懂意思。

人们会问："能教会动物说话吗？"

国外有个科学家，把刚出生的小猩猩跟自己的婴儿一起抚养，看小猩猩能不能学会说话。开始，小猩猩比婴儿"聪明",能下地,拿东西,开门。

  婴儿绝大多数时间都躺着睡觉。但是,一年之后,婴儿开始学话,小猩猩怎么也学不会,最终只能听懂十来个单词。科学家又教小猩猩手势语,经过反复训练,小猩猩好不容易学会了100多个手势。后来又教小猩猩用按电脑键来表达意思,最终只学会几百个词。换句话说,最聪明的动物只能学会几百个单词,没有人能够教会任何一种动物学会一千个以上的单词。自由地交流思想,至少要学会几千个乃至更多的单词。

  世界上没有一种动物具有人类这样系统、复杂的语言,也没有一种动物能够学会人类的语言。语言是动物跟人类之间一道永远无法逾越的鸿沟。

  当然,动物之间也有交流信息的方法。长臂猿有不同的叫声,表示不同的意思。蜜蜂跳舞图形各异,传递的信息有别。

  但是,动物表达的"意思"都是固定的,数量有限,更不能任意组合。地球上只有人类才具有词语丰富、表现力无穷的语言。

"圆桌会议"的来历

"圆桌会议"的来历很有趣。

在古代的会议、宴会上，排座位是一件很要紧的事，一般要让主人、尊贵者、长者坐在中间显要的位置。另外，还要考虑辈分的不同。假若与会者或者来宾都是显贵，辈分也一样，主人则往往会为妥当安排座位而费脑筋。

传说，英国有个著名的国王，叫亚瑟王。他打算召集骑士们开一个重要会议。可是，怎么安排座位呢？

骑士们平日里就喜好争执，肯定会为座次先后而吵闹不休。亚瑟王搜肠刮肚，终于想出一个妙招。

他命人制作了一个特别大的圆桌子，让骑士们环绕圆桌子而坐，没有主次之分。果然，这么一来，谁也提不出不满的理由了，骑士们都规规矩矩坐了下来，会场里安安静静的，会议得以顺利进行。这次会议被称为"圆桌会议"。这些骑士后来被称为"圆桌骑士团"。

亚瑟王率领"圆桌骑士团"统一了不列颠群岛。

"圆桌会议"的名称由此流传下来。"圆桌会议"由于不分尊卑，含有"一律平等""共同协商"的意味，所以一直沿用至今。

"揶揄"的故事

"揶揄"读 yéyú，是"嘲笑""嘲弄"的意思。"揶揄"一词出自汉代《东观汉记·王霸传》。

据记载，王霸是汉光武帝刘秀手下的一位将军。起初，刘秀的势力非常弱小。王霸奉命到街市上招募人马时，人们都瞧不起他，"大笑"起来，还比手势来"揶揄之"，也就是嘲笑他。王霸受到众人奚落，羞惭地离去。"揶揄"一词从此流传开来。

虽然这次招募兵马失败了，但王霸并不气馁，继续努力战斗。一次，王霸跟马武协同作战，马武光想依赖王霸部队，没有全力出击，结果战败，逃到王霸营垒。王霸说："敌人得胜，气势正盛，我如果出战，咱们必然一块儿失败。你必须横下一条心，独立迎敌，我待机而动。"马武没了援军，背水一战，以一当十，战力猛增，双方胶着在一起。王霸观察到敌人锐气已尽时，立即派出精锐骑兵从背后发起猛烈进攻，敌方顿时大乱，溃不成军。王霸乘胜追击，取得重大胜利。

遭到"揶揄"的王霸毫不泄气，锐意进取，最终成为汉代有名的骁将。

语言之妙

细品语言之妙,提升语言能力

一、语言的力量往往惊人

古人说"一言兴邦",意思是一句至关重要的话可以使国家振兴,又说"一言丧邦",意为一句昏庸不智的话会导致国家覆亡。这两句话出自《论语》,折射出语言拔山举鼎之力。《与陈伯之书》言辞恳挚,"可令顽石点头",劝得八千甲兵来归;《触詟说赵太后》委婉说理,让盛怒者回心转意,挽救了一个国家。当年,魏巍一句"谁是最可爱的人"掀起热爱志愿军的热潮,报道焦裕禄通讯中"榜样的力量是无穷的"鼓舞了千千万万一线干部……早期马克思主义理论家拉法格在《革命前后的法国语言》中称叹语言神力："专为当时情况而铸造的字眼，张口咬人；用新的修辞法写成的鼓胀的句子，像巨棍一样地打击对手。"

二、要发挥语言巨大作用，需细细品味各种"不同"

1. 阶层语与大众语的不同

《社会语言学导论》指出，法国资产阶级大革命爆发后，社会书面语忽然发生了翻天覆地的变化。为了争取平民支持，贵族阶层匆匆忙忙放弃了一贯使用的宫廷风格的语言，转而采用"菜市上大娘们的语言"进行宣传。也就是说，他们放弃了贵族阶层用语，而操起一口大众话语。在中国，早在1919年"五四运动"时，就掀起了"白话文运动"，且呼吁之声此起彼伏，连绵不绝。但实际上，二三十年间书面语一直维系着"半文半白"的"老面孔"，踟蹰不前。直至1949年新中国成立，书面语才"忽如一夜春风来"，彻底摆脱"读书人阶层做派"，脱胎换骨为面向广大群众的白话。这两件事都提醒人们，在语言的运用中，要留意阶层语与大众语的不同。

2. 本地话与共同语的不同

本地方言跟普通话存在着"距离差异"。看方言话剧比看普通话话剧，会感觉心理距离更"近"。两个在外地工作的人，发现对方是同乡，便开始用方言交谈——无形中拉近了感情距离。甲是老职工，乙是刚入职的新人。乙得知甲跟自己是同省人，便用当地话跟甲聊，不料甲继续说普通话，乙只好也用普通话；甲坚持用普通话显示出"保持距离"的言外之意。这是使用本地话跟共同语的"距离差异"。

3. 话多跟话少的不同

《红楼梦》第八回中黛玉到宝玉处做客，宝玉只跟她说了两句，就连续跟丫头们寒暄叙话，引发黛玉不悦，不辞而别。这是话少所致的负面后果。《清平山堂话本》里《快嘴李翠莲记》的李翠莲，因话语太多，受到父母、兄嫂乃至公婆、丈夫的嫌弃，最后被迫出家。这是话多所致的负面后果。《红楼梦》第二十五回中，在王夫人处，宝玉一个劲儿跟丫鬟彩霞说个没完，惹恼了一旁跟彩霞关系密切的贾环。心怀不满的贾环将蜡烛台推向宝玉，烫伤了他的脸。虽涉人事，也跟宝玉不检点、话多相关。不同场合需合理控制语言数量。

4. 语境的不同

《红楼梦》第十回中，金氏跟寡嫂叙谈时，对侄儿在学堂受气之事怒气冲天，言辞激烈，扬言要讨回公道。及至到贾府见了尤氏之后，要理论一番的激愤之辞瞬间"变脸"为款语温言，根本不提侄儿一事——其话语作了根本性语境调整。她跟嫂子聊天，是畅叙亲情，跟尤氏谈话则有重大利害关系，故依语境而变换话语。《敌后武工队》中，武工队员赵庆田平时向队长报告敌情，总是声音响亮、清晰；而在地道里向队长报告敌情，则声音低小，生怕周围群众听见，引起恐慌——话语也作了语境调整。这两例当事人，都注意到语境不同言语有别。

三、实践是获得语言能力的唯一途径

那么，怎样提升语言能力呢？

世界名著《简·爱》的作者是英国女作家夏洛蒂·勃朗特。她小时候跟两个妹妹自编故事讲着玩儿。在反复的语言实践中迅速提升了表情达意、编织故事的语言能力。长大后三人皆文才出众，她的一个妹妹写出名著《呼啸山庄》。有位作家未成名前，投稿不断被退，盛满两纸箱。家人见其辛苦，一再劝其放弃。但他坚持不懈，终于成名。一次次看似徒劳无功的挥毫，恰是进步的阶梯。口语能力也靠实践。一位主持人在长期表达实践中，逐渐培育出一种能力：看到一幅画，就能连续不断叙说半天。

语言实践是提高语言能力的根本途径。就像游泳一样，多练才游得快、游得远。哥伦布把鸡蛋的一头在桌子上一磕，鸡蛋就竖立在桌子上了。有人嘲笑说："这谁不会啊。"哥伦布说："做就会，不做就不会。世界上没有一件事不是这样。"

只有语言实践才能培育出语言能力。

趣话语言的转换

有位语言学者曾举过一个有趣的例子：

在肯尼亚首都内罗毕的一辆公交车上，一位乘客跟售票员进行了一场对话——

售票员："到哪儿去？"（用斯瓦西里语）
乘客："去市邮局。"（掏钱买票）（用斯瓦西里语）
售票员："等会儿我给你找钱。"（用斯瓦西里语）
〔过了会儿〕
乘客："给我找钱啊。"（用斯瓦西里语）
售票员："甭着急，我就找给你。"（用斯瓦西里语）
〔又过了会儿，快到市邮局了〕
乘客："我快到站了。"（用英语）
售票员："你以为我要你这几个钱吗？给你。"（用英语）

斯瓦西里语跟英语都是肯尼亚官方语言，但斯语是当地语言，因此当地人说斯语显得比较亲近。乘客拿不到找的钱，有点不高兴，所以改用英语，从而给对方一种"疏远"的感觉。售票员觉察到了这一改变，所以也改用英语。

这里，用语言转换来表达"疏远"的主观意愿。

采用共同语而不采用方言，同样也表达出这种"疏远"意涵。我的一位同事 N 先生是陕西关中人，跟我是同乡。头一回跟他在办公室交谈，我放下普通话改用方言，不料 N 先生仍坚持用普通话跟我交谈，我立刻感觉到对方坚持用普通话的"疏远"内蕴，随即也改用普通话。

这里，拒绝将共同语转换为方言的做法，传递出一种话语之外的意思，也就是人们常说的"言外之意"。

反过来看，有时坚持语言的转换，也传递出某种信息。

我认识一位美国语言学者（不是美籍华人），她的普通话说得非常流利，常引人赞叹。她告诉我，一次去中国某地办事，办事人员用英语对谈，她用纯熟的普通话应答。不料，对方仍坚持用英语。我的朋友说，对方的英语说得有些蹩脚，听起来有些吃力，但见对方如此，自己只好用英语跟对方交流。这样的事儿碰过几次。办事员是中国人，不说普通话而说英语，是在坚持语言的转换。或许是显示自己有使用英语的能力，或许是想多练英语？语言的转换或不转换，都蕴含着某种信息。

捕捉到语言（含方言）转换，就捕捉到对方细微的言外之意。

给孩子讲故事，语言须"三化"

讲故事是激发孩子想象力、培养健康的道德情操乃至埋下文学种子的绝佳良策。给孩子讲故事想取得好效果，语言需要"三化"：直接引语的人物化、叙述语言的情感化、描述事物的拟声化。这三点切实可行，且效果明显，讲出的故事更精彩、更具吸引力。

一、直接引语的人物化

讲故事时，常替故事里的人物说话。为使语言生动，"拉住"孩子，须做到直接引语的"人物化"。例如，替山大王说话时，音色要粗豪，语气蛮横，发音部位略偏后。替女孩子说话时，声音宜尖细，语气应俏皮。如果替淘气包儿说话，声调可稍高，语气任性。若替老奶奶说话，语速宜缓，语气和蔼慈祥，让孩子像看见宽厚仁慈的老奶奶一样。模拟不同人物的语气，瞬间提高了讲述的真实感，人物形象愈加鲜明、生动，个性凸显，能很快打动孩子。

同一人物心态不同，也应采用不同语气。例如"让我去吧"这句话，情绪高涨时，语调要稍高，透露出喜悦的心情；伤心难过时，语调要略低，语速稍慢，体现出沉重的心境。思考的话语，要说慢点儿，显现出思索的过程。如，"他们会克服这个困难的"，是一种估计，宜慢说，表现出内心在揣想。故事中某个人物，话说了一半忽然开始编瞎话，真话和假话之间最好有个停顿。如"我们俩昨天聊了一下午，后来他就坐地铁去海淀了"中，"他就坐地铁去海淀了"是说话人现编的，在"后来"之后、谎话之前，要有个停顿，以显示出临时乱编的心理过程。

同一人物说话时的状况不同，语音也宜相应变更。例如，人物在屋子里说"让我去吧"，语音接近口语；如果隔着老远喊话，字音则需拖长，说成"让——我——去——吧——"。

归结起来，直接引语人物化的好处，一是营造出"戏剧化"与"现场感"的效果，大大增强了故事的感染力；二是充分展现不同人物的性格，各种语音设计使人物形象更为丰满、鲜明。孩子一听语气，就知道是谁说的。

二、叙述语言的情感化

叙述故事时，须有鲜明爱憎，不仅要体现在用词用语上，也要体现在语气上。如讲到凶恶的大灰狼，语气里透着憎恶；说到善良可爱的小白兔，话语里饱含着喜爱。小时候在广播里听连阔如讲《三国演义》，故事内容通通忘却了，然而他讲到晚年诸葛亮时，一声长长的叹息"哎——，诸葛亮也老了"，至今仍清晰地刻印在我的脑海。虽然只是短短的一句喟叹，却饱含情感，充溢着无限惋惜和深切同情，表达出对人物的充分肯定，让人久久不忘。

20世纪60年代，著名"故事大王"孙敬修常在广播电台讲故事。他说到两个主人公办成一件好事儿时，常自然地说出这么一句"他俩别提多高兴了"，语调高扬，音色明亮。讲到主人公遭遇不幸时，往往带出一句"大伙儿都哭了"，语调低沉哀痛，音色暗淡。孙老师这些充满情感的话，是他情感的自然流露，至今仍回响耳畔。

叙述语言的情感化，也有两点好处：一是在潜移默化中，将正确的是非观浇灌进孩子心田，并自幼在孩子心里牢牢扎根；二是在耳濡目染中，让孩子渐渐树立起正确的人生观乃至成长理想。

三、描述事物的拟声化

叙说中描述事物时，宜多用拟声词。例如，宜将"这时，下起大雨"，说成"这时，哗哗哗下起大雨"；将"母鸡叫了几声"，说成"母鸡咯咯咯叫了几声"；将"石头滚下山坡"，说成"石头骨碌骨碌滚下山坡"。

拟声词是诉诸听觉的，多用拟声词可以丰富孩子听故事时的感受，让孩子更直观、更迅速地领悟所说的场景，有身临其境之感，从而更准确、深入地领会故事内容和思想内涵。拟声词能引发孩子丰富联想,从而激发孩子的想象力。

事实上,上述"三化"可以归结为"一化",即"生动化"。其实就是指讲故事时,摆脱平板沉闷的腔调,让语气摇曳多姿。有个演员表演了一个特殊的节目:用各种语气朗诵"今晚"二字,时而令听众伤心,时而让人捧腹大笑……变换语气,作用惊人。

讲故事是中国的一种传统文化,兴盛于宋代。这时社会稳定,市民大量增加,听故事花钱少、乐趣大,人们趋之若鹜。茶楼、酒馆、戏园子、像旧时代天桥一样的地方,乃至寺院,都有说故事的。演员被称为"说话人",其实就是说书的。

清代著名说书人柳敬亭语气变化十分丰富,且大量使用拟声词。《陶庵梦忆》里描述,他的语气"疾徐轻重,吞吐抑扬,入情入理"。"说至筋节处,叱咤叫喊,汹汹崩屋",即说到紧张关键处,模拟人物的叫喊声,简直能把屋顶掀翻!黄宗羲在《柳敬亭传》中赞叹:刀剑相击声,骑兵奔驰声,风吹雨打声,柳都用拟声词绘声绘色地表现出来,令人如临其境。柳讲"武松打虎"时,说武松走进酒店,店内空无一人,便高叫一声,震得店内空缸空瓮都发出一片"嗡嗡"声。一个小小的拟声词,使听众一下子领略到武松威武神勇的英雄气概。

语气就是表现力。有声有色,才能让孩子瞪大眼睛、神情专注、兴味盎然地听下去。

巧用对比，引人入胜

"三言""二拍"中，有的小说采用了巧妙的对比手法，既引人入胜，又耐人寻味。

譬如，《田舍翁时时经理　牧童儿夜夜尊荣》中，牧童每天晚上梦见自己做了大官，还当上驸马，宴会上摆满了美味珍馐，他随意享用。然而白天，他给人家放牛，风吹雨打日头晒，备尝艰辛。他损失了牛，还要挨东家痛打，苦不堪言。

如此反差，令读者感慨：还是要活在现实生活中，想方设法，脚踏实地，去改变命运。

后半段故事发生大逆转，牧童发了大财，又当了富人义子，人生道路坦荡，生活无忧。这时，他每天晚上仍做梦，但都是噩梦，不是被水淹就是被火烧或者进了监狱。他不得其解，在道士的煽惑下竟然出家做了道士。

这让人感叹唏嘘：遇难题应该从实际出发，不信邪说，以长远目光来分析判断，做出选择。

再如，《张廷秀逃生救父》中，作者一方面叙说赵昂夫妇害人的情景，另一方面交代张家兄弟逃生救父的过程。两条线索交替推进。赵昂夫妇的恶行与张家兄弟的反抗挣扎同时向前延伸，在对比中，一点一点深入揭示两种人的内心世界。对比手法使得人物形象分外鲜明。

又如,《襄敏公元宵失子》中,一户人家正月十五观灯丢了孩子,带孩子的仆人、孩子、盗者三人分别叙述同一个过程:

仆人说,只顾看花灯,不觉走到人群里。拥挤中,觉出孩子被抱走,急忙寻找、呼唤,不见踪影。

孩子说,发觉被盗后,一直找机会脱身。猛然瞅见四五顶官轿迎面而来,于是抓住一顶轿子连连高呼"有贼!救人",贼人一见官府的人来了,很害怕,放下孩子就跑。

盗孩子者说,他看到仆人肩扛孩子观灯,便悄悄尾随,到了人山人海的地方,突然出手,轻而易举将孩子抱走。

同一个事儿,三人从各自角度分别叙述。在比较中,读者可以清晰地看到三人的不同性格——仆人做事粗疏,如果不去人挤的地方,或跟其他仆人同行,就能避免祸事;孩子机智,发现被盗后,没立即声张,而是等到合适机会,忽然发声,使自己获救;盗贼狡猾,不匆忙下手,而是尾随孩子找机会,而一听孩子呼喊就跑,又暴露出他的怯懦。原本简单的故事,在三人不同的叙述中,变得曲折生动、摇曳多姿,引人入胜。

三个故事采用了三种不同的对比手法。第一个故事是孩子一个人白天、晚上的对比,属"一体两面"对比。第二个故事是两种人行为的对比,属"两体"对比。第三个故事是三个人所见的对比,属"三体"对比。

有奇妙的叙述方式,就有奇妙的叙述效果。

古代精美短文的"三个诀窍"

古代流传下来的百十来字"豆腐块儿"散文,犹如晶莹剔透的宝石,历经无数次遴选,穿越千百年,仍"屹立"于当今文选和课本之中,令人赞叹。这些精美短文具有"三个诀窍"。

第一,立意独到。譬如,150余字的《杂说四》(韩愈),提出与一般见解相悖的观点。人们常说:"缺人才啊。"该文却振臂高呼:"不缺人才,缺的是赏识人才的人!"振聋发聩,令人耳目一新。请看:

> 世有伯乐,然后有千里马。千里马常有,而伯乐不常有。故虽有名马,只辱于奴隶人之手,骈死于槽枥之间,不以千里称也。马之千里者,一食或尽粟一石。食马者不知其能千里而食也。是马也,虽有千里之能,食不饱,力不足,才美不外见,且欲与常马等不可得,安求其能千里也?

又如,仅68字的《武帝求茂才异等诏》(刘彻),是官府通告,提出要聘用有缺点的"茂材异等"!这跟古往今来征求人才时罗列一条条优异资质大相径庭——

盖有非常之功，必待非常之人，故马或奔踶而致千里，士或有负俗之累而立功名。夫泛驾之马，跅弛之士，亦在御之而已。其令州郡察吏民有茂材异等可为将相及使绝国者。

再如，仅百余字的《爱莲说》明确打出"与前人不同"的大旗，高调宣称："自李唐来，世人甚爱牡丹。予独爱莲之出淤泥而不染，濯清涟而不妖……"

如果是写人的精粹短文，目光瞄向的，是不同于常人的独特风骨。如170余字的《五柳先生传》（陶渊明），写了鲜见的奇人：

先生不知何许人也，亦不详其姓字，宅边有五柳树，因以为号焉。闲静少言，不慕荣利。好读书，不求甚解，每有会意，便欣然忘食。性嗜酒，家贫不能常得。亲旧知其如此，或置酒而招之。造饮辄尽，期在必醉。既醉而退，曾不吝情去留。环堵萧然，不蔽风日，短褐穿结，箪瓢屡空，晏如也。常著文章自娱，颇示己志。忘怀得失，以此自终。

穷得叮当响，却不胜其乐；读书随兴之所至，不追根穷源；有酒就喝个痛快，写文章自己看着高兴就行——刻画出一种特立独行的志趣和精神追求。

第二，论据精当、给力。如上述《武帝求茂才异等诏》总共四句话，第二、三句给出两个论据。一个是

"马或奔踶而致千里，士或有负俗之累而立功名"，意即虽有缺点，能建功立业，就是有大本领的人，强调"看人看大处"。另一个是"泛驾之马，跅弛之士，亦在御之而已"，意即对有缺点的人，"关键在管理"。两论据精辟有力独到，不容置辩。

再如，80余字的《记承天寺夜游》（苏轼）着力刻画承天寺之静：

元丰六年十月十二日夜，解衣欲睡，月色入户，欣然起行。念无与为乐者，遂至承天寺寻张怀民。怀民亦未寝，相与步于中庭。庭下如积水空明，水中藻、荇交横，盖竹柏影也。何夜无月？何处无竹柏？但少闲人如吾两人者耳。

写"静"的论据是"庭下如积水空明，水中藻、荇交横，盖竹柏影也"，也就是月下翠竹、柏树的斑驳"影子"。环境寂静，才能注意到竹柏倩影；内心宁静，方有心思从地上疏影联想到池中水藻——别出心裁的"影子论据"营造出环境和内心的"双重安静"，让承天寺之静给读者留下深刻印象。

第三，语言洗练、易懂。试看以下几句："世有伯乐，然后有千里马"（《杂说四》）、"从小丘西行百二十步"（《小石潭记》）、"先生不知何许人也，宅边有五柳树，因以为号焉"（《五柳先生传》），句句干净、好懂。

其实，现代优秀白话短篇，同样蕴含"三个诀窍"。

试看 160 来字的《山茶花》(郭沫若):

> 昨晚从山上回来,采了几串茨实、几簇秋楂、几枝蓓蕾着的山茶。
>
> 我把它们投插在一个铁壶里面,挂在壁间。
>
> 鲜红的楂子和嫩黄的茨实衬着浓碧的山茶叶——这是怎么也不能描画出的一种风味。
>
> 黑色的铁壶更和苔衣深厚的岩骨一样了。
>
> 今早刚从熟睡里醒来时,小小的一室中漾着一种清香的不知名的花气。
>
> 这是从什么地方吹来的呀?——
>
> 原来铁壶中投插着的山茶,竟开了四朵白色的鲜花!
>
> 啊,清秋活在我壶里了!

写秋天的韵味不写辽阔天地间的花草树木、山河原野,而是将"笔路"一转,指向室内,赞美插在铁壶里的山茶花。这是"独到的立意"。"清香的不知名的花气"是写"味","白色的鲜花"是写"色","味"与"色"共同构成"山茶花体现纯美秋韵""精当、有力的论据"。语言亦简洁、易懂——同样显现出"三个诀窍"。

"三个诀窍"跟清代桐城派姚鼐提出的"义理""考据""辞章"相契合,关涉文章的"论点""论据""语言",是在回答"想说啥?""根据是啥?""怎么说?"三个属文的基本问题。

"论点"如"货","论据"似"船","船"坚不漏,

"货"才安稳如山。"语言"好比吹帆之风,罡风劲吹,"货"才运得远。

贯彻第一个"诀窍",须深入观察、独立思考。贯彻第二个"诀窍",重在一个"细"字。清代说书人柳敬亭为说明"武松的英雄气概",采用了一个极为细小的"论据":武松走进酒店,店内空无一人,便高叫一声,震得店内空缸空瓮都发出一片"嗡嗡"声。这个细微"论据"顿时把武松高大魁梧、气概不凡的形象凸显起来。贯彻第三个"诀窍",宜"以口语为主,杂以书面词语",使语言既流畅易懂,又不失文采。

"三个诀窍"不仅是写短文的好帮手,对写好长篇也颇具启示意义。

(原载《光明日报》2022年9月9日)

论说中描写性语句的独特作用

在论说中,时或出现描写性语句。这种情况虽古已有之,但近来呈增多态势。值得注意的是,描写性语句在论说中发挥着独特而重要的作用。有以下几种常见类型。

一、描写性语句在论说中展现出独特说服力

描写性语句在文章中展现出独特说服力。常见用法

如下：

1. 使用描写性的引语来阐明事理

例如：

孟子对曰："贤者而后乐此，不贤者虽有此，不乐也。《诗》云：'经始灵台，经之营之，庶民攻之，不日成之。经始勿亟，庶民子来。王在灵囿，麀鹿攸伏，麀鹿濯濯，白鸟翯翯。王在灵沼，于牣鱼跃。'文王以民力为台为沼，而民欢乐之，谓其台曰'灵台'，谓其沼曰'灵沼'，乐其有麋鹿鱼鳖。古之人与民偕乐，故能乐也。……"（《孟子·梁惠王章句上》）

孟子在阐说性话语后，引用《诗经》描写性语句，来阐明"古之人与民偕乐，故能乐也"，也就是"贤明的君主跟百姓一同快乐，才能得到真正快乐"的道理。这里引用的描写性语句具有权威性、形象性、具体性、典型性，故而发挥出难以辩驳的强大力量。

2. 使用描写性的实例来阐明事理

例如：

妇女群众要学习犁耙，找什么人去教她们呢？小孩子要求读书，小学办起了没有呢？对面的木桥太小会跌倒行人，要不要修理一下呢？许多人生疮害病，想个什

么办法呢？一切这些群众生活上的问题，都应该把它提到自己的议事日程上。(毛泽东《关心群众生活，注意工作方法》)

这段描写性语句列举了若干生活中的例子，通俗易懂。来自活生生的民间现实，容易领会，故说服力极强。这些描写性语句具体形象地阐明了"必须把群众生活问题提到议事日程上"的深刻道理。

3. 使用描写性的比喻来阐明事理

例如：

猛虎在深山，百兽震恐，及在槛阱之中，摇尾而求食，积威约之渐也。(司马迁《报任安书》)

"猛虎在深山"和"(猛虎)在槛阱之中"都是比喻式描写性语句，意在用比喻来阐明人受环境影响之大。这种形象化的比喻有很强的冲击力和说服力。

4. 使用描写性语句摹写某种情状或想法来阐明事理

例如：

（1）为了拉拢人民，贵族们把无产阶级的乞食袋当作旗帜来挥舞。但是，每当人民跟着他们走的时候，都发现他们的臀部带有旧的封建纹章，于是就哈哈大笑，

一哄而散。(马克思、恩格斯《共产党宣言》)

例(1)用描写性语句生动形象而无可辩驳地写出了"贵族"所带有的根深蒂固的封建理念。

(2)那时有许多文人,例如属于"南社"的人们,开初大抵是很革命的,但他们抱着一种幻想,以为只要将满洲人赶出去,便一切都恢复了"汉官威仪",人们都穿大袖的衣服,峨冠博带,大步地在街上走。谁知赶走满清皇帝以后,民国成立,情形却全不同,所以他们便失望,以后有些人甚至成为新的运动的反动者。(鲁迅《对于左翼作家联盟的意见》)

例(2)中,鲁迅针对一些人"以为只要将满洲人赶出去,便一切都恢复了'汉官威仪'"的念头,运用描写性语言来描述这种脱离实际的想法:"人们都穿大袖的衣服,峨冠博带,大步地在街上走。"这些描写性语句立刻让读者感觉到这种想法是完全脱离现实生活的。

二、描写性语句在论说中展现出独特感染力

描写性语句在文章中展现出情愫上的独特感染力。例如:

(1)暮春三月,江南草长,杂花生树,群莺乱飞。

见故国之旗鼓，感平生于畴日，抚弦登陴，岂不怆恨！（丘迟《与陈伯之书》）

文章是以老朋友的身份向老朋友提出忠告，劝其审时度势，归顺己方。在力劝"夫迷途知返，往哲是与，不远而复，先典攸高"等语之后，出现描写性语句"暮春三月，江南草长，杂花生树，群莺乱飞"。精彩描写如诗如画，生动形象地描绘出江南绮丽春光，唤起对方思乡之情，深深打动对方，发挥了"唤起乡情，促早日归来"的重要作用。

（2）海陵红粟，仓储之积靡穷；江浦黄旗，匡复之功何远？班声动而北风起，剑气冲而南斗平。喑呜则山岳崩颓，叱咤则风云变色。以此制敌，何敌不摧；以此攻城，何城不克！（骆宾王《为徐敬业讨武曌檄》）

文章在申述兴兵讨伐理由之后，连续出现描写性语句，以连续的排比方式描写出己方兵强马壮、实力雄厚、威力强大、势不可当的巨大优势，描写性语句起到鼓舞斗志的作用。

（3）各国政府——无论专制政府或共和政府，都驱逐他；资产者——无论保守派或极端民主派，都竞相诽谤他。他对这一切毫不在意，把他们当作蜘蛛一样轻轻拂去，只是在万不得已时才给以回敬。（恩格斯《在马克

思墓前的讲话》)

恩格斯在述说资产阶级政府和政客驱逐、诋毁马克思的丑态之后,使用了"把他们当作蜘蛛一样轻轻拂去"的描写性语句,活灵活现地表现出马克思和恩格斯对反动势力的蔑视、憎恶与不屑一顾的情怀。

三、描写性语句在论说中展现出特有启示性

例如:

> 妇女群众要学习犁耙,找什么人去教她们呢?小孩子要求读书,小学办起了没有呢?对面的木桥太小会跌倒行人,要不要修理一下呢?许多人生疮害病,想个什么办法呢?一切这些群众生活上的问题,都应该把它提到自己的议事日程上。(毛泽东《关心群众生活,注意工作方法》)

这段话的开头,一口气连续使用了四个具有描写性的疑问句。这些描写性句子是文章中的示例。这些描写性的具体操作的示例,使得读者一下子领悟到,"关心群众生活,注意工作方法"具体该怎么操作,故而启示性极强。而且,句子的描写性又透露出一种亲切、风趣的意味,使人易于接受。设若文章中没有这些描写性问句,而只是反复告诫人们"必须把群众生活问题提到议事日

程上",表达效果就会差很远。可见描写性语句的启示性甚为强大。

四、描写性谚语、古诗出现在段落开头时的作用

有时,人们在段落的开头使用描写性谚语或古诗。这个谚语或古诗具有归纳上文或引领下文的作用。例如:

(1)"涉浅水者得鱼虾,涉深水者得蛟龙。"基层是最大的课堂,群众是最好的老师。……(《群众是最好的老师》,《解放军报》2023年9月30日)

(2)制裁华为并未让华为"山重水复疑无路",反而是"柳暗花明又一村"。……(《美式对华人权外交新攻势也将失败》,《光明日报》2023年10月8日)

例(1)中的描写性谚语和(2)中的描写性古诗,不仅使语言活泼多变,而且具有语言精练、说理深刻、启发性强的突出特点。

五、描写性语句描述某种现状时的独特作用

例如:

(1)田间地头,农民热火朝天分享丰收的喜悦;边关哨所,战士为党和人民守好边、固好防;基层一线,

党员干部坚守岗位、倾情奉献……国庆之际，各地日新月异的变化、人们昂扬奋发的劲头，展现出神州大地生机勃勃的崭新气象，映照着国家和民族凯歌而行的奋进足迹。(《厚植爱国情 争做奋斗者》,《人民日报》2023年10月3日)

（2）得益于共建"一带一路"，印尼迈入"高铁时代"，老挝人民的铁路梦成为现实，马尔代夫有了跨海大桥，白俄罗斯有了自己的轿车制造业，非洲有了电气化铁路和轻轨，希腊比雷埃夫斯港重焕生机，乌兹别克斯坦白内障患者重获光明，塞内加尔干旱地区村民在家门口就能享用干净的饮用水……一个个幸福的故事，一幕幕感人的场景，在共建"一带一路"国家不断涌现。(《把"一带一路"这条幸福之路铺得更宽更远》,《求是》2023年第19期)

例（1）中多个描写性语句生动形象地说明"在党的领导下，人民正在意气风发、斗志昂扬地奋进"的现状；（2）中描写性语句列举出"一带一路"带来的积极变化，具体形象而又雄辩地说明了"一带一路"给共建国家带来了实实在在的利益这一真实现状。

跟叙述话语比较起来，运用描写性语句描述现状有其独到之处：其一，直观、生动、具体，让读者一阅即知；其二，迅速清晰地介绍出某种现状，毫不拖泥带水；其三，营造出某种氛围，如例（1）（2）营造出满怀信心、坚定前进的氛围。

六、描写性语句出现在文章结尾时的独特作用

描写性语句处于文章末尾往往具有提振文气的作用。例如：

它是站在海岸遥望海中已经看得见桅杆尖头了的一只航船，它是立于高山之巅远看东方已见光芒四射喷薄欲出的一轮朝日，它是躁动于母腹中的快要成熟了的一个婴儿。（毛泽东《星星之火 可以燎原》）

这段的描写性语句出现于《星星之火 可以燎原》末尾，它用一连串形象化的语句，生动形象的景物描写，有力揭示出革命高潮即将来临的形势，给人以鼓舞和信心，让文章大大"提气"，形成全文强有力的"豹尾"。

中华对联的神韵

对联也称"楹联""春联"等。2006 年，"楹联"作为一种"习俗"列入第一批国家级非物质文化遗产名录。春节时写春联、贴春联则是神州大地流传久远、根深蒂固的年俗，也是中国的传统文化。相传五代后蜀主孟昶写在桃木板上的"新年纳余庆，嘉节号长春"是最早的

春联，距今已有千年之遥。

对联是两句，常从两个侧面说一件事儿，这种"两点论"手法使对联写人惟妙惟肖。例如，郭沫若用"世上疮痍诗中圣哲 民间疾苦笔底波澜"评价杜甫，用"写鬼写妖高人一等 刺贪刺虐入木三分"（"虐"指残暴的官吏）赞美蒲松龄，皆"两面出击"，成就神来之笔。这种同时观察事物两面的思辨，在中国，赋有悠远深刻的思想渊源。如《孟子》开篇便有"仁义"跟"利"的对立性思考，《左传》中的《郑伯克段于鄢》有"与"和"弗与"的商讨。

汉语的特点是"语素单音化"，即"一字、一音节、一语素"，故能孕育出"对联"这一独特的"字与字一一对应"的表达"神器"。

严谨的对联讲究字的声调。虽然在遥远的《诗经》时代已意识到字调的不同，但归纳出"四声"，则是南北朝的事了。"四声"引导出的"平仄"把数不尽的汉字"二元化"，分为"平""仄"两类，借以在"对仗"中形成有规律的音高起伏，制造出一种优雅的音乐美。南朝齐武帝时讲求声律的"永明体"（"永明"是齐武帝年号），是唐诗先驱，为繁花似锦的唐诗盛世，开辟出浩荡前行的大道。

唐诗名句不少是对联，有的形象生动，逼真如画。如"两个黄鹂鸣翠柳，一行白鹭上青天"描绘出千载赞赏的画面；"大漠孤烟直，长河落日圆"犹如沙漠写真，故而被《红楼梦》里的香菱慨叹"合上书一想，倒像是见了这景的"。或许可以说，唐诗借力对联步入鼎盛，无形中也推动了对联的广泛传播。

爆竹中的"二踢脚""砰砰"连响两下。对联是汉语中的"二踢脚"：字数相同、语义相关的两个语段上下衔接、连续出现，陡然增强了语言气势。"两响"的对联犹如武术中的"双刀"，相互策应，变幻出万花筒般的意味和情趣。

从修辞手法说，对联天生"身兼数职"，如"对偶＋对照""对偶＋比喻""对偶＋夸张"等，耐人品味。

"对偶"传统上要求两联平仄对应。古来平声为平，上、去、入为仄。而今普通话已无入声，从东北到西南辽阔的"官话区"多为四个调类。因此人们常难于分辨出入声字。许多人便简洁地将一、二声视为平，三、四声视为仄。这种划分虽不严格合于历史上的平仄，但也构成了语音调值上"平""升"跟"曲""降"的规律性对应和变化，在"语音美"上有积极意义。

"对偶"虽在逻辑上含并列、因果、条件、假设等各种关系，但都能在一个完整的语言单元里，让语意瞬间凸显，并平添文采。

对联是成对出现的，所以只能说"一副对联"，不能说"一幅对联"。"成双成对"的对联，似乎隐含着先人"对称成双才稳定恒久"的意念。这种意念也显现在古建上：北京有"东直门"，也有"西直门"；有"左安门"，又有"右安门"；有"崇文门"，还有"宣武门"。北海琼岛北面临水的汉白玉栏杆上，东侧的龙头向西，西侧的龙头向东……

贴对联时，一般上联贴在右面，下联贴在左面。这跟古人从右向左竖行写字的习惯是一致的，现在竖排文稿，走向也是从右向左。在平仄上，按传统习惯，上联最后一字为仄，下联最后一字属平。

二十世纪五六十年代，行走胡同，常瞧见两扇门上镌刻着"忠厚传家久　诗书继世长"，瞧见商家门前挂着"生意兴隆通四海　财源茂盛达三江"木制对联。如今，对联依然活跃在社会生活中。电视荧屏有"礼赞新中国　讴歌新时代"，街头标语有"培育社会公德　遵守公共秩序"，报刊文题有"锁滚滚黄沙　筑绿色长城"……

新时代的对联，在构造形式上，呈现出某些嬗变。例如：

（1）对应的词，词性可以不同。如"共度中秋　同庆团圆"中，相对应的"中秋"跟"团圆"，一个是名词，一个是动词。

（2）不拘泥于平仄相对。如"小草编　大舞台"中，上下联都是"仄仄平"。

（3）上下联可有相同的字。如"传承家风　涵养新风"中，上下联皆有"风"，且处于对应关系。

（4）深层结构可以不同。如"提高政治站位　强化使命担当"中，"提高+政治站位"跟"强化+使命担当"都是动宾结构。深一层的"政治+站位"是偏正结构，而"使命+担当"则为联合结构。

也就是说，新时代的对联，往往只需字数相等、第一层结构相同，即可成联。

有趣的是，爱求新求异的人别出心裁地把对联用于标题，创出新潮的"提示语+冒号+对联"样式。如《新征程：明确新目标　谱写新篇章》《珲春：口岸通边贸兴》《垃圾分类：牵着民生　连着文明》……读来新颖、醒目。

汉语中的对联以其鲜明的民族特色和独特强劲的表现力，受到青睐，活跃于各种文本。

春联远望是两条红纸。每逢新春佳节，这"红双龙"便飞落千家万户，让无数城镇、乡村顿时容光焕发，亮丽起来，节日气氛被烘托得炽热而浓烈；而随着中华儿女走出国门日益增多，红对联便在"中国年"天女散花般飘落在世界各地。

（原载《光明日报》2020年2月8日）

老舍语言的魅力

20世纪90年代，我曾组织过一次"文学语言规范化"讨论，引起文学评论家和语言学家非常有趣的争论。一位知名文学评论家说"文学语言本质上是反规范的"，文学语言追求的目标就是"扭断语法的脖子"。此话一出，立即受到语言学家的激烈反驳：这话并没有"扭断语法的脖子"，要想"扭断语法的脖子"，就得"把这句话说成'脖子的语法扭断'或'的扭断脖子语法'"。他的意思是，把话说得不成人话，彻底背弃汉语语法，才算"扭断了语法的脖子"。

那么，文学语言与语言文字规范是什么关系？我们说，宜提倡文学语言遵循汉语的一般规范。例如，在文学语言中减少病句，尽量不使用不合当前规范的词形（如不把"凭借"义的"借"写成"藉"，不把"执着"写成"执著"），正确运用复句中的关联词语，力避标点符号差错，等等。走上屏幕的文学语言须尽量不读错字音。文学语言的规范化，并不妨碍作家语言的个性化与创造性，而是使得文学语言更顺畅、更熨帖、更好懂，成为引领社会的语言典范。权威词典的许多示例来自文学名著。

老舍是注重语言规范的作家。1955年，老舍在《北京日报》属文，对推广普通话表示热烈拥护，"希望北京市的话剧演员和歌剧演员都负起这个政治任务，下功夫掌握北京语音，在推广普通话上起示范作用，扩大影响"。他还在《人民日报》上说，文学家对普及民族共同语负有责任，"意大利的但丁、英国的乔叟和咱们的曹雪芹都在这方面有很大的功绩"。1956年，老舍被任命为中央推广普通话工作委员会副主任。

20世纪50年代，老舍对自己的文学语言进行了明显的调整。胡宗温等北京人艺的老演员告诉我一件事：1951年演出的《龙须沟》中，有个词儿叫"日崩"，外地观众反映听不懂这个北京土话，老舍后来创作话剧《茶馆》时，就再没用这类土词土语了。

我找来《龙须沟》剧本细阅，果真发现了"日崩"这个词：

（1）这家伙，照现在这样，他蹬上车，日崩西直门了，日崩南苑了，他满天飞，我上哪儿找他去？

这句台词里的"日崩"，是个地道的老北京土词儿，用来"形容走得突然，干脆利落，无所顾念"，也就是表示"一下子跑到哪儿去了"。"日崩"在北京话里的读音是 rībēng，跟普通话读音不大一样，外地观众听了，连是哪个字都弄不清，自然听不懂。

《龙须沟》中，北京土词不少。例如：

（2）谁也没想到这么早就能下瓢泼瓦灌的暴雨。
（3）您看，这双鞋还真抱脚儿。
（4）滑溜溜的又省胰子又省碱。
（5）巡长我说今儿个又得坐蜡不是？
（6）今儿个他打连台不回来，明儿个喝醉了，干脆不好好干啦。

这几句话里，（2）中的"瓢泼瓦灌"形容雨势凶猛。（3）中的"抱脚儿"指鞋袜尺寸合适。（4）中的"胰子"指香皂或肥皂。（5）中的"坐蜡"指陷入为难境地，或者遇到难以解决的困难。(6)中"打连台"的"连台"是"连台本戏"的简称。"连台本戏"也叫"连台戏",指连日演出的大戏,这个戏由多个戏本构成,每天只演出一两本。"打连台"是说戏班子唱连台本戏,天天唱,要唱若干天,常用来比喻做事情中间不休息,连续做,持续多日。这些话现在几乎绝迹了。

不少北京的土词土语,有好多说道,外地观众乍一听,自然难解其意,因而影响了演出效果。这种情况传到老舍耳中,他觉察出其中弊病,在一篇文章中说:"我以前爱用土语不是没有道理的。某些土语的表现力强啊。可是,经验把我的道理碰回来了。表现力强吗?人家不懂!不懂可还有什么表现力可言呢?"基于此,老舍对自己作品的语言进行了调整。他举例说:"假若'油条'比'油炸鬼'更普通一些,我就用'油条'。同样的,假若'墙角'比'旮旯儿'更普通一些,我就用'墙角'。"这种变更在1956年演出的《茶馆》中体现得十分明显,《龙须沟》中出现的那些土字眼儿,一个也找不着了。但是,有两样东西一点儿也没减少。

一是京味儿。《茶馆》第一幕可谓经典中的经典。随便找两句话,一听,就是老北京话——精练,俏皮,脆生生的。我们来听听下面这两句"京腔":

(7)常四爷:要抖威风,跟洋人干去,洋人厉害!英法联军烧了圆明园,尊家吃着官饷,可没见您去冲锋打仗!

（8）二德子（四下扫视，看到马五爷）喝，马五爷，你在这儿哪？我可眼拙，没看见您！

这些话说得太地道了！

《茶馆》里这些胡同俚语的精妙绝伦之处，就在于没用一个北京土词儿。这就是老舍的"神功夫"！

著名演员于是之曾饰演《茶馆》中的核心人物，裕泰茶馆的掌柜王利发。他在《老舍先生重视文学语言的规范化》一文中写道："在《茶馆》中，可以说一个让外地观众（或读者）费解的土词都没有，但《茶馆》的北京味儿依然像《龙须沟》一样浓厚，没有丝毫减弱。"

老舍的京味儿最典型、最精彩地体现在人物对话上。《骆驼祥子》里买祥子骆驼的那位老者的几句话，让人强烈地感受到浓郁醇厚的京腔京韵：

（9）这么着吧，伙计，我给三十五块钱吧；我要说这不是个便宜，我是小狗子；我要是能再多拿一块，也是个小狗子！我六十多了；哼，还教我说什么好呢！

可以说，老舍不是凭着肚子里积淀的古都土词土语来体现京味儿的，而是通过京城子民话语的韵致、做派、习惯说法以及人物的思维方式、脾气秉性来展示京味儿的。所以，老舍能做到不用一个佶屈聱牙的土词，就酣畅淋漓地展现出京畿腔调的神韵。

二是艺术性。舍弃土词土语了，但《茶馆》的艺术性丝毫没减弱。看过《茶馆》的人无不赞赏其中的妙语。如王利发说："为什么就不叫我活着呢？我得罪了谁？谁？皇上，娘娘那些狗男女都活得有滋有味的，单不许我吃窝窝头，谁出的主意？"再如常四爷说："我爱咱们的国呀，可是谁爱我呢？"这些话活灵活现地刻画出了人物的性格、内心世界和人生感受。

老舍曾说，他能用《千字文》里的字来写作品。《千字文》是古来儿童发蒙的教科书，相当于识字课本，里头大约有一千个字。汉字的常用字有三千，一千字显然是最基本、最常用的字。用这样的"基础用字"来写东西，明显是冲着普通群众去的，他想让里巷庶民一读就懂、一听就明白。

老舍先生用最平凡的文字，给中国文坛奉献出举世惊艳的文学艺术之花。他说："像'无边落木萧萧下，不尽长江滚滚来'，像'小楼一夜听春雨，深巷明朝卖杏花'这类的诗句，里面都是些极普通的字，而一经诗人的加工创造，就成了不朽的名句。"

自古以来，用普通、好懂的词语写出的东西易于流传。李白的"床前明月光，疑是地上霜"跟说话一样，传诵千古。让群众好懂，不仅是老舍写作的夙愿，而且是他对文学艺术的热诚希冀。老舍曾提议改革京剧中的念白。他曾说："我建议：京剧演员的道白可以不可以更自然一些，不必把字音拖拉得很长？京剧演员都能讲很好的京音调普通话，若是把道白放自然一些，接近口语的音调，或者对于传播京音的普通话不无影响。还有：

'上口'的字可以不可以改用京音来唱？在三四十年前，演员把尖团字念错了，台下就会有人给叫'倒好'。现在，演员们已不严格地讲究辨别尖团，台下也不那么挑剔了，那么何不爽性也取消'上口'的字呢。"

老舍说的京剧中的"上口字"指跟普通话中读音不同的字。他说的"演员们已不严格地讲究辨别尖团，台下也不那么挑剔了"中的"尖团"，是指尖音和团音。"团音"是指普通话中j、q、x跟i、ü或i、ü打头儿的韵母相拼的音节，如"记""渠""卷"等字的读音，就是团音。"尖音"则是z、c、s跟i、ü或i、ü打头儿的韵母相拼的音节，普通话里没有尖音。侯宝林有个相声，叫《关公战秦琼》，表演时，侯宝林说了句京剧道白："来将通名。"其中"将"的发音是ziàng，这就是尖音，普通话读jiàng。老舍说的"那么何不爽性也取消'上口'的字呢"，是建议取消跟普通话发音不同的尖音字。他的想头是，让各地观众更易于听懂京剧、欣赏京剧。老舍的这个建议是从"文学艺术作品要让群众好懂、便于欣赏"这个意念出发提出的。他的这个理念，当下仍值得提倡和发扬。

"用百姓的话跟百姓说话"最有效，不论是文学作品还是别的什么文本，无不如此。

（原载《光明日报》2022年12月25日）

侯宝林相声中的语言妙招

品读《侯宝林相声选》,会发现其中暗含的制造笑料的技巧,引人入胜。

譬如,《妙手回春》里有这么句绝妙的话:"医生把东西落在肚子里,好几次,病人说:'不用缝了,您给我安个拉锁得了。'"此话一出,哄堂大笑。值得注意的是与此同类的噱头,《改行》里说:

甲:他拿家里的切菜刀切西瓜。
乙:那切出来不好看哪。
甲:块儿有大有小。人家卖西瓜都是卖完一个再切一个。
乙:是啊。
甲:他一块儿八个全宰啦。

末句引燃全场爆笑。跟"安拉锁"那句比,共同点是都"不合常理"。"安拉锁"是提出一个"不合常理"的建议,"切西瓜"是说出一个"不合常理"的做法。再看《改行》里另一笑料:

乙：那说什么呀？

甲：你得说皇上驾崩啦！

乙：什么叫驾崩啊？

甲：驾崩……大概就是架出去把他崩喽。（枪毙）

跟前两例类比，虽同样"不合常理"，却是"不合常理地解释词语"。

综合起来看，可以察知侯氏幽默中"不合常理"，或者说"悖谬法"，是一种构筑"包袱"的妙招，其中含若干小类。

再看下面一种：

甲：我有个绝对儿，大文豪都对不上来。

乙：说给我听听。

甲：大文豪都对不上来，说给你听有什么用啊？

乙：你可不能那么说，绝对儿碰巧了才对得妙呢。

甲：我说说你听听，可别胡对啊！

乙：当然啦！

甲：听不明白就问我。

乙：当然向你请教。

甲：生意兴隆通四海。

乙：完啦？

甲：啊。

（侯宝林《对春联》）

"甲"一再渲染有个非同一般、出类拔萃的对联。闻听此语,观众不禁饶有兴味地期待联中翘楚,但最后说出的却是尽人皆知、平淡无奇的寻常对子,意外之际人们不由得笑出声。不妨将这个笑料跟下面话语比较一下:

甲:我跟我妈说,我会抻面,今儿您瞧我的,和好面您就甭管了。醒好面,我就开始抻,胳膊伸开,往高抬,双手用力,把面甩起来……
乙:面抻好了?
甲:套我脖子上了。

(侯宝林《技术比赛》)

"甲"开头的话语显示他有高超的抻面技能,然而最后说出的事实却恰恰相反——出乖露丑,根本不会。听者于意外之中不禁捧腹大笑。

从上面两个例子可以看出,这类笑料的特点是,先用话语暗示有"高大上"的事物或本领,让听众产生一种心理期待。然而最后交代的事实却是,其实不过是"低小下"的事物或本领。也可以说"煽呼大,结果小"。这种逗哏术,可以称为"意外法"幽默。从这个视角来看下面小段儿:

甲:我武术特棒,旋风脚打得特好。转起来飞快,一使劲,上房啦!

乙：你上房顶啦？
甲：鞋。

（侯宝林《倭瓜镖》）

可以看出，这是个"意外法"构成的"笑点"——开始的话暗示有高超武功，结果却出乖露丑，原来是个"棒槌"，啥也不会。让人忍不住发笑。

侯宝林幽默技巧不止上面两种，再看另一种：

甲：您研究戏剧有多少年？
乙：五十多年。
甲：五十多年？
乙：我对于戏剧……
甲：您等等，您今年多大岁数？
乙：四十二。

（侯宝林《戏剧杂谈》）

先说研究戏剧"五十多年"，随后说年龄只有"四十二"岁，前后话语矛盾，令人发笑。这种前后话语中存在着"自相矛盾"，姑且称为"矛盾法"吧。

以上的"悖谬""意外""矛盾"都是从"语意特点"这个角度观察所得。"语意特点"指话语里某种"类"的含意。如"他退回了礼物""他没采纳这个建议"都含有"拒绝"的语意特点。

侯宝林在其相声中，大量采用这些技法，体现出侯氏相声高超的技巧性，从而避免了拿对方缺点取笑的低俗"逗哏"，所以侯宝林相声总给人一种清新不俗、高雅亲切的感觉。

侯先生相声的风格，折射出其内心的百姓情结，他想给大伙儿听春雨后林间空气一般清爽温馨的话语，既让人大笑，又感舒爽。侯宝林曾谈到自己的"百姓情结"："相声的方言色彩是最浓厚的，但是现在我们相声台词里有很多词儿不见了。例如：老爷儿（太阳）、洋拉子（玻璃瓶子）、油毛窝（雨鞋）、洋取灯儿（火柴）、羊肉床子（牛羊肉庄）……因为这样的词广大的人民不能接受，人家听了不懂，所以我们就来了个自发的规范。"[①]

由此，想起一个侯宝林的故事：除夕夜侯宝林出席中南海宴会后，他谢绝乘车，步行回家。他走到西单十字路口，看见捡破烂的老人，拖着个麻袋过马路，麻袋在雪地上划出一条长长的痕迹。正好有辆三轮来拉座儿，侯先生掏出一张大票，指着老人说："把他送回家。"望着老人上了车，缓缓离去，他伫立良久。或许心中回忆起许多他昔年认识的平凡百姓……

[①]《现代汉语规范问题学术会议文件汇编》，科学出版社，1956。

"察言观色"的故事

"察言观色"这个成语最初是孔子说的。他说:"察言而观色,虑以下人。"(《论语·颜渊》)意思是:善于揣摩别人的话语,观察别人的脸色,谦恭地对待他人。后来人们用"察言观色"表示"观察言语、脸色来推测对方心意"。《三国志》里说,有个官员叫滕胤,审案子时善于"察言观色",取得良好效果。

"察言"就是指在对话中,细心倾听别人话语,捕捉其中细微之处。《红楼梦》第六十三回里,晴雯说了句"今儿他还席",立即被善于"察言"的平儿抓住了把柄,问:"'他'是谁?"在贾府里,丫头们只能用"宝二爷""二爷"来称宝玉,晴雯"犯规"了。

阅读的时候,若能对叙述性话语,细心"察言",必有收获。譬如,鲁迅在《一件小事》中说自己"抓出一把铜元"让巡警给车夫;在《孔乙己》中,鲁迅则说孔乙己"从破口袋里摸出四文大钱"。同样写从衣袋里掏钱,用字不同。"抓",表现出鲁迅对车夫的做法极为肯定、赞赏;"摸",则揭示出孔乙己已然到了穷途末路,没几个钱了,得(děi)一枚一枚摸清楚。细心"察言"能帮助我们体味到作家的艺术匠心。

重视"观色",则对语言交际中达到目的、获得成功有极大帮助。

《触詟说赵太后》一文说,秦国进攻赵国,赵太后向齐国求援,齐国要求赵太后把小儿子送到齐国做人质。赵太后不允。大伙儿急了,去劝赵太后。太后越听越气,放话说,谁再劝,就吐他一脸唾沫。在这种困难的情况下,老臣触詟由于善于"观色",一番话语取得惊人奇效。触詟一见太后,就发现太后脸色很难看,一脸"盛气",也就是满脸怒容。触詟心下明白,前面几个劝说的大臣,都是迎着这张愤怒的脸强说硬谏,狼狈败下阵来。所以,触詟另辟蹊径。

触詟琢磨,自己的首要任务,不是"据理力争",而是首先设法改变对方难看的脸色。于是触詟的话题绕到千里之外,从看似毫不相干的太后饮食起居和身体保养说起。触詟不慌不忙,语气平缓,娓娓道来,劝太后每天多走点路,节制饮食。如此一番话说下来,触詟渐渐发现,"太后之色少解",意思是比起刚才,太后的脸色已经明显缓和了。善于"观色"的触詟注意到这一细微变化,才徐徐展开自己的一套说法。这回,太后没有像对其他大臣那样,狠狠打断,而是平静地听了下去。可以说,从接谈开始的观察,到谈话中间的窥视,两次细心"观色"并采取适当对策,促成了触詟的成功,让他创造了震古烁今的奇迹。

有时候,光听说话,没"观色",不能准确领悟话语含意。《红楼梦》第四十四回中,有这样一段有趣的情节：贾琏、凤姐听说鲍二媳妇上吊死了，她娘家的人要打官司，都"吃了一惊"，有些担忧，怕给贾府名声带来负面影响。不过，这时凤姐嘴头依然逞强，说"死了罢了！有什么大惊小怪的！……只管叫他告去"。这话听起来气壮如牛，但书中描写，其实此时凤姐脸上显出的是"怯色"。这透露出，凤姐真实的心态是"担忧"。这就好像一个富家小姐让女仆给自己买甜点，女仆回来说甜点店已经搬走了，且去向不明。小姐仍吵嚷："我就是要吃这家店的甜点！你赶快去买！"其实小姐心里也知道此时买不到、吃不成了，但口头上还要发泄一下情绪。一贯逞强的凤姐也是如此。结合"观色"，读者会悟解，她话语的真实含意是：你们去办吧，给些钱把事儿了（liǎo）了。随后进屋的"林之孝家的"，没看见凤姐脸上的"怯色"，只听到厉害的话，故而无法领会凤姐真实意图，站在那儿茫然失措，不知如何是好。她明白，如果真的按照凤姐厉害的话去办，必把事儿搞砸，对贾府名声不利。这时，贾琏忙给她递眼色，她才晓得凤姐真意，转身出去办理。缺少"观色"一环，差点让女管家铸成大错。

有时候，没留意"观色"，甚至会出人命。《三国演义》第四回中，曹操刺杀董卓未遂，诈言献刀，借机逃跑。董卓识破后，下令通缉曹操。曹操到吕伯奢家投宿，听见"嚓嚓"磨刀声，又听见说："捆住杀了吧？！"逃亡中的曹操精神高度紧张，以为要杀自己，就拔剑冲出，连杀八人。到厨房一看，见捆着一口猪。这才恍然大悟，要杀的是猪！是朋友杀猪来款待自己。曹操万分懊悔啊，他重大误判的根源就在于：只"察言"而未"观色"！

一个决心杀人的人说"捆住杀了吧？！"必一腔怒气，凶相毕露；一个要杀猪摆酒款待客人的人说"捆住杀了吧？！"则一脸欢悦，热情洋溢。两种面色，有天壤之别。假若曹操听见人家说"捆住杀了吧？！"时，掀起门帘瞧一瞧，或者从门缝里窥察一下主人表情，必顿时明白真情，心中豁然开朗、欣喜感动，随后发生的将是主宾举杯、互相祝福，而不是血溅庭院的杀戮。

虽然人们都晓得"观色"，但是在对话中，往往会因某种心态而淡化"观色"意识，甚至"视而不见"。《水浒传》第二十四回中，被情所迷的潘金莲，对正襟危坐的武松的"焦躁"脸色竟视而不见，挑逗地说："你若有心，吃我这半盏儿残酒。"武松一把将其推倒，怒斥："武二是个顶天立地、噙齿戴发男子汉，不是那等败坏风俗、没人伦的猪狗，嫂嫂休要这般不识廉耻，为此等的勾当。倘有些风吹草动，武二眼里认的是嫂嫂，拳头却不认的是嫂嫂！再来休要恁地！"潘金莲如果冷静一点儿，稍作"观色"，看清武松坚如磐石的一脸正气，就会退一步，既免遭训斥，又可维系叔嫂和睦。

善意心态有时也会妨碍"观色"。老舍的《骆驼祥子》中，在小茶馆里，一个老车夫吃不上饭饿晕过去，好心的祥子跑出去给他买了10个热腾腾的羊肉包子。老者一心惦记自己在门外看车的小孙子，故而对众车夫盼他赶快吃包子的焦急神色视而不见,也不解释,笑嘻嘻往外走。大伙儿都急了,几乎一齐地喊出来:"吃呀!"如果他顾及大家关切的神情,解释一句小孙子在外面看车,或者先吃上一个,人们就不会着急催促了。惦记孙子的心态"阻拦"了他对众人的"观色"。

当然,也有人为了坚执自己的主张和信念而不想"观色"。《话说中国·文采与悲怆的交响》中说:"岳飞生性刚强,只要他认为对国家有利,就会不顾一切地说出自己的看法,每次见到皇帝都要大谈北伐,说金人可灭,中原可复,一点也不看皇帝脸色。"

"观色"就是看脸色,看人的表情。有趣的是,有位先生不是靠"看表情",而是靠观察别人嘴巴张得大小,获取了重大信息。有这么个神奇的故事:

齐桓公跟管仲密谋攻打莒国的事,让身边侍从一律回避。随后秘密备战。不料,这一军事机密迅速传开,闹得沸沸扬扬。齐桓公大为光火,责问管仲说:"只有咱俩知道此事,肯定是你泄的密。"管仲分辩:"这么重大的机密,我怎敢泄露?!"管仲思索了一阵,他忽然一拍大腿,醒悟道:"立即派人把东郭牙请来。"东郭牙一进来,管仲劈头就问:"攻打莒国的事,是你说出去的吧?!老实交代!"东郭牙一看这阵势,只得说出实情:"那天,我来皇宫,卫兵说国君正跟您议事,不让进。我在门外等候,远远望见您跟君王对话。您很愤怒,手指向东南,嘴张得老大。我当时想,现在周边不服从我们齐国的,也就莒国了,恰好在您指点的方向上。您连续多次嘴张得那么大，是在说"莒国"的"莒"字。我推断，齐将很快伐莒。回去跟别人聊起此事，谁知道就传开了。"

齐桓公跟管仲密谈时虽然屏退左右，却没料到远处有人在暗中观察管仲说话时嘴的"开口度"。"莒国"的"莒"字现在读 jǔ，开口度很小。但在古代，"莒"的读音近乎 gǎ。也就是说，古代"莒"字韵母为低元音，说"莒"的时候，开口度很大。这个故事出自西汉《说苑》。语言学家常借此指出古今语音之变。

东郭牙在"察言观色"方面细致入微，可谓是高手。他不仅注意到表情、手势，还留意对方说话时嘴张多大，并将各种信息汇总起来思考，故而取得惊人效果。

从表达的角度说，运用表情、手势、体态，以及"说话人跟听话人的距离"等来传递出的信息，被称为"体态语"。体态语有民族性，汉族人摇头表示不同意，而西南的佤族用摇头表示同意，正好相反。表示不知道时，法国等西方人惯用"摊手耸肩"的动作，汉族人一般不用。

说话人跟听话人的距离，也传递出某种信息。《红楼梦》第六十二回里，黛玉对宝玉说："我虽不管事，心里每常闲了，替你们一算计，出的多，进的少，如今若不省俭，必致后手不接。"宝玉笑道："凭他怎么后手不接，也短不了咱们两个人的。"听了宝玉这种满不在乎的公子哥儿式的话，黛玉有些不悦，没搭理宝玉，"转身就往厅上寻宝钗说笑去了"。这里黛玉的拉大距离，传递出

"不满意"的信息。《孔乙己》中，孔乙己跟酒店伙计讨论"茴香豆"的"茴"的写法。听到伙计说："谁要你教，不是草头底下一个来回的回字么？""孔乙己显出极高兴的样子，将两个指头的长指甲敲着柜台，点头说，'对呀对呀！……回字有四样写法，你知道么？'"伙计一听，"愈不耐烦了，努着嘴走远"。这里伙计的拉大距离，传递出"不耐烦"的信息。

如果说话人或听话人主动缩小距离，例如跟朋友、异性、陌生人、长者、上级或下级对话时，有意缩小距离，便传递出一种"亲近"或"套磁"的信息。例如赵树理小说《登记》中，艾艾好友燕燕来访，刚进门，见艾艾男朋友在屋里，燕燕忙说"对不起！我还是躲开点好"，便想扭身离去。艾艾拉她进来，"按住肩膀把她按得坐到凳子上"。这一强拉燕燕进来坐下的动作，缩小了双方距离，显现出艾艾对燕燕的亲切情谊。

京剧《锁麟囊》中有个饶有趣味的"三让座"情节。三次让座，三次拉近了交谈者的距离，展现出主人态度、感情的变化，将两人的心理距离逐渐拉近。这是缩小距离传递"亲近"信息的典型例子：

薛湘灵出嫁时，在春秋亭避雨。正好也有顶花轿在这儿避雨。隔着窗帘，薛湘灵得知对方家境贫寒，为今后生计发愁，便将装有珍宝的锁麟囊慷慨赠予对方（她没看见对方面孔）。多年后，薛湘灵遭遇变故，到富人家当女仆。女主人卢夫人对薛湘灵身世有所察觉，叫来询问。得知对方也曾在春秋亭避雨，命丫头搬来座椅，让远远站着的薛湘灵过来坐下。这是第一次让座。交谈中，卢夫人越听越觉得对方像当年赠给自己锁麟囊的恩人，便再次让座，令丫头把座椅搬到"客位"。当薛湘灵细细数说锁麟囊中一件件珍宝时，终于真相大白，任何外人不可能如此清晰地了解囊中之物。卢夫人顿时彻底醒悟对方是谁，立即指示丫头把座椅搬到离她很近的"上位"。这是第三次让座。"三让座"是《锁麟囊》中的点睛之笔。每让一次，薛湘灵跟卢夫人的空间距离就近了一些。三次拉近的不只是空间距离，还有心理上的距离，让两颗心不断靠近。第一次让座时，卢夫人的心理基础是"疑似恩人"。这时，她对这位"老妈子"心生好感。第二次让座时，卢夫人的心理基础是"初步认定"，心想"大约是她"。第三次让座时，卢夫人心中"完全确定对方是当年恩人"。剧作者通过三次拉近距离，有步骤地、令人信服地描绘出了人物心理的细微变化。这里，描写交谈时一方主动缩小空间距离，成了一种艺术表现手段。

　　有的时候，听话人主动缩小距离不是传递拉近乎的信息，而是传递出强烈的求知欲。唐代诗人李商隐《贾生》一诗说："宣室求贤访逐臣，贾生才调更无伦。可怜夜半虚前席，不问苍生问鬼神。"其中的"前席"是说向前移动，接近说话人，也就是缩小跟交谈者的距离。"前席"传递出汉文帝想听"鬼神之事"的求知欲。这是一首讽刺诗，揶揄当政者不关心百姓疾苦，只想听鬼神的事儿。

　　言语之外的动作，常传递出隐秘信息。

语文奇遇

我的"语文奇遇"

十几年来,我在毫无思想准备的情况下碰上了一系列"语文奇遇"。这些"奇遇"给我上了一课,告诉我新时代语言文字工作的新走向。

标点符号或许是人们读文章时不大在意的事,然而正是这"区区小事",给我带来第一个"奇遇"。

一天下午,办公桌上电话响了起来,是中央某重要单位打来的。我曾在那儿讲过公文写作中的语言文字问题。打电话的是位女同志。她询问一个关于标点用法的问题。我答复后,她说,自己知道还不行,要让同事知晓,请我打印并传真给她。

其实这个问题并不复杂,但的确有人不大明白。试比较下面两个句子：

（1）小刘说："我明天去北京，你也跟我一起去吧。"

（2）"我明天去北京，"小刘说，"你也跟我一起去吧。"

一比较，马上看出端倪。（1）中的"小刘说"后是冒号，其后是小刘说的话，是直接引语。（2）中的"小刘说"是插在小刘话语中间的。其实，小刘前后的话是连续说的。应当注意：这种临时从旁插入的说明性话语，后面宜用逗号。所以（2）中"小刘说"后面用逗号是正确的。如果这里的"小刘说"后用了冒号，反倒不正确。因为冒号是管后不管前的。若用冒号，就没有标示清楚前面的"我明天去北京"是谁说的了。

我给这位女同志举了上面的例子，并说明：（2）中的"我明天去北京"后，可以用逗号，也可以用句号，但须放在后引号内。因为插入的话语可以插在半句话后，也可以插在一句或一段话后。

上面说的是标点，在词语上也碰过小奇遇。有一回，另一中央重要单位的同志来电话说，领导的秘书问，写"致词"还是"致辞"，写"开幕词"还是"开幕辞"，写"闭幕词"还是"闭幕辞"？

这三组词，是三组异形词。所谓异形词，是指读音和意思完全相同只是写法不同的词。例如"想象"跟"想像"是一组异形词（现在一般采用"想象"的写法）。

对异形词，应该选用《现代汉语词典》推荐的词形。该词典采用两种办法来推荐词形。一种是在词条后加括号。比如"笔画"词条后有个括号，里面是"笔划"。这表明"笔画"是推荐词形，不宜采用"笔划"的写法。另一种是释义时仅说"同'××'"。例如解释"想像"时，仅说"同'想象'"。这表明"想象"是推荐词形，不宜采用"想像"的写法。"同'××'"具有"指向"作用，也就是指出应该采用的写法。

我在《现代汉语词典》查了一下领导秘书提到的几组词，发现"致词"条的释义是"同'致辞'"，这就是说，应该采用"致辞"的写法。还发现，该词典虽然没有"开幕词"的词条，但是在"开幕""闭幕"的词条里，有"开幕词""闭幕词"的用例。据此，宜写"开幕词""闭幕词"。在人民网等权威网站观察，从数量上看，"致辞""开幕词""闭幕词"是社会的主流写法。

我将以上情况写了篇文章，发给提问的同志。后来又把文章发给中共中央办公厅秘书局主办的《秘书工作》杂志。文章很快发表出来。

有时候，应邀去开会，到那儿一看，会议内容跟语言文字没有关系，这也算是一种"奇遇"吧。一次到中央某重要单位开会，人家共邀五位先生，只有我是搞语言文字的，其他都是在重要部门担任要职的官员。主持者给每人发了一份文件，让半小时后发表意见。我一看，说的是对省部级干部的某项规定。其他人发言都是从文件内容的可行性或相关问题提出意见和建议，只有我是从文件语言文字的表达和规范使用词语的角度建言的。在与会者中，我是个"另类"。但这也透露出，中央单位对公文的语言文字规范很重视啊。还有一次，参加一个征集文学作品的总结会，与会的都是文艺界大腕儿。坐在我右侧的是著名电影导演翟俊杰，中宣部等单位的有关领导也来了。我出现在这个语境甚显"异类"。当然，这也表明文艺界重视语言文字规范。

说到这儿，不禁联想起，《光明日报》让我写一篇对某次全国性新闻奖评选活动的评论。看了许多材料，我发现评选中，对有语言文字差错的新闻作品，实行一票否决制。这引发了一些业内人士的牢骚。有人大放厥词："这是评中国新闻奖，还是评中国语文奖？"我抓住这一点生发议论，作了些分析，文章在《光明日报》发表后产生了一定影响。

给我印象最深的"奇遇"是这样一件事。

前几年，国家设立了南京大屠杀国家层面的公祭日。在颁布这个决定前，请几位语言学者在文字上把关。

我也去了。会议桌南面坐着一排起草人员，我们几位坐在北面，每人面前放着一份材料。主持者说，大家先看，需要保密到半个月后的公祭日。会议室里一片安静，所有的人都在低头专心审阅。我扫了一眼这个公祭日的名称，忽然注意到其中"遇难"一词。心里寻思："'遇难'是否准确？还是查一下吧。"于是轻声问："您这儿有《现代汉语词典》吗？"几个年轻人齐声说"有"，一个小伙子跑出去，很快取来一本《现代汉语词典》，挺新。我翻到"遇难"词条,释义是:"遭受迫害或遇到意外而死亡。"举的例子是:"他在一次飞机失事中遇难。"我知道,《现代汉语词典》的例句具有典型意义,也就是说,所举出的用法,是最常见、最自然、最规范的。这个释义说明,"遇难"可以指被迫害致死的,也可以指遇到意外事件丧命的。例句"他在一次飞机失事中遇难"表明,"遇难"常用来指在意外的交通事故中死去。归结起来,"遇难"可以用来指两种情况的死亡。为了使表达更加准确、清晰,不包含任何歧义,是否可以选用更准确的词呢?我又查了一下"死难",所举的例子是"死难烈士"。这显示,"死难"用于被杀害的人。也就是说"死难"明确指出,亡者是被杀害的。

略一思索,我决定指出这两个词的差异,建议不用"遇难"而改用"死难"。

但是,坐在对面的起草者听了我的建议后纷纷表示不同意。说有关材料都用的是"遇难",该词已把问题说清楚了,人们都认可,没有人提出异议。我听了,就点点头,不再说什么。

这事儿就这么过去了,我也快把此事淡忘了。光阴似箭,一眨眼,就到了12月13日南京大屠杀国家公祭日这一天。我在家看电视,看到会场庄严肃穆,人们的表情都非常严肃。主持公祭的是国家主席习近平。他郑重发言时,我忽然非常清晰地听到了"死难"二字,公祭日的全称是"南京大屠杀死难者国家公祭日"。我心里一动:"改了?!"赶紧看电视屏幕上的文字,果然用的是"死难"。晚上，我取回报纸，见上面清清楚楚印着大大的"死难"二字。

第二年春夏之际，中央军委法制局在西安解放军政治学院办了个全军法规建设人员学习班，北京多位专家应邀讲课，我也去了。晚上吃饭的时候，看见主持讨论公祭日文本的"×主任"也来了。我不禁好奇地问："×主任，上次我提的意见不是没采纳，后来看电视，听见习主席说的是'死难'，这是怎么回事啊？"主任笑了，说："杜老师，您不知道，我们一直不想在国家层面活动的名称上用一个'死'字，后来大家反复讨论，认为您的这个意见是对的。于是就改成'死难'了。"我豁然省悟，知道了来龙去脉。

细想起来，这是我二十年来在语言文字方面所做的为社会服务的工作中，最大的一件事！感慨系之。这么多年来，我几乎每日做审读工作，早上四点半起床，已成习惯。为此天天翻阅工具书，故能一直保持着对文字规范与否较好的判断力，能对初次见面的文本不顺当之处有所察觉。老艺人说的"拳不离手，曲不离口"实在是金玉良言啊。

有的时候，一个小"奇遇"引来一个大故事。

我是在北京景山学校上的中学，这是所名校。昔日同窗都很怀念学生时代的生活。大约十几年前，大家相约在学校举办大型校友聚会。事先开了个准备会，讨论具体事项，我去了。我跟坐在旁边的一位女士聊了几句，得知原来是一位昔日熟人。小时候，我们都住在中国文字改革委员会的家属宿舍，是个四合院，常见面。这么多年过去了，已经认不出来。她说她如今在全国人大法工委工作，担任处长。我告诉她，我是做语言文字工作的。如果立法中需要语言文字专家来审读文字，把把关，我乐意推荐专家。北京的语言文字专家主要分布三处，国家语委、中国社科院语言所、北大中文系。我因工作关系，都认识。她表示很愿意，说以前就讨论过这事儿，只是一时不知找哪些专家合适。回去我就拟出名单，并一一联系，征得同意。用电子邮箱发出名单后，人大法工委这位女士很快回电话，说很好。又问了一句："怎么没你啊？"我说我推荐的都是高水平的专家。她说："你多年做这方面工作，也参加吧！"她把我也补上了。

后来，这个名单经一位副委员长审阅，这位副委员长曾担任国家语委主任，对语言学界非常了解。他同意这个名单，并提议增补一位。

这些专家被聘为"全国人大常委会法制工作委员会立法用语规范化专家咨询委员会委员"。每部出台的法律，经法律专家反复研讨定稿后，最后请几位语言文字专家审读。专家从语言文字的表达、语文规范以及标点使用等角度提出修改建议。

法工委的同志热诚欢迎咨询委员提建议。一次开会，听见一位法工委的女同志高兴地说："又打掉了几个'的'。"一位法工委的干部说："把'垃圾厂'改为'垃圾场'，水平啊！"

每次审读的法律文本，都是专人取送，并要求保密。

有时候审读后会很快就在人大征求意见。例如2019年"两会"前我审读的《中华人民共和国外商投资法》，没几天就在"两会"上请人大代表审阅了。

咨询委员审读法律文本，态度都很认真。要看好几遍，仔细、反复推敲。不光在文本（审完退回）上勾画出问题，还另纸将修改建议打印出来。在十几年的审读中，咨询委员们也渐渐积累了经验。以前只要感觉不对头，就提出来。现在更多地考虑修改的可行性，考虑文本前后的一致性。有的委员说："提的意见越来越少了。"其实，是审读意见更切合修改的实际需要、更利于文本语言文字质量的提高了。

说到法规、公文的语言文字，还牵涉到一个根本性的问题，就是应当追求什么样的文风。前几年，一些语言学者被国务院法制办聘为立法用语咨询专家。在聘任会上，一位国务院法制办的负责人说，许多年前，曾邀请著名语言学家吕叔湘等审读法律文本，并请提意见。结果出乎意料，吕先生等名家建议选用的都是很普通、很好懂、很寻常的词语。我想，其实这件事有着深刻的含意，就是：我们的法规、公文等，是面向人民大众的，一定要有好的文风，要通俗易懂、浅近朴实，让百姓一看就明白。

给部委、出版社讲课的故事

给中央部委和出版社讲课是一件让我感到惊奇和意外的事。因为20世纪90年代开始直到21世纪初，从未听说过外单位请国家语委的人去讲课。2010年前后，忽然接续不断受到邀请去给某个中央部委或单位以及出版社讲课。国家语委其他先生也开始受邀授课。这甚至是自20世纪50年代中国文字改革委员会成立到80年代改为国家语言文字工作委员会的漫长岁月中，所未遇到的热络景况。根本原因是：社会进步了，文明程度提高了，人们更重视语文规范了。我发现，越是中央单位，越重视；省市级的积极性较小；再往下，依次递减。

我头一次讲课是去一家少儿出版社，挺兴奋，也作好了准备，却闹了笑话。讲着讲着，忽然发现前面的人注意力不集中，往学员席上看，有闭目养神的，有坠入遐想的。课的内容很扎实啊，都是"常见病"，为啥没兴趣？课后一位编辑的话提醒了我："您讲的百分之七十我们知道。"我立即省悟，缺少针对性啊，要讲对方"家里"的事，切实帮助学员，人家才欢迎。

第一次讲课栽了跟头，给我上了极为有益的一课。之后，去农业部讲公文写作中的语言文字问题。先跟办公厅要该部文件，仔细阅读，找出问题，再归纳梳理。讲完一般性易错问题后，将该部公文中的语言文字问题逐一展示出来。这时，所有听众都瞪大眼睛，屏气凝神专注听讲。课堂效果一下子上去了！

说来有趣，有的问题常在某单位重复出现，看来是其盲点。例如，下面两例中存在共同舛误：

（1）为推动春耕生产顺利进行，农业部于近日派出9个工作组，分赴内蒙古、辽宁、吉林、黑龙江、江西等15个省（区、市），深入春耕生产第一线，因地制宜开展技术指导与服务，千方百计确保春播作物满栽满插。

（2）当前，北方冬麦区陆续进入抽穗扬花灌浆期，是产量形成的关键时期；早稻栽插已过九成，玉米等作物大田播栽全面展开，全国春耕春管进入高峰。

两个例子都存在"暗中更换主语"的毛病。例（1）主语是"农业部"暗换为"工作组"，例（2）主语是"北方冬麦区"，暗换为"灌浆期"。改法不止一种，可将主语改换，也可在适当处点出更换后的主语，例（1）可删去"工作组"后的逗号变为兼语句。

给各单位讲课前先看对方文件或出版物，已成我一条铁律。有时，会发现一些有趣的舛误。请看下面几例：

（3）所以一抬眼就看到你模糊（móhū）的影子。（《宝葫芦》2017.2，《究竟是谁傻》）

（4）不绝对判定、不固执（zhì）己见、不太过自信。（《宝葫芦》2017.2，《懂得分享的"朋"》）

（5）有一年，他带着大队人马出征吐蕃（bó）。（《宝葫芦》2017.2，《八仙汉钟离成仙记》）

例（3）中的"模糊（móhū）"宜写成"模糊（móhu）"。"模糊"不仅在《现代汉语词典》等工具书中是个"必读轻声词"，在2019年5月发布的《义务教育常用词表》中也是"必读轻声词"。这就是说，在任何情况下"模糊"的"糊"都应读轻声。这里将"糊"注音为一声是错误的。例（4）中的"固执（zhì）己见"宜写成"固执（zhí）己见"。在成语词典中，"固执己见"中的"执"读二声，跟词语"固执"中的"执"只读轻声不同。而且，"执"没有四声的读法。例（5）中的"吐蕃（bó）"宜写成"吐蕃（Tǔbō）"。这儿不仅注音错误，而且专名拼音首字母没有大写。连续看到这几个差错，我惊愕不已，这是给儿童读物注音啊！似乎编辑没有核查。可一琢磨，又有点哭笑不得，人家是一家美术出版社，"唯美"的编辑最关注画面，其他便忽略了。

在中国人民大学给河北某大城市立法工作者讲课时，我发现该市立法者没搞清"他""它"的用法。看下面的例子：

（6）第二十八条有下列行为之一的，除责令其停止违法行为、限期清理、改造、拆除或者采取其它补救措施改正外，可并处以罚款。

（7）单位和个人经批准在集贸市场内自建的永久性的经营设施，只准用于经营，不准改做它用。

例（6）中的"其它"宜写作"其他"。现在，不论指物指人，都用"其他"，不用"其它"。所以新出的《商务国际现代汉语大词典》（商务印书馆国际有限公司）中，已经不收"其它"了。例（7）中的"它用"是指另外的、其他的用处，宜写"他用"。"他"有指"其他方面"的意思，"它"没有这个意思。故而《现代汉语词典》中有"他用"而无"它用"。

有的立法人员，对词语未能细辨，没搞清词语的关涉对象。例如有条规定说：

（8）参加重大庆典活动的军人，可以在军服胸前适当位置佩带勋章、奖章、荣誉章、纪念章。

其中的"佩带"宜改为"佩戴"。因为标识性物品固定于胸部、上臂、肩膀，用"佩戴"。如果指腰部，则用"佩带"，如"将军腰部佩带一把短剑"。再如：

（9）不准以案谋私、办人情案，不准跑风漏气、泄漏工作中的秘密。

这条规定中的"泄漏"宜改为"泄露"。因为"泄漏"用于液体、气体，而"泄露"用于机密。总起来看，这两条都是近义词问题，也就是没有注意到近义词不同的关涉对象。

还有的误用敬辞，这种现象挺普遍。例如某西南高校的学报中说：

（10）四是社会各界人士积极参与创作，五是出版界的鼎力相助等。

"鼎力"是传统敬辞，用于请求别人相助或者感谢别人相助，也就是说，只用于交际的对方。例如"请您鼎力相助""感谢您鼎力相助"。而这里却用于他人事情，不妥，宜改为"大力"等。

讲了这么些年的课，如果说有什么经验教训的话，我想起一件事。在太原一个大书店签售《缺失的语文课》时，座席中有个小姑娘，看上去是小学五六年级学生，举手问"爽"字笔顺。我深知不能说错，说回去查一下。当时只顾回答别人问题，等我扭头询问小姑娘的联络方式时，她已经不见了，我懊悔不已。跟书店同志说及此事，经理笑道，您把答案发给我，我在书店门口贴一张"寻人启事"，既可找人，又扩大了书和作者的影响。也只好这么办了。

从那以后，凡遇难以立即回答的，都当即记下联络方式，回去核查后告诉人家。

答复中央电视台语言文字问题 20 余载

1998年，我担任国家语委《语言文字报》主编。秋天的一个下午，正在办公室忙碌，来了个电话，是中央电视台询问字音。我请他先挂电话，核查一下。过了会儿，我打电话详细解释。对方致谢后问："以后能请教您问题吗？"还补充了一句："你们那儿的人都不耐烦。"我说可以。没想到，从这一刻起，直至现今，答复央视语言文字问题20余年。那儿的人换了一茬儿又一茬，我也早已退休，但问答依然继续。前些年，央视还给我发了张聘书，写着"兹聘请杜永道先生担任中央电视台总编室特约语言文字顾问"。

除了来电话提问，有时还请我去讲课。央视老台在军博西边，周围一公里内不少宾馆，都有央视各频道租的房间。一次给某频道讲课，去了央视南面一个宾馆。房间不大，摆了二三十把椅子，不少编导只好站在后面墙根儿，一直站到听完。前些年，几乎每年安排一次在郊区宾馆的研讨会。总编室人员、我、信息员参加。"信息员"是总编室聘请的监督员，有一二十人，每人专职看某频道，发现问题就记下来。总编室确认后付酬。信息员之外，央视每月还收到京内外观众反映的语言文字差错信息。十几年前，播音员读错一个字，要扣一百元，现在早已不是这个数了。央视挺重视语言文字规范的。

有件事儿印象挺深。一天来了个电话，是位女同志，说："请找杜永道先生。"我说："我就是。"她说："我是×××，他们说'荫'字的问题是您说的。我想请教一下。"她是尽人皆知的著名播音员。

平时，我看电视的时候，如果发现问题，顺手记下来告诉总编室。一天看《新闻联播》，说"惠及当代、荫及子孙"时，将"荫"字读为一声。"荫"指树荫时，读一声，如"树荫""林荫道"中的"荫"读一声。"荫"若表"庇护"的意思时，读四声。如"荫庇""封妻荫子"中的"荫"读四声。《红楼梦》第六十九回中，尤二姐有病，贾琏忙派人去请王太医。然而"谁知王太医亦谋干了军前效力，回来好讨荫封的"，小厮们只好请了"姓胡的太医"。这里的"荫封"指因为有功而获得的封号。这个封号的特别之处是，可以由晚辈承袭。"荫封"的"荫"也要读四声。在《汉语大词典》《红楼梦辞典》中，注音都是 yìnfēng。

我赶紧给这位著名播音员解释"荫"的读音问题。她一直认真静听，还进一步提问，一直到彻底弄懂，还说以后有问题愿意请教。我表示欢迎。其认真执着的态度给我留下深刻印象。她说话时，语气平和而谦逊，语音清晰准确，没一点儿杂音，跟电视里播《新闻联播》时一样。当时感觉，听这种标准语音也是一种享受啊。

央视在朝阳区的新楼竣工后，我去新楼讲了几次课。

有一年夏天，给全台培训，是自愿报名的，来听课的有160多人，央视总编室对语言文字规范很重视。培训地点在顶楼48层大厅。场地开阔，宏大，有三面巨大的显示屏同时显示课件。我讲完一个有错的电视画面，便用鼠标翻篇儿，每次刚翻过去，听众席上便扬起一片手机，瞬间响起一片"咔嚓咔嚓"的拍照声。不一会儿，总编室的一位主任走来，说："杜老师，对不起，打断您一下。"接着，她用手指着大伙儿说："拍照可以，但是绝对不允许把这些照片流出去。"听众鸦雀无声，我接着讲。

听众听得很认真，不时有人当场提问，提问的也不举手，直接高声问。讲完后，围上来一群人继续提问。凡是需要回去核查后答复的，我就记下问题和联络方式。有人问"综合征"中为何用"征"不用"症"。我告诉他，"综合征"不是指一种病，而是指得病后的症状，例如咳嗽、发烧、肚子疼不是病而是症状。气管炎、肺结核、胃炎是病。"综合征"指"症状"，用"症"也是可以的，但是"症"常用来指一种病，如"对症下药"。而"征"有"迹象""现象"的意思，"征候""征象""特征"中的"征"即表"迹象""现象"。所以，"征"可以用来指症状。用"征"的好处是，可以避免人们将"综合征"误解为一种病。故而现在工具书上都写"综合征"。

还有人问，年轻人去世，可否用"享年"。我告诉他，"享年"是传统的敬辞，用于说明去世者岁数。例如苏东坡给司马光写的碑文中说"公卧病……享年六十八"，是尊敬地说司马光活了68岁。《红楼梦》第一百十回中交代贾母去世时说，"享年八十三岁"，是含有敬意地说贾母活了83岁。过去，"享年"有时也用于年轻人，如冰心在《我的学生》中说："她生在上海，长在澳洲，嫁在北平，死在云南，享年三十二岁。"但是，现在"享年"一般用于老年人，所以有的工具书特意解释说，"多指老人"或者"一般指老人"。主流媒体上的"享年"一般用于50岁以上的人，七八十岁以上的尤多。因此"享年"最好不用于二三十岁的年轻人。对年轻人可以说"（去世时）年仅××岁"等。

从1998年开始，20余年来，我给央视做得最多的一件事，就是回答各种问题。

有的是央视总编室在工作中遇到的问题。2019年春晚一开始，在热闹的开台锣鼓声中，出现了花团锦簇的金黄色图案，中间有大大的"恭贺新春"四字。其中的"恭"字给总编室招惹了大麻烦。许多观众来电话说这个"恭"是错字，抨击力度极大。意见反映到上级，领导震怒，让追查原因，并指示对责任人给予处分。总编室有关同志紧急询问我，该字是否系错字或别字。

我查阅后告诉他，"恭"表"恭敬"。最初，在甲骨文中，"恭"是个会意字，上面是一条飞腾的龙，下面是一双手，表示双手拜龙，体现出对龙的崇敬。到隶书时，"恭"字演变为形声字，上面的"共"模拟字音，下面则是"心"字的变体。也就是说"恭"字下面的"小"加"丶"，是"心"字的变体，不是"水"。有趣的是，早在20世纪60年代出版的一本《汉字正字小字汇》，就提醒读者，"恭"字下面是"心"，不是"水"。因此，把"恭"字下面写成"水"是写了错字。不过，在历史上出现过这种写法。因此，这种写法可以看作写了"恭"的异体字。

那么，写了异体字，算不算错呢？这要依据2000年颁布的《中华人民共和国国家通用语言文字法》来判定。这个法的"第十七条"说，"有下列情形的，可以保留或使用繁体字、异体字"。所列出的几种情形中，有"书法、篆刻等艺术作品""题词和招牌的手写字"。这就是说，如果央视春晚上的这个"恭"的异体字，是请某个书法家写的，或者是台里的工作人员写的，就可以视为"艺术作品"而不算错。若这个字是电视编导从网上搜来的，那就要算错。因为前者是"手写"，而后者则是"挑选"，也就是从网上某字库中挑选现成字，性质不同。网上有各种字库，有多种字体，应当选符合当前汉字规范的字来用。后来听说，不是书法家或台内人员写的，是从网上字库里选的。

有的问题是节目快播出时发现的。如2019年"3·15晚会"播出前几天，综合频道编导问"3"跟"15"之间加下脚点还是中圆点。我立马告诉他加中圆点。用阿拉伯数字表示节日、纪念日、事件时，月、日之间须加中圆点，也就是间隔号。节目播出时我一看，中圆点倒是加了，但是在"3·15"上没加引号。不论是用汉字数字还是用阿拉伯数字表示节日、纪念日、事件时，都要在数字上加引号，以表示这个数字有特殊含义。平时见得最多的，就是忘记在"五四运动"上加引号。可以加在"五四"上，也可以加在"五四运动"上。我当即给编导发了微信，他答应去查一下。这位编导能主动询问，态度还是很积极的。

我最怕春晚播出时提问。有一年看春晚兴味正浓，不料接连不断接到电话提问，一直持续到12点之后。显然这个编导事先疏忽了文字把关，临时抱佛脚。以后再也没发生这样的事了，我也能安安稳稳看春晚了。

有的是各频道看到自己的差错后，提出的申诉。这需要鉴别是否有道理。这种问题多集中在月初、月末，而且常带有普遍性。例如，"不止是在场的几千人，全国好多地方都贡献了力量"这句话，总编室指出宜用"不只"。频道申辩说，可以用"不止"。于是请我判定。这句话的意思是，"不仅在场的这几千个人贡献了力量，而且全国好多地方的人也贡献了力量"。这是个复句，表示递进关系，应该用关联词语"不只……，也……"。总编室意见是正确的。

再如，有个频道出现了"黄腾腾"的写法。工具书上的规范写法是"黄澄澄"，也有"黄灿灿"。这个"黄腾腾"或许是受方言影响的误写。在主流网站观察，这一写法极少。因此建议纠正。

又如，有个句子是："窑洞里，地上全是梨，过一段时间，把坏的捡出来倒出去。""把坏的拣出来倒出去"是说，从地上的梨中挑出坏的，倒出去。这里要表达的是"挑选"的意思，因此宜用"拣"。"捡"是"拾起"的意思，如"从地上捡起两个梨"中用"捡"。

有时候，用微信发过来一张图，问图中文字妥否。有一张图上写着"左边这一节胳膊"。一看图，是指上臂的一小段。故指出用"截"正确。因为"节"指各自独立而又有联系的片段，如"一节竹子""两节甘蔗""三节车厢"等。"截"做量词可以指（细长）物体的一部分，例如"一截铁丝""两截木头"。毛泽东《念奴娇·昆仑》中说："安得倚天抽宝剑，把汝裁为三截。"是指用宝剑把昆仑山砍成三部分。

有时候，需要审阅央视内部语言文字学习材料或者测试题。材料一般较多，需看两三天。央视改称"中央广播电视总台"后，这些材料发放的范围扩大了，有关同志告诉我："杜老师您这次看的材料除央视外，还要发给中央人民广播电台、中国国际广播电台。"

审读词语时，有时须注意社会的使用状况。例如表示"可怕的梦"宜用"噩梦"。有本词典说表"令人惊恐的梦"用"噩梦"，表"凶险的梦"用"恶梦"。指称"不好的梦"，让读者采用两种写法，而且不易分辨。故此，采用"噩梦""恶梦"两种说法的可操作性甚小。在主流网站观察会看到，在社会的实际使用中，绝大多数写"噩梦"，写"恶梦"的极少。《新华字典》《现代汉语词典》《商务国际现代汉语大词典》等较有影响的工具书都只有"噩梦"。于是建议电视台以"噩梦"为规范写法。

在答问中，有时还须看到词语在实际使用中的变化。

如过去多用"备受"，但是在实际使用中，"倍受"也常见，因此建议两种写法皆可。从表义来说，"备受"侧重于普遍性，而"倍受"侧重于程度高。有时还要说明用法的不同。例如"厘清"跟"理清"，前者是书面色彩浓厚的词；后者是一个词组，意为"梳理清楚"。前者宜用于书面色彩明显的文章，后者则书面、口语色彩的文章都可用。若包含"区分"意味时，多用"厘清"，如"厘清责任""厘清权限"。

不久前我审读了央视整理的成语规范写法的材料。其中成语不少，达 700 多。有的是平时比较少见的，可见其搜罗范围之广。掌握这么多成语的规范写法，实在是一个不低的要求。推荐规范写法，也须考虑社会的实际应用。如"涅槃重生"跟"涅槃复生"比较起来，人们多用"涅槃重生"，我便推荐这一写法。再如，工具书上只有"少安毋躁"，但是当下人们多写"稍安勿躁"。在主流网站观察，"稍安勿躁"用量是"少安毋躁"的 35 倍，故"稍安勿躁"不宜算错。

央视还把屏幕上易读错、写错的字词编成小册子发给全台。如 2013 年编了《屏幕语言文字差错辨析》，内容有"正字篇""正音篇""字词辨析"等。这已经是第 2 版了。央视在语言文字规范上，还真下功夫。

20 余年来，在长期的接触中，央视给我的一个突出印象是工作紧张。有一次受邀去看录制节目，地点在大兴那边的远郊区。直到晚上十点才录完。我随着观众一起离场，到家已是深夜十一点多了。次日我打电话谈观感时得知，摄制组接着忙到凌晨三点！不由慨叹，电视是年轻人的事业啊。

的确，时或在屏幕上瞅见错字。其实有的节目不是央视录制的，而是其他单位制作的，文字量大，工作人员又少，匆匆快读，难免疏漏。为解决这个问题，有的频道在台外聘人给屏幕文字、读音把关，还请我推荐把关者。

辛勤劳作，才有丰硕收获。

在报刊写语言文字专栏的故事

我在报刊上写专栏，是原先完全没想到的，经历了一个传奇的过程。

一、"因祸得福"，开始写第一个专栏

1998年我接任国家语委《语言文字报》主编的时候，报纸发行量比较小，关注的人也不多。我采取了两项措施。

一是努力改进版面。最突出的一个特点是在第2版设立回答读者问题的专栏，提问的很少，多是我找容易读错、用错的字词，自问自答，普及规范知识。没想到

还真吸引了读者。有的读者来信说，每次收到报纸，总是首先看第2版。

二是欢迎师生来稿，欢迎学校刊登文章介绍该校，请师生提改进意见。同时，我还积极跑发行。这时报纸的读者对象是各地师范学校师生，我接二连三去各地学校联系。足迹几乎遍及中东部各省，去山东泰安、江苏无锡、安徽合肥、广东湛江等地师范学校收获甚大。经过一年多努力，报纸质量和发行数量都有明显提升。

良好的发展势头，像遇到晴天霹雳，被拦腰斩断：国家语委进行机构改革，有两个司并入教育部，其他的则成为教育部直属单位，我所在的报刊社并入语文出版社。并入后，新领导让报纸主编竞聘上岗。我等于被撤职了。

我到国家语委工作，开始在《语文建设》杂志做编辑，几年后做编辑室副主任、主任，继之又当副主编。恰在此时，《语言文字报》主编退休，我便接替做主编。前后十来年，一直比较顺利。现在忽然被"撤职"，心里像打翻了五味瓶，一时难以适应。

我在报纸实在待不下去了，申请去了总编室，新领导对我愈加不满。

在总编室每日看稿，倒也平安无事。本以为日子就这么一天天过下去，不料忽然"祸从天降"。教育部机构精简后，事多人少，常借调直属单位的人去帮忙，做些取邮件、送文件、去文印中心印材料等杂活儿。此前都是派二三十岁的年轻人去，这次新领导指令我去。总编室主任欲阻，我拦道："挺好，我去。"心想，虽然是"体力活儿"，但心情能好些，再说跑跑腿也锻炼身体。就这样，我去了教育部语用司（语言文字应用管理司）打杂。

在司里人家让干啥就干啥，一派活儿，我二话不说，立马出发。为了快点把文件、材料送达，我还常在路上一溜小跑。

时光荏苒，倏忽而过。我渐渐习惯了，心态也很平静，每天中午拿卡去食堂吃饭，看见丰盛的饭菜，还挺高兴的。

没想到，芥豆之微的小事骤然间改变了我的工作状态。一天，司里小张让我回答一封群众来信，是关于语言文字规范问题的。我长期在国家语委刊物和报纸做宣传语言文字方针政策的工作，洞悉各项规范，又在高校教过十年"现代汉语"，所以回答起来得心应手。即便如此，每次回答时，我都认真核查有关规范，翻检相关资料，反复修改，以求妥帖。写好后送司长审阅，司长审订后我负责寄出并留底存档。司长很少改动。此后渐成定例，成了我的一项重要工作。凡各地群众来信，均由我答复。对每封来信，我都认真思考，力争做到有理有据、思路清晰、圆满周到。不料有一天，小张忽然提出意见："您的回答像个老师给学生答疑。咱们是教育部，语气要肯定，您说的，他们都得听、得执行。"我一琢磨，此话有理，不是个人答问，这儿是教育部，是"政府"。须有正确"身份意识"。表述时便作了一定调整。答复的信件渐渐积累起来，我将其存入电脑。

大约半年之后，在秦皇岛召开全国语言文字工作年度会议。我也去了。各省市语委办人员都到了。在会上我碰到上海《语言文字周报》编辑梁玉玲。以前去上海见过她。我介绍了答疑工作，并试探着问，是否可以开一个答问的栏目，把我的答问修改补充后登出，每次一个问题。梁编辑十分赞成，连声说："好的，好的，这个想法很好。"

栏目起个什么名儿呢？北京专家这么多，我就别出风头啦，就定名为"王老师信箱"，文末署名"王老师"。

刊登几期后，梁编辑打来电话，让我起个笔名，而且必须是"王××"。她说，有读者指出，自己不宜称自己"老师"，文末署名"王老师"不妥，应署姓名。

叫"王什么"呢？忽然记起20世纪80年代曾看过一个惊险曲折的电视连续剧《夜幕下的哈尔滨》，里头有个中共地下党员叫"王一民"，既文才横溢，又武功过人，我很佩服。就叫"王一民"吧。一段时间后，梁编辑告诉我，这个栏目愈来愈受读者欢迎，我挺高兴。回答各地群众问题的"弹药"快消耗光了，我就选一些易错的读音、词语用法等自问自答。有位朋友说："其实北京这边儿都知道'王老师'是你，没事儿，就用真名吧。"我征询梁编辑的意见，她却答："栏目已经成为品牌了，不能改了。"

转眼间，借调时间快终结了。司长问我想回想留。我感觉这里人际关系宽松，对我也很关照，还能答问，就表示："愿意留在这儿，如能一直干到退休，最好了。"

司长很欢迎。

本以为在这儿一直待下去,并写《王老师信箱》专栏。一件完全出乎意料的事件却导致我被调回。

一天早上,我到收发室取报纸、邮件。语用司的格子里东西挺多,我正往外掏,一旁忙碌包扎邮件的师傅忽然问:"昨天晚上电视里讲《红楼梦》的是您吗?"我说"是"。师傅大声说:"我觉得不公!"另一师傅附和道:"让专家来取报、跑腿,也太不合适了。"我忙拱手致谢,没敢说什么。

之前,我在中国教育电视台录制了讲《红楼梦》言语交际故事的节目。内容来自我写的一本书。讲完一个,便播放87版电视剧《红楼梦》相关片段。恰好这些天播出,被师傅们看见了。或许是师傅们的议论传播开来吧,不久,单位跟司里要人,把我调了回去。

我本来是被"流放"出来的,没想到"因祸得福",开创了写专栏的新路。苦难常包含机遇。后来,开出的新路越走越宽。

二、面向海外,受到欢迎

从教育部回来后,我在小学语文编辑室工作。语用司常把各单位提问转到我这儿,我逐一回答。如有光明网、农业部的等。《人民日报》(海外版)编辑接长不短儿提问,渐渐熟识起来。在交谈中,我偶然提到上海的专栏,编辑当即问,可否在海外版也开一个?我爽快地答应了。栏目名称叫"语文信箱"。

海外版主要面向欧洲、北美、亚洲等地。来函提问的多是海外华人,有的是汉语教师。一位朋友在英国学习期间常浏览《人民日报》(海外版),并常读到我的文章。回国后他谈及此事,让我心里特别高兴。

2014年,海外版收到一封美国读者来信,信中提到我的栏目:

尊敬的《人民日报》(海外版)编辑部:

早就想写信,这周末有时间,恰好读到贵版300期——1月18日版。记得当初读者桥面世,与高层负责人电话谈及他创意的版面。那时还仅仅限于回国旅游,就医,采购的信息。这几年贵版起色很大。尤其是我最欢喜的《语文信箱》。尽管处于版尾,却是我的头条。杜永道先生孜孜不倦,每期都有一则中文易混淆用字用词的问答。答语深入浅出,有据有例,易懂易记,实在出色。我已经积累了很不少。建议以后集结成册出版,我一定多买几本,自己用,也送朋友们。

国内多年来流行讲中华文明崛起,很多空架子。远不如踏踏实实引导读者掌握中文易混淆字词。以学习心理分析,从易混淆字词入手,常能事半功倍。文字是载体,没有标准载体而奢论文明建设,皮之不存毛何焉附?我常常看到国内新闻背景下的各种场合,人们提笔忘字错别字比比皆是,颟顸之态贻笑坊间。国内近10多年流行的键盘,广泛深入寻常百姓家。然而,拼音输入法扭换了汉字的结构组合原始衍化,是对汉字教育的终极挑战。目前国内的年轻一代手脑反射都没有建立,如何延续中华文化的载体,是巨大的社会症结。

出国29年,因为专业和生活,终日埋于英文、法文。从这两种语言的变迁和教育,我常想起中文的正确延续,确是时代的挑战。因此,能每周读到如此精彩的栏目,让人感佩。

史琪　于美国

这位美国读者在来信中说,专栏是他读海外版时的"头条"。这让我很感动,也深知责任之重,选题、行文愈加慎重。应编辑要求,我写了回信:

史琪先生:

大札已阅。感谢您对《语文信箱》的关注和对"答语"的夸赞!编辑也付出很多辛劳。

每次写稿时,总希望读者一读就懂,懂了会用。故而尽量写得通俗简明,并多举些例子,让人易于从例句中悟解词语用法。

语文工作者应积极为中外群众服务,引导人们正确使用汉语言文字。今后将继续写此专栏,给国内外汉语学习者提供一点帮助。

选题最怕生僻,具普遍性才能使更多阅读者获益。这是我时常纠结的一个难题。欢迎您提问,也欢迎海内外广大人士,尤其是世界各地孔子学院的师生提问。众人拾柴火焰高。大家提的问题多了，选题的普遍性必然增强，栏目就能更好地惠及四方。

谨此奉复，并颂

春祺

杜永道　于北京

《人民日报》（海外版）将这封美国读者来信和我的回信同时刊登在2014年2月22日第6版上。

另一位海外读者来信说，信箱的文章，是教孩子说华语的好教材，他把每期的文章剪下来，贴在本子上，给孩子讲解。他希望栏目能固定位置，便于剪报。考虑到读者这一需求，报纸把这个栏目固定在版面左下角。读者易找、易剪。

一位读者反映："我没给杜老师写信，只给栏目提问，怎么杜老师在答复中说收到我的信呢？"于是，报纸作了调整，将栏目名称从"语文信箱"调整为"杜老师语文信箱"，这样回答起来，就名正言顺了。我每期都尽量挑选具有普遍性的选题，也就是常见易错的选题，让更多读者受益。叙述也尽量平易晓畅，让读者一看就懂，读了会用。

三、服务社会需要，最有意义

上海教育出版社的《小学语文教师》月刊曾邀我在"问讯处"答问。所提的问题，是各地老师在教学中碰到的具体问题，涉及字音、字形、词义、语法、修辞等，虽然琐碎，但对老师们的教学有帮助，我便欣然允诺。

我一般查到根据才下笔回答，但有的不好查。例如有位老师问唐代藏族吐蕃王朝国君"松赞干布"的"干"读一声还是读四声。《辞海》等工具书有"松赞干布"的条目，但未注音。最好的办法是找到繁体字的《辞海》。如果其中的"干"是繁体字"乾"，则读一声；如果是繁体字"幹"，则读四声。但没找到。记得小时候上历史课，老师读的是一声，这当然不能算根据。后来终于在一本百科词典中找到这个人名的注音，的确读一声。后来我想，若读四声，"干布"就跟"干部"同音了，不可取。

有的问题工具书上说法不同，我选择比较合理的提供给读者。例如"脱壳"的"壳"，有的词典注音是 ké，有的注音是 qiào。"壳"是文白异读字，"金蝉脱壳"是成语，其中的"壳"宜文读为 qiào，"脱壳"常用于口语，例如"谷子脱壳后叫小米"，其中的"壳"宜白读为 ké，口语中则儿化为 kér。因此，我建议表示脱去外壳的意思时读 ké 或 kér。这么读，也能跟《新华字典》（商务印书馆，2020 年 7 月版）中"脱壳机"及《现代汉语常用词表》（商务印书馆，2008 年版）中"脱壳"的读音相一致。

有的一时查不到依据，我就请教专家。例如有老师问"在"的第三笔是否出头。从字典上看，不论是楷体还是宋体，都似出未出，不好断定。于是我请教国家语委的一位文字专家（曾任国家语委副主任），答复是不出头。我跟人民教育出版社小学语文编辑室座谈时，他们也认为不出头。理由是，虽然字典上似出似不出，但从笔画相离、相接、相交三种关系看，应认为不出头。小语室（"小学语文编辑室"的简称）跟专家的意见有道理，我便采纳了。《新华写字字典》（商务印书馆，2016年版）的"在"字条中说："第三笔竖与第二笔撇相接于横中线。"这句话印证了"在"第三笔不出头的说法是正确的。

有的则涉及规范观。有老师问，应写"树荫""林荫道"还是"树阴""林阴道"。虽然1985年《普通话异读词审音表》中有"树阴""林阴道"的用例，但是现在不仅权威的《现代汉语词典》采用"树荫""林荫道"的写法，一般书报刊都采用这种写法。在"人民网"等权威网站观察，"树荫"用量是"树阴"6倍，"林荫道"用量是"林阴道"10倍。毫无疑问，"树荫""林荫道"已经成为社会公认的规范写法。受教育部语言文字信息管理司委托编写的《通用规范汉字字典》以及教育部语用司汉字室原主任张书岩主编的《现代汉语规范字典》中，也都采用"树荫""林荫道"的写法。在新时代，认定规范写法时，不仅要看已经颁布的规范，还要看权威词典以及社会的主流用法。只从规范条文一个角度观察，置权威词典和社会主流用法于不顾，必然在实践中碰壁。于是，我建议老师们采取"树荫""林荫道"的写法。在语言文字上，须尊重社会主流用法，硬拗着来，就好比多数人右手用筷子，你非让大家都改左手，最终还得走回头路。

有时，提的问题挺有趣。我就把它归纳成一道选择题发到朋友圈。例如：

您觉得采用下面哪个句子比较好？
（1）这是一艘最大的我国制造的远洋货轮。
（2）这是一艘我国制造的最大的远洋货轮。
（3）这是我国制造的一艘最大的远洋货轮。
（4）这是我国制造的最大的一艘远洋货轮。

几个选项的基本意思是一样的，比较起来，（4）更好些。这是一个多层定语的问题，从中可以看出语感高下。朋友圈里多数学者和资深编辑的选择是正确的。

有时，老师们的问题指出了课文的瑕疵。例如人教版五年级上册第22课《狼牙山五壮士》有这样一句话：

他刚要拧开盖子，马宝玉抢前一步，夺过手榴弹插在腰间，他猛地举起一块磨盘大的石头，大声喊道："同志们！用石头砸！"

老师问：

这个句子中有两个"他"，根据上文的句子"班长马宝玉负伤了，子弹都打完了，只有胡福才手里还剩下一颗手榴弹"知道,第一个"他"是指胡福才。第二个"他",学生的理解为可能是马宝玉,也可能是刚被夺过手榴弹的胡福才。那么,杜老师,这个句子在课文中是否规范?如果不规范,怎样改合适?

这句话中出现了两个人物之后,接着用"他"来指称其中的一位,的确让人不易看清是指谁。

这里的"他"应该是指班长马宝玉。话语描写的过程是:战士胡福才正要准备投弹,班长马宝玉把他的手榴弹夺了过去并插在腰里,接着举起石头向敌人砸去。班长一边砸,一边向几位战士呼喊:"同志们!用石头砸!"

按照这个理解,句中的第二个"他"可删去,改成:

他刚要拧开盖子,马宝玉抢前一步,夺过手榴弹插在腰间,猛地举起一块磨盘大的石头,大声喊道:"同志们!用石头砸!"

这样一来,从"马宝玉"开始,后面的动作顺理成章都是"马宝玉"这个主语发出的。我将这个修改意见告诉了人教社小语室的编辑,编辑表示认可。2019年版人教社6年级上册第6课《狼牙山五壮士》中删去了句中第二个"他"。

因写涉及小学语文教学的栏目,跟人教社有关同志渐渐熟悉起来,有时他们也请我审校教材等。

几年后，我在"问讯处"的答问结集出版，销售良好，发行一个月，就开始加印。编辑告诉我，购买最踊跃的是各地教研员。

老师们的问题是从教学实践中来的，都是教学中的"拦路虎"，回答这些问题，自然让老师们觉得"解渴"、实用，所以该书畅销。

服务于需要，最有用，最受欢迎。

《光明日报》，胸怀宽广的朋友

十几年前，我正在办公室忙碌，忽然来了个电话，对方自称是《光明日报》编辑，想请教个语言文字问题，说电话号码是从教育部语用司得知的。语用司综合处曾跟我联系，问可否把我的电话告诉提问者。我想，能把电话打到教育部，一定是工作中确实遇到困难，就答应了，所以有时接到提问电话。

答复几次后，对《光明日报》也比较关注，有时发现《光明日报》的语言文字差错，就写成短文发出，多刊登在报社内部刊物《新闻研究》上。报社也欢迎我这些小文。

时间长了，报社对我比较了解，知道我在国家语委长期宣传语言文字方针政策，便邀我到报社讲标点符号用法。

到了报社，总编辑何东平亲自接见，跟我聊了报社的编校质量问题，并说要求全社骨干编辑都来听讲，他自己也要认真听课。这真出乎我意料，以前到某单位讲课，领导接见后，就派人领我去会场，或者临场讲几句后，就离开了，何总编却一直在座细听，真难得。

我讲之前，一位副主编主持会议，说："30多年前我们请叶圣陶先生来报社讲标点符号的用法，今天请杜永道先生讲标点符号用法，我们对此一直很重视……"听了这些话，我深感责任重大。讲的时候，格外耐心、细致，一点点向前推进。大厅里坐满了编辑，没有空位子。所有编辑注意力都非常集中，许多人边听边在本子上记。出乎意料的是，光明日报社的编辑们思维极为活跃，讲的过程中，不断有人插话，大声提问，问题都很具体。一有编辑提问，我便停下来耐心解释，有时还举个例子。大厅里气氛十分热烈，编辑的提问接二连三，讲课过程中，大约有三十余次提问！此前此后，我去过不少出版单位或中央部委讲标点符号等语言文字问题，但没有一个单位像光明日报社这样，在讲的过程中竟然有三十余次打断讲课的提问。可见其求知欲之强，也透露出编辑们做好工作的强烈愿望。每想起这件事，都不由赞叹一声："好啊！"我最后讲的是近期《光明日报》上的标点符号用法差错。这时听众神情更为专注，提问的突然"断崖式"减少，大厅倏然间安静下来。快讲完时，坐在前排的何总编忽然发问："您觉得哪些版面语言文字问题多些?"我当即答:"文学作品栏或者类似文学作品的文章。"这是我长期阅读该报的一个印象。而且,我以前阅读某些知名度高的作品,包括获得著名奖项的作品,发现不少作家不注意标点用法,词语使用也存在多处不妥。讲课结束后,副总编对我说:"您提到的这些差错,我们非常重视,不出半月,一定会明显减少。"一周之后,报社的《新闻研究》出了专号,全文刊登了我的课件。一段时间后,报上的标点差错果然减少了。

然而,这不是我跟《光明日报》这位朋友的初次接触。

此前约5年,该报"光明网"来电话询问语文问题,后来又把网友的语言文字问题发给我,我在网上回答。问题日渐增多,我便约请了中国社科院语言所第5版《现代汉语词典》修订主持人晁继周及教育部语用所汉字室主任张书岩等一起作答。提问的网友不仅有国内的,还有新加坡、马来西亚等国外的。最后,光明网将这些答复结集成一本书,供报社编辑学习,叫《网友问字》,书中答复了365个问题。书刚运到网站,各部门纷纷来领,几百本书两天就一扫而光。

这仍不是我跟《光明日报》的初次接触。

二十多年前,我阅读西方文学史,发现曹雪芹跟法国文学家、思想家卢梭是同时代的人。两人都具有追求人性自由的思想,但追求的目标又有不同。于是我将《红楼梦》跟《忏悔录》作了些对比,写成一篇文章,寄给《人民日报》文艺部负责人石英。他回信说,该报没有适当栏目刊登,将文章退了回来。我抱着试一试的想法换了个信封,寄给《光明日报》。大大出乎所料,两周后即刊出,而且安排在版面显要位置,标题字号特别大,很显眼。这篇文章在我单位引起热烈反响。有的钦佩,有的赞赏,有的说再长些更好,还有的跟我讨论文章内容。远在广州的朋友还特地写信道贺,并赞"切入点独特,文笔清丽洒脱"。每回忆此事,都深深感佩《光明日报》慧眼识珠的能力和海纳百川的胸怀。

从曹雪芹与卢梭说到林黛玉与简·爱

曹雪芹跟法国著名文学家、思想家卢梭是同时代的人。曹雪芹约生活于1715至1764年,卢梭则生于1712年,殁于1778年。也就是说,当东方的曹雪芹拖着长辫子在昏暗的油灯下手握羊毫笔一字字撰写中国古典小说的巅峰之作《红楼梦》时,西方的卢梭也正在用鹅毛笔疾书骇世惊俗的《忏悔录》。

令人惊叹的是,东半球和西半球这两部大致同步面世的名著,竟是如此地相似:两者都尖锐而深刻地抨击专制的封建制度;两者都鄙视封建权贵并淋漓尽致地揭露出他们的罪恶与无耻;两者都洋溢着对下层群众的深切同情以及对他们道德情操和聪明才智的赞美;两者都把妇女当作一种美来加以赞赏,当作施以温情的对象,并崇尚男女之间真诚深挚的情感……

更为引人思索的是两者所具有的不同的思想内容上

的特点:《忏悔录》在反对封建信条和封建道德规范时,提倡绝对的个性自由,宣扬以个人的情感、兴趣、意志为处世和待人接物的出发点,一任兴之所至;《红楼梦》在对封建贵族的腐朽生活与罪恶行径予以痛心疾首的暴露时,流露出强烈的"女儿崇拜"意识,作者旗帜鲜明地肯定的正面人物绝大多数为青年女性。黛玉、晴雯、平儿、鸳鸯等众多女性形象在曹雪芹笔下熠熠生辉,无不闪耀着动人的光彩。或许可以说,宏观地看,卢梭是以"自我"意念为中心而进行创作的,曹雪芹则是以真善美的理性追求为中心来进行创作的。

卢梭的意识是资本主义思想体系发展之初的一个环节,甚至跟他同时代,也就是与曹雪芹同时代的法国著名作家、哲学家伏尔泰,英国著名小说家、戏剧家菲尔丁,都没有这种超级自我意识和发挥到极致的个性解放观念。菲尔丁的代表性小说《弃婴托姆·琼斯的故事》也包孕着对真善美的理性追求。深为英国浪漫主义批评家柯尔律治所赞许。说到这里,不禁想到比曹雪芹晚半个世纪的英国女小说家勃朗特,她在《简·爱》中所塑造的女主人公坚执自尊自爱的个性,维护自己的独立人格,珍惜爱情的纯洁与真挚,在几经磨难后终于获得"大团圆"。《简·爱》是喜剧结尾,《红楼梦》以悲剧而终,但从追求真善美的深层意义上说,书中的简·爱和林黛玉是相通的,即都在艰难蹶跌中始终不渝地追求美好的理想。

《忏悔录》式的作品在猛烈抨击封建观念的时代有其

进步意义，而在我国社会主义建设新时期的今天，蕴含着鲜明的真善美的理性追求的作品，才更切合时代的脉搏，更有益于人们情愫的健康、积极与向上，更有益于中国的亿万群众满怀信心地开创新的生活。

（《光明日报》1996年3月14日）

朋友说得对，这篇文章还可以再长一些，对两部作品作些深入的对照分析。就《红楼梦》而言，可以进一步剖析一些隐含深刻理念的具体情节。例如：

贾府把门儿的详细告诉刘姥姥寻人路径，倪二慷慨赞助贾芸，鸳鸯撞见司棋幽会不仅守口如瓶还主动抚慰等，写出了人性的良善；宝玉既有北静王这样身份显赫的朋友，也有蒋玉菡、柳湘莲等地位低下的伙伴等，写出了一种朦胧的平等意识；鸳鸯抗婚，石呆子誓死不卖古扇等，写出了卑微者坚贞不屈的品格……

这依然不是我跟《光明日报》的初次接触。

我跟它的初次接触，是在20世纪60年代。那会儿我在北京景山学校读书。有个很出名的淘粪工人叫时传祥，受到刘少奇主席接见。为了学习淘粪师傅"脏了我一个，干净无数人"的精神，学校组织我们参加清洁工人劳动。老师选了身强力壮的同学背粪桶，大部分人干辅助性活儿。我跟几位同学去清理粪池。粪池很大，长方形，半人多深。任务是用铁锹铲起池底淤积物，倒在池沿儿上，再由其他人转运走。淤积物是泥和粪的混合物，池底叠压甚多，四壁也有。池内泛着一股浓重的臭气。大家都卖力干活儿，没人说话。同学们虽特地穿旧衣裳，也不愿碰触池壁，用铁锨铲起淤泥往池沿儿上扣的时候，尽量不碰池壁，一躲一闪的，动作有点走形。但我发现，工人师傅都很自然，专心致志劳作，即使身体蹭着池壁，也全不介意。

劳动后，老师让大家写作文，题目自拟。我思忖，阐述劳动的意义、参加劳动的必要性等，流于常谈，很难写好。不如另辟蹊径，采取朴素手法，表述劳动中的真实感受，更有特色和说服力。于是把清污时的心理活动叙写出来，命题为《劳动小记》。老师从全年级三个班作文中遴选两篇，送到《光明日报》社，其中之一即我的文章，改名为《淘粪》，发表在《东风副刊》上。这件事对我触动很大。因为在师生眼中，《光明日报》是天上的明星，能在这样的大报上发表文章，是极难得、极荣幸的。这给了我这个十几岁的中学生很大鼓舞。

近些年，我跟《光明日报》有很多合作。特别是报纸的《语言文字》版恢复后联系更多。有时回答问题，有时提选题建议，有时审读稿件，有时应约写稿。

在第二十四、二十五届中国新闻奖评选活动中，稿件的语文质量受到重视，编者邀我写文评议。我便写了《开启新闻稿语文质量的新时代》一文，其中指出新闻稿中一些"常见病"：

例如，字形不规范，把"酷暑难挨"误为"酷暑难捱（异体字）"，把"赵孟𫖯"误为"赵孟頫（繁体字）"等。

有的字形失范是不晓规范变迁所致。如把"粘在一起"误为"黏在一起"。在1955年发布的《第一批异体字整理表》中,"黏"作为"粘"的异体字被淘汰,于是"粘"便有了zhān、nián两读。而1965年的《印刷通用汉字字形表》、1988年的《现代汉语通用字表》、2013年的《通用规范汉字表》中,均收入"黏",即恢复了"黏"字。故现在的工具书把"黏(nián)"看作形容词,用来表"黏性";把"粘(zhān)"看作动词,用来表"粘上",读音、用法皆异。("粘"仅做姓氏时读nián)。明了上述原委,"粘"跟"黏"就不会用错了。

有的字形讹误,则因两字在某义项是同义词,未采用权威词典推荐的主流用法而致。如把"待了几天"误为"呆了几天",把"捡起来"误为"拣起来",把"唯一的机会"误为"惟一的机会"。

词语差谬往往导源于不谙近义词差异。如把"交代问题"误为"交待问题",把"创造新纪录"误为"创造新记录",把"游历考察"误为"游历考查",把"演员的化装间"误为"演员的化妆间",把"以致造成巨大损失"误为"以至造成巨大损失",把"制定出两个方案"误为"制订出两个方案"等。未留意词形规范,也易铸错。如将"干吗"误为"干嘛",将"凡·高"误为"梵·高",将"堂吉诃德"误为"唐·吉诃德"。混用已有明确分工的词语,亦致错谬。如把"愣神的工夫"误为"愣神的功夫",把表示传递信息的"通信"误为"通讯"。表达某意思时,不采用权威词典设置的"主条"

（包括异形词），亦引疏失。如将"语言精练"误为"语言精炼"，将"艰苦磨炼"误为"艰苦磨练"等。(《光明日报》2015年11月15日)

报纸要办一期地名专版，需要活跃版面的散文化的漫议文章，我应约写了有趣的胡同名称及胡同"名不副实"现象：

岁月流淌中的北京胡同

有的北京胡同名称颇有意趣。

南锣鼓巷其实跟"锣鼓"无关。这条胡同挺古老，元大都建成时就有。胡同中间隆起，两头较低，犹如"驼背"，居民戏谑地称之"罗锅巷"。清代乾隆年绘制地图，或许嫌"罗锅"不雅吧，改为"南锣鼓巷"。

东城的"孙家坑胡同"其实无坑。明代这儿低洼，雨后积水，行走不便。嘉靖时，副都御史孙继鲁居此，出资将路填平，居民感激，遂称该地为"孙家坑"。

新街口附近"百花深处胡同"的名字充盈着诗情画意。走进去会觉得奇怪：没有"百花"呀。明代万历年间，有位张先生在此买了二三十亩地，开始种菜，后来栽下牡丹、芍药、菊花……群芳争艳，花香四溢，引得街坊们纷纷观赏。昔日芳菲早已零落成泥，而雅致的名称流传至今。

有的胡同名称蕴含着古都历史。

中南海西边那条漫长的南北通道叫府右街，是民国二年（1913年）修建的，当时袁世凯的总统府设在中南海。自古以来，中国的房屋多"坐北朝南"，特别是大建筑，例如故宫大殿皆如此。从"坐北朝南"而论，这条胡同在总统府右侧，故起名"府右街"。

美术馆南边有个东厂胡同。这儿在明代是"东厂"即"东缉事厂"所在地。明成祖永乐十八年（1420年）朝廷在此设立的"东厂"，不仅是皇帝直接掌控的特务机关，而且是世界上最早设立的国家情报机构。那年头，谁打这条胡同路过，心里都害怕。

东四往北走不远，横着条钱粮胡同，其实它跟粮食没关系，这儿是清代京城铸造铜钱之地。旗人每年按时领银子和粮食，后来干脆把银钱称作"钱粮"。胡同里的"造币局"也被称为"钱粮局"，这儿便成了"钱粮胡同"。

朝阳门内，有不少胡同的名称中有"仓"字，如"禄米仓""南门仓""海运仓"……明清时代，这些胡同里都有粮仓，粮食是从遥远的江南经大运河漕运而来的。运粮船队抵达朝阳门外码头后，卸下一袋袋大米，用大车咕隆咕隆拉进高耸的朝阳门，分送各个粮仓。胡同名称包含的"仓"字，见证了那个"南粮北调"的时代。

有些胡同名称虽然依旧印在巷口的红牌上，但其所指事物已悄然消逝。

大栅栏是尽人皆知的商业街，原先不叫这个名字，叫廊坊四条。清朝初年，胡同口安装了高大的栅栏，市民便称此地为"大栅栏"。历经沧桑,栅栏早已不知何去,独特的名字依然活在北京人的话语里。

现如今,有的胡同名字已"名不副实"。

隆福寺西边有条弓弦胡同。小时候,父母常领我们几个孩子穿过这条胡同去蟾宫电影院看电影。父亲曾叹息:"这条胡同多直啊,真像一根弓弦。"我向前方望去,路两边老树繁茂,粗壮遒劲的树根拱出地面。这根"弓弦"在拥挤迫压的闹市区直挺挺地向东伸展,显示出一种顽强的韧劲。如今,弓弦胡同早已被新建筑"切割"得所剩无几,年轻人从短短一截"残段"中已无法领悟"弓弦"二字的寓意了。

不少胡同不但名称改了,其间景物也在岁华流转中默默消遁。

东四附近的礼士胡同在清代叫"驴市胡同",不消说,当时是骡马市场。几年前,还能看见胡同东头墙上一排拴牲口的铁环,它们或许是这段牲畜贩卖史的最后遗迹,随着疾风般的拆迁,如今已荡然无存了。

景山东门外有条东西向的胡同,原先叫景山东街,1965年改名为"沙滩后街"。不光名字变了,风物之变更甚。路北朱红大门乃乾隆时的和嘉公主府,里面的荷花池是个梦幻般的花园。夏日里,粉红鲜润的荷花绽放,金鱼在池中嬉戏,四围绿草如茵,树丛浓密。这儿是我小时候跟伙伴儿们玩耍的天堂。"文革"中被夷为平地,府内府外的居民永远失去了一块恬静的绿地。

明代建成的铁狮子胡同1945年改名为张自忠路。随着道路拓宽，这段路成为平安大道的一段。1926年在铁狮子胡同发生了"三一八"惨案。多年前，我跟八十余岁的父亲从这里走过，他告诉我，当时他在北师大中文系读书，也参加了游行。学生代表还在里面谈判，军警就向请愿者开枪了。段祺瑞执政府门前是个圆形广场，东西有门。留在执政府大门对面影壁上的弹洞均一人来高，足见军警一开始就直接朝群众射击，并未预先示警……

广场、大门，跟"铁狮子胡同"的名称一样，随着似水流年远去了，每从这儿穿行，耳畔仿佛响起游行者呼喊的爱国口号和乒乒乓乓的枪声。(《光明日报》2015年4月4日)

此外，有时候我也在《光明日报》的《作品》栏写点散文。我结合自己的切身感受，写了篇从古代名人专心做事说到心如止水的文章：

寂静的心湖

《儒林外史》作者吴敬梓，为找块清静地儿，在南京数度迁居，最终选定大中桥畔一处菜园，才得以安心著述；获得茅盾文学奖的《白鹿原》，不是在繁华喧嚣的西安城里写的，而是在偏僻幽静的乡下老宅里精心结撰的。环境安静，才能让人专心致志，把事做好。

不过，细想起来，环境固然要紧，更重要的，恐怕是"心静"。南朝文学家江淹早年边砍柴边诵范文,潜心研究写法,才思突飞猛进,写出名篇《恨赋》和《别赋》。功成名就后,生活优裕,常与人悠游饮宴,心旌摇荡,再也写不出美文了。世人叹其"江郎才尽"。其实,江郎并未才尽,而是富贵浮华的生活,使其丧失了沉静专注的心境。

反过来,心态由猲急躁动转入释然淡定,事业往往会出乎意料地阔步前行。唐代柳宗元被贬永州,翘盼早日降旨,官复原职,甚至托人在京疏通。然而寒来暑往,并未降诏。非但如此,朝廷还规定,含柳宗元的"八司马"不在赦免之列。然而,也恰恰因此,柳公心湖渐渐归于平静,写出了生动描摹山水的"永州八记",登上了文学事业的巅峰!其中《小石潭记》通过描摹潭底岩石、水中游鱼、透射的阳光,展现出潭水的清澈与周边的清冷。灵动而独特的清词丽句,千余年后读之,仍怦然心动……

当然,最理想的,是既有宁静悄寂的境域,又有安定释然的心怀。美国作家梭罗,1845年离开家,独自来到静谧的瓦尔登湖畔。他在此恬静生活,心思集中,以细腻传神的笔触叙写对大自然的种种体验和所思所想。恬淡而充满智慧的文字赢得百余年来无数读者青睐,散文集《瓦尔登湖》成为享誉世界的佳作……

但是,生活总是充满搅动安宁的袭扰。烦恼事,伤心事,生气事,在岁月流转中接踵而至。如何让心扉于纷纷攘攘的尘寰中,在风雨如晦的苦难前,屹立不动,稳如泰山？

《哈利·波特》作者J.K.罗琳成名前，在咖啡馆写作，四周的高谈阔论，亲昵情话，人来人往，皆浑然不觉，完全沉浸在魔法天地中，一心要写完神奇的故事。

创作中的曹雪芹笑谈自己艰难竭蹶的生活，说："蓬牖茅椽，绳床瓦灶，并不足妨我襟怀；况那晨风夕月，阶柳庭花，更觉得润人笔墨。"写出奇书的志向赋予他超然的胸怀与稳定的内心世界。

看来，只要心中有一个靶标，并横下一条心，无论遭逢人世间何种不幸和苦难，都坚定不移地朝那个志向迈进，身上就会有巨大无比的定力。

这一强劲内力也在不知不觉中塑造着你的性格，使你在困顿窘迫的日子里挺得住腰杆，在纠结难缠的事务前沉得住心气，逐渐历练得既有坚硬如玉的刚性，又有柔韧如丝的包容性，从容不迫地行走在人生之路上。
(《光明日报》2016年12月16日)

我自幼生活在北京胡同里。回忆过去，记起的是一些小事。然而，恰是这些小事，承载着终生难忘的街坊们的美好情怀。有感于此，写了篇短文——

北京胡同小景

北京胡同的魅力，首先在于它蕴含着古都的历史、文化，可谓内蕴丰富的人文化石。

随意在胡同行走，除了王府雄踞路北的宽阔街巷外，司空见惯的寻常小巷同样给人以沧桑感：

一面旧墙，老态龙钟，墙皮剥落，裸露出硕大的厚砖，砖头间凝固着坚硬如石的白灰。这砖和灰，系一二百年前所制；数不清的家门口竖着一对门墩儿。有方形，有圆形。方的代表砚台，圆的象征战鼓，由此可以推知，主人先辈喜文还是尚武；门楣上方的整块砖雕，镌刻着细巧的花鸟图案，古老而神秘的吉祥"密码"寄寓其中；胡同口的墙上，时或瞥见数个小龛，排成一行，向里探望，发现躺着个小铁环——它诉说着：此地昔日乃繁华"超市"，圆环是商贩、顾客拴牲口的……

更有意趣的是，走过历史人物故居，环顾四周，能逼真地想见当年名士身影——

踏入宣武区狭窄的南半截胡同，眼前不禁浮现出，谭嗣同从路西住所出来，往胡同南口走去时，步履坚毅的神态；行至东城区逼仄的吉安所左巷，仿佛望见青年毛泽东从路东小宅走出，掩上院门，匆匆向红楼步行时高高的背影；穿越东四八条，脑际会呈现叶圣陶先生轻轻开门送客时，和蔼可亲的笑容……

或者，听到尘封岁月的声响——

来到阜成门内西三条，仿佛听到鲁迅跟来访学生娓娓而谈的绍兴乡音；走到丰富胡同，似闻老舍与文化界朋友聚谈时爽朗的笑声；雨中伫立西城文华胡同，李大钊借风雨声掩护，弹奏风琴，带孩子们酣唱的革命歌曲犹如在耳……

北京胡同的魅力,还在于它活生生地映现着古都"草根"的日子与性格:

夏天,能瞅见推自行车,串胡同卖蝈蝈的;冬天,则瞧见蹬三轮叫卖引火煤的;无论何季,都能遇见胡同口卖烤白薯的……

在小胡同摊点吃早餐,能品尝到地道"京味儿":豆汁儿,面茶,麻酱火烧,两样儿(豆泡儿加豆面丸子),皆为老北京美食。在露天方桌旁坐下,慢慢吸吮面茶,回荡在左近的,是"您"不绝于耳的京腔京韵。

平淡无奇却宛如一幅风俗画的胡同小景,折射出京兆人世代承袭的秉性:

——盛夏,胡同深处的大树旁,下马石上,蹲着个汉子,端只大碗,呼哧呼哧地吃炸酱面,不时咔嚓咬一口黄瓜;

——一个爷们儿,拎着罩蓝布的鸟笼在胡同悠闲踱步,或缓缓地骑辆小三轮儿,上头搁着五六只鸟笼;

——胡同口,两人对弈象棋,几人甚至十几人默默围观,半晌,一语不闻。忽然"啪"的一声棋子落下……

胡同风情浓郁的画面,透露出京师子民从遥远的帝都时代因袭而来,且根植坊间的爽快、悠然自得与知足常乐的性情……

胡同的魅力又在于,巧妙地将传统事物与时代新潮自然无痕地融合起来:

三轮儿不用作交通工具了,拿来搞"胡同游",带领外国游客穿梭于古朴逼仄的幽幽深巷;四合院"老迈"了,修葺一新,变作古香古色的餐厅或宾馆;庭院没地儿养花了,在胡同墙根儿建起一串亮丽花池,不光赏心悦目,还"迫使"轿车单侧停泊,堵车的巷子又畅通了……

世居窄巷的人们,历经沧桑,或许对此习焉不察。对他们而言,胡同的魅力,源自平凡生活中那些真实的点滴感受:

只要在胡同里骑车,后座东西滑下来,立马听见:"嘿,掉东西喽!"隆冬疾风,吹落帽子,下车去捡,耳畔往往有人提醒:"帽檐儿朝后戴,就不掉了。"见一家门口的信箱挺大,也想做一个。正端详,主人出来,笑嘻嘻地说:"特好使。您要有料,我帮您做……"腊八节,偶从胡同活动室路过,顾盼其间,几个年轻人正给苍颜皓首盛粥,递熟食,读健身常识和有趣故事,一个个老人脸上漾出由衷的笑容……

此类芝麻绿豆大的事儿,访古的游客看不见,却温煦地浸润着深巷街坊的心田,唤起久居闾巷的人们迁离时对胡同的无尽回忆和深切眷恋。(《光明日报》2014年6月13日)

我写这些文章时,藏着一个心愿,就是让语言跟文学相结合。我为此受过一个很强烈的"刺激"。多年前组织文学语言规范问题讨论时,采访北京人民艺术剧院的一位领导,谈后他邀我看正在上演的一个话剧。

这出戏是赞颂一心为民办事、积劳成疾去世的北京市副市长李润五的，不是名剧。但是当我坐在剧场里观看的时候，吃惊地发现，所有观众都那么聚精会神、全神贯注，且始终如此。不由感叹：文学的力量惊人！文学的吸引力不知比语言要大多少倍！我听过不少语言学名家的课和发言。没有一位先生的话，能有这个普通话剧这么大的吸引力！

有文采，人才爱看。

校对趣事

校对这活儿，容易出错儿，错误往往会"吓人一跳"。多年前，有位编辑核红时发现稿子里有个长串数字：323227。他细阅上下文，发现这个数字跟上下文似乎没什么关系。但文章已经编辑部主任审阅，自己只负责最终核红，可以不用管。又一想，还是查一下好，于是他找来原稿，仔细核对。哇！竟然有惊人发现：原稿此处没有数字，只有四个汉字："汉江工厂"。原稿是手写的，字迹潦草，这四个字看上去很像阿拉伯数字"323227"。他吓出一身冷汗，赶紧改正并告诉主任。这个笑话太可乐了，也是"清醒剂"，对编者、作者来说。

我在某杂志社工作时，刊物收到一位著名学者来稿，主编、副主编、编辑部主任都已审阅，准备发排。编辑部主任路过我（我当时是副主任）办公桌时，顺手把稿子搁我桌上，说："你也看一眼吧。"我一瞧，作者不愧名家，文字洗练流畅，说理条分缕析，没什么问题。正要退给主任，忽然瞥见这么一句："焚烧了圆明园的八国联军……"印象里好像不是这拨儿匪徒干的，有点疑惑。到图书馆一查《辞海》"圆明园"条，果然！圆明园早在此前40年的1860年，被英法联军强盗焚毁了！我一个激灵，忙提笔将"八国"改为"英法"二字。二十多年后，当年的编辑部主任已升任出版社领导，他在大会上跟全社人员谈校对工作时，提及此事，可见他对这件事印象之深。这是一篇语言类文章，作者又权威，读时会潜意识地认为常识处绝无问题，所以目光一扫而过。觉得最没问题的地方，常是最危险的地方。

　　还有一次，到下班时间了，大伙儿正收拾东西准备回家，副主编忽然推门进来，着急地说："大伙儿都别走，有一急活儿！"原来，有个页面下端注释里的"斯大林"错为"斯大斯"。刚刚突击印出的几千张"斯大林"小条，须立马一张张贴在杂志上。副主编急眼了，显然他被这个触目惊心的"斯大斯"吓得不轻。全体人员立即投入紧张战斗。忙完活儿，已是万家灯火，副主编请大家到附近餐馆吃饭，还一个劲儿称谢。词形相似，错词常视而不见。"楚雄"是地名，一次将其误为"焚雄"，还是在标题里，核红才发现。近似易错啊。

　　上面的纰漏虽然让人"吃一惊"，但未"漏网"。一旦成为"漏网之鱼",往往会发生"蝴蝶效应",让"苍蝇"变成"大象"。某出版社的语文课本中将"沐"字错成"沭"(多了一个点)。教材出台前,不知多少双眼睛审视过校样,竟然都没发现,让这条"鱼""脱网而出"。这本来是小事,却酿成"大祸":一位家长竟然到法院起诉,称该教材有此字等多处舛错,须正式登报向社会和家长、学生赔礼道歉。法院请有关部门鉴定,最后邀几位专家"定案",我也参加了。一瞧,真正的"硬伤"仅两处。不由扼腕叹息:一个错别字,把出版社送上法庭。

郭沫若谈校对时,感慨万千地说:"《青铜时代》和《十批判书》都由我自己校对了几遍,但终不免仍有错字,深感校书之难。中国假如专由我辈任校对,而有更笃实的学者著书,学术界的进展谅必大有可观了。"[1] 学界泰斗也在感喟校对的不易!

我起先做老师,后来当编辑,编书、报、刊二十余载,深知其中甘苦,故平日乐于回答编者问题。下面几点经验,供编校者参考:

一、留神不起眼的地方

一次,我很用心地校对了一篇文章。不料刊出后,有人指出,篇名下面作者姓名中的"候"应改为"侯"。我光关注文章了,这个不起眼的地方,没细看,给作者

---

[1] 《编辑手册》,人民出版社,1963。

改了姓，铸成大错！此后对作者姓名、"编者按"之类不起眼的地方，都不敢掉以轻心。竖排标题（及竖排文字）也是个不起眼的地方。竖排标题中容易出现两种差错。一种是竖排标题中的数字、年份，常误写为阿拉伯数字，并顺时针旋转了90度。根据《出版物上数字用法》的示例和有关说明，竖排时，没有跟字母连在一起的数字，宜写成汉字数字（包括阿拉伯数字年份）。如"36人"，竖排时写成"三十六人"，"2021年"，竖排时写成"二〇二一年"。竖排中单个出现的字母，不要顺时针旋转90度。如"长征五号B运载火箭"中的"B"，竖排时不要旋转90度。竖排时另一种容易出现的差错，是作者姓名的位置。作者姓名放在竖排标题左侧还是右侧，要根据文章开头的位置来定。文章开头在左侧，作者姓名就要放在竖排标题左侧；开头在右，作者姓名亦居右。这样做便于读者阅读，这一做法被称为"向心性原则"。

二、两种很容易错的标点

有时在书报刊上看见将冒号和比号用错。表示比例宜用比号，如"3∶2"。不论是说某种事物中的比例，还是说体育赛事的结果，中间都要用比号。表示时间，数字间不要用比号，要用冒号。例如"下午14∶30提交申请材料，17∶30所有材料领取成功"宜写成"下午14：30提交申请材料，17：30所有材料领取成功"。

句号放在后引号内还是后引号外，也是常见差错。

引文前有冒号，引文末尾的句号宜放在后引号内；引文前有逗号，引文末尾的句号宜放在后引号外。

另外，《标点符号用法》中的个别规定，可以不必采用。如规定竖排文字中的书名号用居于文字左侧的浪纹线来标示，但几乎没有出版物这么做，人们都是把书名号顺时针旋转90度放在竖排文字之中。

三、引文须核对原文

时常看见引用名人名言没核对原文，出现瑕疵。请看下面这句鲁迅名句的引文：

这正如地上的路；其实地上本没有路，走的人多了也便成了路。

这句名言无人不晓，看上去没啥问题。一核对，错儿出来了。鲁迅原文是：

这正如地上的路；其实地上本没有路，走的人多了，也便成了路。

引文漏掉了一个逗号。

四、多位数应该分节

《出版物上数字用法》规定，五位数以上要分节，例如"32,435"。这样做的好处是读者一望而知数字的大小。如果是科技类出版物，可在分节处加四分之一个汉字的空，例如"32 435"。

校对是细活儿，细心才能做好。

汉语拼音

关于汉语拼音的分词连写

读《汉语拼音词汇（专名部分 草案）》（上海辞书出版社，2015年1月版）一书冯志伟先生写的"序言"，颇有所感。

"序言"中说——

"美国国会图书馆、法国巴黎语言和文化大学图书馆、德国特里尔大学图书馆、加拿大学术图书馆……进行中文图书编目时，在汉语拼音的分词连写方面都曾经出现过举棋不定、难以操作的问题。

"美国国会图书馆在1999年8月发布了关于在该馆的图书目录的汉语拼音编目中不再分词连写而按照音节分写的文告。文告中说'经过深思熟虑之后，我们决定，汉语拼音除了人名和地理位置名称连写之外，都按照音节分写'。

"德国特里尔大学图书馆公用事务处主任哥特海纳博士在给我的来信中也指出：'令人遗憾的是，从更大范围来看，由于技术和语言使用方面的原因，世界上的图书馆，包括德国的图书馆在内，已经放弃了汉语拼音的分词连写，而采用按照汉语音节隔开来分写的拼写方法。'

"由此可以看出，国内外在进行汉语拼音分词连写的时候，遇到了很大的困难，很多人感到困惑，在困惑中不得不放弃了分词连写。

"出现这种困惑的原因，是由于汉语拼音分词连写情况极为复杂，尽管我们制定了众多的规范和标准，但是，这些规范和标准只能涉及一般的原则，难以覆盖汉语拼音分词连写的全部复杂情况，因此，在具体实施时，人们就必然会出现举棋不定的困惑局面。"

英语、法语、俄语等印欧语系的语言在书面上实行分词连写很容易，而汉语实行分词连写很不容易，这是由语言的特点所决定的。

西方这些语言的"建筑材料"是一个个词。词是语言中自然存在的很容易分辨出来的语言单位。因此西语在书写上分词十分方便。

汉语中自然存在的很容易分辨出来的单位是一个个"字"。就绝大多数情况而言，从语音上说，一个字就是一个音节；从语义上说，一个字就是一个语素。

这么说来，西语很容易分辨出词，而汉语很容易分辨出语素。二者不同。

所以西语分词书写很容易，汉语分语素（字）书写很容易。

汉语中常常由两个字、三个字或者更多的字组成一个"语义串"。作为固定组合的成语可以看作词，大量临时性组合算不算词，人们看法很难一致，自然引起分词连写处理上的不同。

完全依据西方"词"的观念处理汉语问题，往往会步入泥淖。

有的小学语文教科书和少儿报纸，采取单字注音的方式帮助儿童识字，这一做法是切合实际的。

国际上哪些文件认定"汉语拼音"是拼写汉语专有名词的国际标准

从1977年以来，国际上有三个文件认定"汉语拼音"是拼写汉语专有名词的国际标准。这三个文件分别是：

一、1977年9月《联合国第三届地名标准化会议关于中国地名拼法的决议》。该《决议》说：

会议认识到《汉语拼音方案》是中国法定的罗马字母拼音方案，中国已制定了《中国地名汉语拼音字母拼写法》。

注意到《汉语拼音方案》在语言学上是完善的，用于中国地名的罗马字母拼法是最合适的；中国已出版了汉语拼音版《中华人民共和国分省地图集》，《汉语拼音中国地名手册（汉英对照）》等资料；《汉语拼音方案》已得到广泛应用，考虑到在国际上通过适当的过渡时期，采用汉语拼音拼写中国地名是完全可能的。

建议：采用汉语拼音作为中国地名罗马字母拼写法的国际标准。

二、1979年6月15日《联合国秘书处关于采用"汉语拼音"的通知》。这个《通知》确定：

从1979年6月15日起，联合国秘书处采用"汉语拼音"的新拼法作为在各种拉丁字母文字中转写中华人民共和国人名和地名的标准。从这一天起，秘书处起草、翻译或发出的各种文件都用"汉语拼音"书写中国名称。

三、1982年8月1日国际标准化组织（ISO）发出的《ISO-7098文献工作——中文罗马字母拼写法》。该文件说：

中华人民共和国全国人民代表大会（1958年2月11

日）正式通过的汉语拼音方案，被用来拼写中文。转写者按中文字的普通话读法记录其读音。

这样，《汉语拼音方案》成为世界文献工作中拼写汉语专有名词的国际标准。

漫话《红楼梦》里"紫檀堡"的读音

《红楼梦》第三十三回爆发了小说开篇后最紧张激烈的一场冲突，这就是贾政怒打宝玉。虽然从两人观念上说，这是一场不可避免的、迟早要来的冲突，但其紧张激烈的程度和贾政的残忍暴戾仍令读者惊悚。宝玉平时"荒疏学业"早就引起贾政极大不满，这次暴露出的在外结交戏子、逼淫母婢闹出人命（贾环诬告）两事，成了直接导火索。宝玉结交的演员叫蒋玉菡，两人交情甚笃。忠顺王爷府总管到贾府找宝玉追查蒋玉菡下落，且直击要害，点出宝玉腰上的"红汗巾子"是蒋玉菡所赠。宝玉无奈，只得道出蒋玉菡藏身之处，说："听得说他如今在东郊离城二十里有个什么紫檀堡，他在那里置了几亩田地几间房舍。想是在那里也未可知。"其中"紫檀堡"的"堡"是多音字，有 bǎo、bǔ、pù 三个读音，在这里该怎么读呢？

《新编红楼梦辞典》（商务印书馆，2019年4月版）中，"紫檀堡"的"堡"注音为 bǎo。但我有些疑惑。

"堡"读 bǎo 时，多与军事有关。例如《汉语大词典》中"堡（bǎo）"的古代用例有：

（1）坚中垒将军徐嵩、屯骑校尉胡空各聚众五千，据险筑堡以自固。（《晋书·苻登载记》）
（2）古于用兵扼要设守之处，大者曰城，小者曰堡、曰戍，又曰围。（清·薛福成《书金宝圩团练御贼事》）

这两个例子中的"堡（bǎo）"都涉及军事。《古代汉语词典》（商务印书馆，2006年版）中"堡（bǎo）"打头的词语"堡聚""堡坞""堡砦""堡障"都关涉军事。

现今常用的"堡垒""暗堡""城堡""地堡""碉堡""桥头堡"中的"堡"都读 bǎo，这些词都是军事词语。

《新华多功能字典》（商务印书馆，2011年版）说"堡（bǎo）"有两个意思，一个是"土石筑的小城"，所举的例子是"城堡"。而"城堡"指"有围墙便于防守的小城"，也与作战有关。另一个意思是"用于防御的坚固建筑物"，所举的例子是"堡垒""碉堡""地堡""桥头堡"，同样关涉军事。《汉字古今义合解字典》里，"堡（bǎo）"有"土筑的小城"的义项，所举的例子有"帝以陇西频被寇掠，而俗不设村坞（防御性小型城堡），命子干（人名）勒民为堡，仍营田积谷"，其中的"堡"显然带有防御性质。总起来看，"堡"读 bǎo 时跟军事相关。

然而《红楼梦》里提到的"紫檀堡",跟军事无关。

小说中,宝玉提到"紫檀堡"位置时说的"在东郊离城二十里"表明,这个地方离城不太远,名气也不大。蒋玉菡是出名的小旦演员,找的人多,为求安静,又想离城不太远,所以找了这么个地方。蒋玉菡在此"置了几亩田地",看来是个小村或小镇。而"堡"读 bǔ 时表示"有围墙的村镇",例如"吴堡(bǔ)"(在陕西)、"柴沟堡(bǔ)"(在河北)。这儿所说的"围墙"主要是防范小偷、土匪等的。看来"紫檀堡"的"堡"读 bǔ 比较合适。"名家汇评本"《红楼梦》(北京图书馆出版社,2008年版)里,"紫檀堡"处未见名家点评,可见"紫檀堡"并无特殊含义,就是个村子或镇子。

"堡"还读 pù,读 pù 时指古代驿站,但《红楼梦》中没有暗示这里是(或曾是)官府驿站。

《西游记》第二十七回讲的是"三打白骨精"的故事。开头说,唐僧饿了,孙悟空去化缘。他纵上云端,向西看,"可怜西方路甚是寂寞,更无庄堡人家";向南看,"远处山上似有桃子,便拿上钵驾云南去"。这里说的"庄堡"指村子。《汉语大词典》在说明"堡"指"有围墙的村镇"读 bǔ 时,举了《西游记》里这个例子。也就是说,"庄堡"的"堡"读 bǔ。

"堡"读 bǔ 时指"有围墙的村镇",这种村子并不罕见。我当年插队的村子是个普通的小村落,村边有昔日围墙倾圮残迹,村名叫"杜家堡",当地人把其中的"堡"读 bǔ,仅调值跟普通话不同。

"堡"读 pù 时指驿站,人们为使字形跟读音一致,过去往往把"堡（pù）"写成"铺"。《汉字源流字典》中指明"堡（pù）"指"古时的驿站"时，说"此义也作'铺'"。也就是说，表示"驿站"的意思时，也写成"铺"。《新华多功能字典》中说，"铺"指"古时的驿站"，并举出"三十里铺"的例子。《新华字典》（商务印书馆，2020年7月版）中"堡（pù）"只有一个义项，即"旧时的驿站"。北京地铁6号线，出朝阳门往东，有一站叫"十里堡"，列车广播员把"堡"读pù，显然采用了当地读法。这表明，这个地方古时是驿站。

可以做一个有趣的调查，如果某地名中的"堡"读pù，可在地方志如县志中核查一下，看看是否曾为驿站。还可以查阅某市或某省地名中"堡"读pù的所有地点。这样，就可以绘出一张某市或某省的古代驿站分布图。

有一次开会，一位传媒大学的老师问"堡"在外国地名中怎么读。查阅工具书发现，纽伦堡、匹兹堡、圣彼得堡等外国地名，在国家语委发布的"中国语言生活绿皮书"《汉语拼音词汇 专名部分》中，"堡"都读bǎo。这说明，外国地名中的"堡"都宜读bǎo。平时吃的"汉堡包"中的"汉堡"是地名，指德国海滨城市汉堡，所以其中的"堡"读bǎo。

归结起来，"堡"的读音是：

1. "堡"指堡垒等军事设施时，读bǎo；
2. "堡"指有围墙的村镇时，读bǔ；
3. "堡"指古代驿站时，读pù；
4. "堡"在外国地名中读bǎo。

说说"嫦娥奔月"的"奔"

遥望明月，人们自然会想起"嫦娥奔月"的故事。有人说，"嫦娥奔月"的"奔"表示"直向目标走去"，要读四声 bèn，同类的例子如："老王吃了饭就奔（bèn）西直门了。"

也有人说，"奔"的 bèn 音出现较晚，故事浮现时，很少这么读，读一声 bēn 为妥。时下，两种读法都能听到。

卷帙庞大的《汉语大词典》里有个词条叫"奔月"，说的就是"嫦娥奔月"的事儿，根据该词典体例，"奔月"的"奔"读一声 bēn。

有趣的是，从故事本身，可以探究出"奔"的读音。

"嫦娥奔月"出自西汉《淮南子》，书里只有一句话："羿请不死之药于西王母，姮（héng）娥窃以奔月。"这句话的意思是："姮娥偷吃了后羿从西王母那儿要来的仙药跑到月亮里去了。"其中的"姮娥"即指嫦娥。"姮娥"最初的写法是"恒娥"，意思是生命恒久的美女，西汉时为避讳汉文帝刘恒的名字，改称"嫦娥"。

后羿找王母娘娘求取不死之药，映现了上古先民"人生苦短、企望寿比南山"的意念；嫦娥迫不及待偷吃仙药，折射出这种念头的强烈。所以，长生不老是盗药目的和内心翘盼。

她吃了灵药，飞升起来。茫茫宇宙，浩瀚星空，去哪里呢？瑶池是不能去的。药是从那儿取的，西王母必问："怎么你一个人来了？后羿呢？"嫦娥将无言以对。去玉帝天宫吗？一个单身女子似乎难以安排。于是便选择了月儿，那里有广寒宫尚可安身。

也就是说，去月宫是祈盼"万寿无疆"的嫦娥飘上天宇之际一番思谋后的抉择，并非老早就向往冷清寒月。既然不是一心"直奔"，故不宜读 bèn。

文学巨擘鲁迅在《奔月》中描述的嫦娥奔月，深合事理逻辑。求药是二人合计之事，否则她不知是何药，更不会偷吃。嫦娥弃信忘义，独自服用，是公然背叛。背叛必引愤慨，后羿怎能不怒火中烧？在鲁迅笔下，后羿经侍女指点知晓嫦娥逃逸方向，看见"一轮雪白的圆月，挂在空中，其中还隐约现出楼台……""他忽然愤怒了。从愤怒里又发了杀机，圆睁着眼睛"，力挽强弓，连发三箭，射得玉盘瑟瑟颤抖。后羿的震怒与射月，彰明较著地显现出嫦娥的出逃性质。

"奔"表"逃亡"时读一声 bēn。将"嫦娥奔月"的"奔"读 bēn，恰恰暗合了嫦娥"逃到月亮"。

总之，"嫦娥奔月"的"奔"念阴平应无疑义。细心的读者会发现，《现代汉语词典》第7版中，在"奔（bēn）"字头下，新增例子"嫦娥奔月"。

（原载《光明日报》2017年10月22日）

词汇运用

语言生活中的词语嬗变

时代浪潮中,社会的词语运用,在人们不知不觉间悄悄发生了若干变化。考察梳理这些变化,会给我们观察新时代的社会语言生活,带来有益的启示。

先说几项触手可及、不时遇到的新变化:

一、集合名词的个体化

集合名词也叫"总称",如"词汇""车辆""岛屿""马匹""枪支""书籍"等。集合名词用来指某种事物的集合体,不用来指单个或者几个事物。例如"词汇"可用来指"汉语词汇""老舍的词汇""《红楼梦》词汇"

等，不宜用来指单个或几个词。但如今常看见"这个词汇""这几个词汇"之类说法。"这座岛屿""几本书籍"等，也屡见不鲜。近年来，在各类媒体中，渐次呈现出集合名词的个体化用法趋向。

二、动宾式动词带宾语的普遍化

20多年前，在某刊编辑部讨论稿子，大家否定了"挑战巴塞罗那"的说法，认为其中的"挑战"是动宾式动词，不宜带宾语"巴塞罗那"。过去，动宾式动词如"达标""投资"等，习惯上不带宾语。时下，"报名了一个健身班""文艺精品陆续亮相北京""致敬伟大时代"之类语句，司空见惯，甚至我们也不感觉别扭了。动宾式动词带宾语，似正走向普遍化。

三、近义词选用的单一化

近义词如"篡改"跟"窜改"、"坚韧"跟"坚忍"、"交汇"跟"交会"等，意思上有细微差别。有的词典还特别注明，提醒其差异。由于写法、读音和意思都挺接近，人们往往不再细抠其中不同，而是渐渐"二选一"，采用其中一个，舍弃另一个。例如采用"篡改"而弃"窜改"，采用"坚韧"而弃"坚忍"，采用"交汇"而弃"交会"等。

从词语选用的角度说，这是近义词选用中的单一化；

从词语演变的角度说，有的则是近义词走向异形词的肇始。

四、同义复沓的常态化

在新时代，为了强调某个意思，人们在说话、写文章的时候，常常采用语义重复的说法。例如，"涉及到"中的"及"是"到"的意思，再用"到"就重复了。有的词典特意提醒："涉及"后别出现"到"。可眼下"涉及到"已很常见，发言里、文稿中比比皆是。再如，"必须要""全部都""融入到"以及"亲眼目睹""凯旋归来"等，均有语义重复，大家似乎已"充耳不闻、视而不见"了。若干同义复沓词语的运用，正走向常态化。

五、形容词活用为动词的寻常化

目今，在传媒中，不时见到形容词用为动词的情形。譬如："畅通"是形容词，却时见"进一步畅通党员直接联系基层、服务群众的通道"等语句；"凝练"是形容词，却时见"更好地从中萃取智慧精华、凝练当代价值"等说法；"柔软"是形容词，却时见"文化柔软一座城，润泽一座城"等句子；"氤氲"是形容词，却时见"氤氲着燕赵文化精神"等话语。好像还挺流行，读者也欣然接受。

这折射出，时代浪潮中，形容词用为动词，正迈向寻常化境界。从表达的视角说，这一"词类活用"手法，让词句更"鲜活"，使表达手段更丰富。

六、字眼儿选择的通俗化

"牵牛鼻子"这个词，常用来比喻抓住事物的关键或要害。之所以用"牵"，是因为拉牛时，手抓的是牛鼻环上的牛鼻绳，而不是直接用手抓住牛鼻子。但在书报刊上，常见"抓住××的牛鼻子"的表述。用"抓"不用"牵"，大约因为"抓"更通俗，更易理解。在权威网站观察，"抓住××的牛鼻子"的用量远超"牵住××的牛鼻子"，渐成主流用法。我原先审稿时将"抓"改"牵"，改不胜改，也就罢了。

表示"滚压"宜用"轧"，例如乡村的"轧场"。但而今，人们多把"碾轧"写成"碾压"，显然"碾压"更浅显易懂。在使用中，"碾压"明显多于"碾轧"。

提到"把物体串联起来"，要用"穿"，如"把珍珠穿成项链"。有学者特地在大报写稿，辨析"穿""串"之别。但现今，"把珍珠串成项链"比"把珍珠穿成项链"多见，显系用"串"更形象、好懂。

看来，在某些说法中，字眼儿选择的通俗化，是时代浪潮里刮起的一股强劲罡风。

七、词语感情色彩的演变和淡化

时代浪潮中，某些词语的感情色彩悄然生变。

比如:"蜕变"原指向坏的方向质变,具贬义;但如今也用于向好的方向变化,如"戈壁荒漠逐渐蜕变为天蓝水清地绿的宜居之城"。"上行下效"原含贬义,现常现褒义,如"上行下效,公职人员应切实用自己的一言一行,在孝老敬亲上发挥模范引领作用"。

另外,若干敬辞的"恭敬色彩"常被"忽略"。如"鼎力",过去用于向对方请托或表感谢,现常用于第三方,且敬意消匿、义同"大力"。如"他们得到几个单位的鼎力支持"。"光顾",以往商家用来表示"欢迎顾客到来",当下常用于自己或旁人,且无敬意。如"我常光顾这家小店""夜深了,光顾这家餐厅的客人仍不少"。

我们眼睁睁看着,这些词语的感情色彩正"黯然失色"。

上述嬗变有待接续观察。不过,其中包孕的"便于使用"和"丰富表达"两种内蕴清晰可见。以上变迁,带来几点启迪:

第一,怎样判定词语是否规范。

时代浪潮中,写稿的、编校者、审读人遇到这样那样的"新语",会想:"这种用法可以吗?这里需要改动吗?"问题的实质是:当前,如何判定词语运用是否规范。

过去,多少年来,判断词语的规范性,主要依据权威工具书。但是目下,光靠这"一看",已不适应"乱花渐欲迷人眼"的词语密林现状了,须"三看":一看国家语言文字规范及《现代汉语词典》等;二看权威网站上词语的社会主流用法；三看词语的业内使用习惯。也就是说，"三维"观察，方获平妥之见。

第二，积极引导媒体规范使用词语。

多年来，审校人员、语文工作者对规范使用词语的引导，还是有作用的。例如：从前常见的"截止"跟"截至"的混用，已很少见了；"执著""下工夫"的不规范写法，几近消失；将"通信"误写为"通讯"、将"账本"误写为"帐本"的，也寥若晨星。我连年对某重要媒体提出语文规范建议，成效显著，面貌已大为改观。

媒体今后仍需积极引导社会大众规范使用词语。例如：表"包含"宜用"蕴含"不宜用"蕴涵"；表"停留"宜用"待"不宜用"呆"；宜写"唯一"不宜写"惟一"；宜写"画出底线"不宜写"划出底线"；等等。对异形词，可采用《现代汉语词典》的推荐词形，以减少前后抵牾、词形歧出之弊。

顺便提及，词语规范一般宜以《现代汉语词典》为准，这就像英语、法语、俄语都有一部公认的权威词典一样。从语文规范化的制高点鸟瞰，规范词典的多元化，不利于中国语文的规范化。

第三，规范使用传统文化遗留下来的词语。

从继承传统文化的目的出发，对随意改变成语写法、用法的现象，要敢于指出、纠正。成语承载着悠久的华夏文化，是汉语精粹，还要传给子孙后代呢，须坚持古来规范写法，正确领会其含义。比如，表示"言而有信"，可用"一诺千金"，不宜用"一言九鼎"，后者指说话有分量。表示"居于第一位的",可用"独占鳌头",不宜用"首当其冲",后者表示"首先遭到冲击"。这都是"常见病"。

出自典籍的词语如果出现新用法,勿急于收入辞书。例如,有的词典匆忙给《诗经》诗句"七月流火"增加表示"天气热"的新义,引起争议。如能滞后处理,会更妥。

此外,要遵循古来敬辞的使用规约。敬辞蕴蓄着古老民族尊敬长辈、老人、师长的礼仪和道德规范。在此呼吁:我中华自古乃礼仪之邦,传承先人"敬辞文化",益于发扬传统美德。

(原载《光明日报》2019年5月4日)

从人民大众视角看法律语言走向

跟社会生活中的语言一样,法律语言也是随着社会生活的发展变化而衍变的。新中国成立初的《新名词辞典》[①]中有新法律词语"假扣押""习惯法""工厂法";2020年出版的《中华人民共和国民法典》的"说明"中提到,新增"保证合同""保理合同""合伙合同"等法

---

① 《新名词辞典》,春明书店,1949。

律用语；之前在讨论中，人大法工委同志提出拟用新词"抢控"……所有这些，都折射出法律语言嬗变的历史足迹。

既然法律语言处于演进之中，法律语言的走向就值得关注。

《北京日报》刊登了一篇题为《让"法言法语"更接地气》[①]的文章。该文指出法律词语"轻伤"与百姓说的"轻伤"含义有别，并提出："让'法言法语'更接地气，也是未来值得发力的方向。"言近旨远。我由此想起，1952年5月21日《人民日报》刊登读者来信，批评司法文书仍存"无诿卸余地""以昭平允"等旧式说法[②]。

可见，让法律语言贴近百姓、更接地气，一直是民心所系。

多年前，我参加国务院法制办会议，法制办同志谈到，曾邀语言学大家吕叔湘等对法律语言提建议。出乎人们意料，大专家提出的竟然是"小建议"——将某些法律用语调整为极寻常、极好懂的普通词儿。这体现出学者的人民情怀，更映现出法律语言走向民众乃人心所向。

一百多年前的"五四"时期，兴起了"白话文运动"。但该运动数十年间蜗行牛步，新闻媒体一直踟蹰于

---

① 《让"法言法语"更接地气》，《北京日报》2022年6月24日第3版。
② 《五四以来汉语书面语言的变迁和发展》，商务印书馆，1959，第41页。

半文半白的语言泥淖。直至1949年新中国成立,白话文才真正获得空前胜利!晦涩凝滞的旧语为之一变,代之以明白如话、平易近人、晓畅易懂的新时代白话。这是因为,共产党是一心一意为人民服务的,方针政策要让百姓易解好懂。

新中国的法律不同于《钦定大清律例》及民国民法,是面向人民、为了人民的,故"法言法语"宜抵近庶民,在可能的情况下,尽量让群众好读好懂。

《中华人民共和国民法典》中《关于〈中华人民共和国民法典(草案)〉的说明》里提到,将原《婚姻法》中"哺乳期内的子女,以随哺乳的母亲抚养为原则"修改为"不满两周岁的子女,以由母亲直接抚养为原则"。从语言视角来看,这个调整,让人民群众好懂多了!

多年来,我在审校法律文本中,时见"始得"一词。《现代汉语词典》《辞海》等工具书均查不到,文言色彩也重。若改为易于理解的"才能",黎民一看就懂。再如,《民法典》第七百七十条中的"定作"若写成"定做",更易于公众理解——现在的辞书一般采用"定做"的写法。第七百六十七条中的"无需"若说成"不需要"或"不需"更好些。口语中"需要"的否定形式是"不需要"(也简洁地说"不需"),这么说更便于民众解读……

其实,在语言的平民化方面,其他领域也需注意。文学巨擘夏衍1955年12月1日在《人民日报》发表《文艺工作和汉语规范化》一文,抨击电影对话中存在

"鉴于""且有""但在""则有"等群众"不容易听懂的、或者容易误会的文言词汇和句法"。

在新的时代，让"人民好读好懂"成为法律语言的重要走向之一，必然受到广大群众的热烈拥护和衷心欢迎。

"社会称谓"的变化

社会生活中流行的对陌生者等的称呼，可以称之为"社会称谓"。新中国成立以来，社会称谓经历了从"同志"到"师傅"再到亲属称谓三个历史阶段。

大约从20世纪80年代开始，"师傅"的称谓风行九州，盛极一时，社会上不论对谁都称"师傅"。一位语言学者在课堂上抨击时髦的"师傅"说，不应把警察也称"师傅"。

由于"师傅"用法的泛化，有的词典对其释义增加了"对一般人的敬称""某些地区对成年人的称呼"等说法。而《现代汉语词典》对"师傅"的解释，从试用本到现今的第7版，都一直是两条：①工、商、戏剧等行业中传授技艺的人。②对有技艺的人的尊称。从近些年社会称谓的变化来看，《现代汉语词典》的"坚守"有远见之举。

在新时代，"师傅"独霸天下的局面悄然生变。过去在北京街头，问路时几乎都称"师傅"；而今，时常听到的是"大爷""大叔""阿姨"。在展览馆，问事儿的年轻人称保安为"大哥"；在菜市场，年轻女顾客称女摊主为"大姐"；在超市，中年男子问年长顾客："老哥，您结完账了吗？"……亲属称谓随处可闻，处处登场，"师傅"默然后退。

亲属称谓之外，"老师"也迈出校园，走进社会。常听见年轻演员对老演员、年轻歌手对老歌手、年轻编辑对老编辑、年轻记者对老记者等称"老师"。"老师"进入社会，透露出新时代民众像学生尊敬教师一样尊敬有学问、有技能的人，人们更加看重知识和技艺，更敬重掌握它们的人才。细心的读者会发现，《现代汉语词典》中"老师"的注释从原先的"尊称传授文化、技术的人"补充为如今的"泛指传授文化、技术的人或在某方面值得学习的人"。这一调整符合时代潮流和社会的实际用法。

新中国成立以来的七十余载，社会称谓经历了三个阶段：第一个阶段，人与人普遍称"同志"，"张同志""李同志""老同志""小同志"无日不闻，如影随形；第二个阶段，"师傅"漫天飞舞，不论遇到什么人，均称"师傅"；第三个阶段是近二十来年，亲属称谓、"老师"接踵而至。在第二、三个阶段，"同志"较多地用于工作语境，常表现为一种"工作称谓"。

综上所述，可以洞见：

社会称谓的嬗变真切映示出社会心理的流变。从

"同志"转换到"师傅",映现出从"以阶级斗争为纲"到"以经济建设为中心"的观念转轨;从"师傅"转换到"亲属称谓+老师",呈现出在新时代,"合作互助、携手奋进"和"崇尚知识、重德重才"的理念,已经成为当代波澜壮阔的思想洪流,被全社会普遍认同。社会称谓是社会思潮的一面镜子。

社会思潮深刻地影响并引导着社会称谓。奔流不息的社会思潮潜移默化地导引着社会称谓:企盼科技、经济大发展的社会思潮引发"师傅"红极一时;希冀增强"向心力"的社会思潮促使亲属称谓遍地开花;愈益尊重知识和技能的社会思潮推动"老师"进入新天地;更加敬仰德才兼备著名人士的社会思潮,促使众人称德高望重者时重拾"先生",例如称"人民艺术家"国家荣誉称号获得者郭兰英为"郭兰英先生"……一本语言学词典解释"禁忌语"时揭示,旧时代的北京,两位先生见面常互称"二哥"而不称"大哥"。因为"二哥"让人想起伟岸的打虎英雄武松,而"大哥"使人联想到五短身材的武大郎——民间崇尚英雄人物的社会思潮使然。社会思潮是社会称谓衍变的引领者。

社会称谓折射出人际关系状况。《红楼梦》第五十二回中,丫头直呼"宝玉"而不称"二爷",透露出宝玉跟丫头们十分和洽;第五十八回中,黛玉直呼宝钗"姐姐"而不称"宝姐姐",显露出此时两人已颇为亲睦。

在今后的岁月里,只要留意,定会窥察到社会称谓在社会生活方方面面映现出的许许多多人际关系新况,从而使我们透过这"一滴水"获悉,在蓬勃发展的中国社会里,团结友爱、互敬互助的人际关系日渐成长。

(原载《光明日报》2020年4月25日,有删改)

"家国情怀"的内蕴

常在媒体上看见"家国情怀"一词,但其确切含义是什么?需先了解"家国"的意思。《汉语大词典》中有"家国"一词,释义为"家与国。亦指国家",还列举了古代用例。这表明,古来"家国"有二义:"家和国"与"国家"。

"家国情怀"中的"家国"是其中哪个?来瞧瞧社会生活中的实际用例。在网上搜出几千条"家国情怀",根据句意能断定其中"家国"之义的,呈现为两类。一类如:

(1)一代又一代中国共产党人许党许国、践行誓言、矢志不渝的家国情怀和革命风范,成为后辈探寻史迹坚定信仰的精神力量。

(2)他身上蕴藏着中国知识分子深厚的家国情怀。这种情怀,使他将人生的价值附丽于祖国的前途命运,将个人的分量置于国家的天平上衡量。

（3）他便在这种强烈的家国情怀感召下，拿起刻刀用这件作品来表达自己的喜悦之情和爱国之情。

（4）传承家国情怀，进而凝聚民族复兴的伟大力量，只有国家强大起来，永久和平才会成为愈发切近的希望。

以上4例中的"家国"指"国家"，"家国情怀"表"国家情怀"，更准确些说，是"以国为家的情怀"，也就是爱国情感。

另一类如：

（5）我想，人人都有家国情怀，爱国爱家不需要理由，爱国情怀最没有代沟。

（6）关键要从娃娃抓起，从校园抓起，要培养广大青少年学生的家国情怀，让爱党爱国爱家成为一种思想自觉和行动自觉。

（7）老舍先生作品里的家国情怀、俯下身子关注民生的平民视角及国际视野让他成为作品被改编最多的作家，老舍应该成为北京最知名的戏剧文化品牌。

（8）它们都是凭借一个牵动人心的故事来传达家国情怀，以真情实感来打动观众，同时也让我们学会如何对待自己的家庭，如何对待自己的国家。

这几个例子中的"家国"均表"家和国"，所言"家国情怀"系"爱家爱国的情愫"。

社会生活中的两种用法恰好跟《汉语大词典》中

"家国"二义相合，也就是说，人们笔下"家国情怀"的"家国"承袭了前人的两个传统词义。

虽然"家国情怀"有两种语义指向，但从大量实例来看，表"以国为家的情怀"者居多，更为常见。

这是为何？我思量，在为实现中国梦而奋斗的岁月，祖国和人民需要"以国为家"的豪情壮志，需要千千万万个赤心报国的志士。

必须指出，用"家国情怀"表示"以国为家的情怀"时，隐含了一个重于泰山的意念——"国重于家"。

回眸往昔，数千载历史长河中，甘愿为国奉献的豪俊英杰，无不秉持"国重于家"的信念。霍去病的千古名言"匈奴未灭，何以家为"，岳飞面对奸佞袒露出背上所刺的"尽忠报国"，都蕴含了不可撼动的"国重于家"的铮铮铁骨。更不用说近现代为民族解放和人民革命而牺牲的无数先烈了。

饱含"国重于家"深情的"家国情怀"，映现出中华民族世代传承的心怀社稷、舍身报国的理念根脉和精神灯塔。

鲜活词语为时代而萌生。"家国情怀"正激荡于无数为国埋头苦干的人们心头，鼓舞他们在脚踏实地的跋涉中披荆斩棘、砥砺前行。

（原载《光明日报》2018年7月15日）

文稿推敲词语的思路

修改文章，常需推敲词语。我记起一些有趣的经历，对推敲词语的思路，颇具启发性。

近十年前，去全国人大法工委，参与审阅南京大屠杀国家公祭日有关文本。我知道"遇难"一词《现代汉语词典》等的用例指交通事故，便建议将公祭日名称中的"遇难"改为"死难"。坐在对面的法工委同志皆不赞成。转瞬到了公祭日，在家看电视，清晰地听到国家主席念的是"死难"！数月后见到人大法工委同志，询问原委。他告诉我，本不欲在活动名称上有"死"字，后反复讨论研究，觉得还是"死难"妥当。为了一个字的调整，如此下功夫，让人赞佩。这揭示出词语调整思路之一——追求准确性。

一年前，在电视上看到外交部发言人说："期间，……"于是向外交部办公厅有关同志建议："期间"最好不要处于句首。令我惊叹的是，翌日发言人就改为"会议期间，……"真快！忙发微信点赞。我给他们举了这样的例子："农忙期间、春节期间、抗战期间"（《现代汉语词典》）、"会议期间、演出期间、放假期间、抗战期间"（《现代汉语学习词典》）等。这是最普通、最常见的用例。这揭示出词语调整思路之二——合乎社会一般用法。

近半年来参加《标点符号用法》修订研讨，修改提议常引激辩，但我的两条建议未遇反诘，被顺利采纳。一条是某括注中说"反问""设问"是"疑问类型"。"反问"用来加强语气，"设问"用于提醒注意，都不表疑问。疑问的类型有四种：是非问、特指问、选择问、反复问。因此，删去"疑问类型"。众皆点头称是。这揭示出词语调整思路之三——涉及归属，须合乎一般分类习惯。

另一条是，我提议将"（书名号套用时）按'双书名号—单书名号—双书名号—单书名号'的顺序使用"调整为"按双、单相间的方式使用"，亦获颔首赞许。这揭示出词语调整思路之四——表述论点，应力求简洁。

几年前春天"两会"之前，应邀赴全国人大审校领导人讲话。我要了本《现代汉语词典》，将一些词语、标点予以调整，使之更为准确。这些意见均被接受，唯一拒绝的一条，不仅至今难忘，且深受启发。根据《出版物上数字用法》，我提出用千分撇给多位数分节。但人家说："这样容易让领导人看出两个数。"回去细思，颇觉有理。这揭示出词语调整思路之五——讲稿须奉行"方便读稿者原则"。

词语调整回避不了错字问题。郭沫若对此有精彩感言："《青铜时代》和《十批判书》都由我自己校对了几遍，但终不免仍有错字，深感校书之难。"有四个特殊部位，极易成为删汰错字的盲点：1. 标题。当年国家语委《语文建设》曾报道云南楚雄消息。刚印出来，有人念："fén 雄……"只见标题中"楚雄"赫然错为"焚雄"。多人过目，竟未检出。2. 作者名。一次校对一篇文言色彩重的文章，反复核查，谅无差错，却未注意作者姓氏"侯"讹作"候"。3. 注释。在某刊工作时，页面底部横线下脚注中"斯大林"误为"斯大斯"。部位冷僻，故成"漏网之鱼"。大家赶紧给数千杂志贴条更正，忙到夜阑。4. 引文。曾在《北京日报》写了近十年散文随笔，每次发稿前都通读数遍，从未出错。只有一次出了纰漏，印象极深。编辑忽然打电话问稿中一字，一查系错字，是引文中的。读稿总是斟酌自己话语，引文是"死的"，眷顾甚少。恰是这"死东西"易出谬误。

词语修饰也牵涉文风追求。在新时代宜提倡清新自然流畅的文风，具体说，就是以口语语体为主，以书面语语体为辅。也就是在口语为主轴的语句中，根据表达需要采用书面色彩的词语。这样做的好处是——既晓畅明白，让人民群众好读易懂；又不失文采，斐然成章。文稿调整词语时注意到这一点，势必将文章擢升到一个上乘层次。

现今文稿词语调整甚受关注，我对其历史背景有切身感受——

20世纪60年代到90年代初，在"文改会"（即"中国文字改革委员会"，国家语言文字工作委员会前身）宿舍大院儿，从未听说社会单位邀请谁去讲语言文字规范及应用，静如止水。90年代初我到国家语委工作，从90年代末开始，直至如今，我多次受邀赴中共中央办公厅秘书局、总政、外交部、光明日报等单位讲语言文字规范及应用；受邀在《人民日报》（海外版）等媒体写语言文字专栏；不断回答央视等单位的语言文字问题；参与国家新颁布法律的审校；等等。鲜明巨大的反差折射出社会的进步和文明程度的提高，以及对高品位书面表达的渴望和追求。随着社会的快速发展，这一眷注文稿词语调整的趋势必更加彰显。

趣话传统书信的敬辞和格式

有篇文章说，某著名学者收到一封信，他见信封上写着"谨启"二字，不悦，没回信。

这个"谨启"的意思是，让收信人恭恭敬敬地拆开信。写信人没搞懂"谨启"含义而致误用，学者自然不快。

令人哑然失笑的是，这篇文章指出"谨启"的错误后，给出的纠正方法也属谬误。其"药方"是：将"谨启"改为"台鉴"或"钧鉴"。

"台鉴""钧鉴"是用在信的开头收信人姓名之后的。如信的开头说"王军先生台鉴""张建国先生钧鉴"，其后是冒号。"台""钧"都是敬称。"台"在古代指"三台星",后来用于指"三公",即太师、太傅、太保。再后来,用来表示敬称,如"兄台"。"钧"曾用于指国家政权,后来也成敬称,如"钧安"。"鉴"最初指镜子,后有"审查"义,常用在书信中表示尊敬地请对方读信。

也就是说,"台鉴""钧鉴"的使用位置是书信开头称呼语之后,而不是信封上。

信封上常用"启",表示请收信人拆开信封。常见的敬辞有"台启""钧启""亲启"等。

另外,在信的末尾署名之后,为表敬意,还可以说"敬启""谨启"等。请注意,这儿的"启"跟上面说的信封上的"启"意思不相同,这里的"启"是"陈述"的意思。

传统书信信封上的字,是竖行写的。信封右上写收信人地址。信封中间写收信人姓名,收信人姓名要写大些,不能挤在一起,要舒朗些,字迹端正。姓名下面隔开一点写"先生启"。信封左下竖行写寄信人地址,地址后写寄信人姓氏及"缄(jiān)"字。如寄信人姓"王",则写"王缄"。"缄"是"封闭"的意思,这里是指给信封封口。

信的内容现在一般横行(háng)书写,特别是用电脑打字写信采用横行书写更为普遍。在最上面一行(左侧)顶头写收信人姓名及上文提到的"台鉴"等敬称,之后用冒号。新的内容另起一行空两字开始写。

信的末尾要写祝颂语。写的格式以前也不大一致,比较流行的是空两字写"即颂"等,然后另起一行顶头写"台祺"等。"祺"表"吉祥"或"福气"。

如果收信人是父母,可以写"恭请/金安""敬请/福安"等;若是其他长辈,可以写"敬请/钧安""恭请/崇安"等;若是师长,可写"恭请/教安""敬请/道安"等;若是平辈朋友,可写"敬颂/大安""此颂/台绥"等。

信的末尾署名之后,除了可以写上文提到的"谨启"等外,若收信人是父母,可以写"谨禀""敬叩"等;若是其他长辈、师长,可以写"谨上""敬上"等;若是平辈,可以写"鞠躬""顿首""上"等。当然,也可以不写。

"一方面……,(另)一方面"的规范使用及新用法

"一方面……,(另)一方面"是文稿中常见用法。用时要注意根据表意选用标点。看下面两个例子:

(1)一方面努力增加生产,一方面坚持厉行节约。
(2)一方面要提高质量;另一方面要努力创新。

这两个例子中的标点都是正确的，但从表意来说，有所不同。例（1）是常态用法，（2）则是着意强调两者的并列关系，所以用了分号。

还要注意标点的规范性。例如：

（3）这种悲与喜、苦与乐对比形成的情绪反差一方面为悲壮的战争主题注入了一股沁人心脾的暖流，另一方面彰显了志愿军战士在面对外敌时所表现出的大无畏精神与革命情怀。

例（3）中"一方面"前没有用逗号，直接跟前面主语相连，所以"另一方面"前的逗号是正确的，句子只有一个层次。

（4）一方面坚持历史的、人民的、艺术的、美学的四个维度的评判和鉴赏；另一方面，与时俱进，建立科学规范的评价标准，发挥文艺评论激浊扬清的功能，助力网络视听精品创作。

例（4）中"另一方面"开始的后一分句中出现了逗号，所以两个分句间用分号，以分清层次。

*（5）如今，该产品实现从"走出去"到"走进去"，一方面彰显了中国品牌全产业链的升级以及中国品牌力量的强大，另一方面也为当地提供就业机会、拉动当地

"一方面……,(另)一方面"的规范使用及新用法 211

经济增长,体现责任担当。

例(5)中"一方面""另一方面"前都用了逗号,为分清层次,"另一方面"前宜用分号,用逗号是错误的。这种句子若前后分句中都使用逗号,再加上"另一方面"前的逗号,就会造成整个句子"一逗到底"的弊病。

*(6)一方面,经过宗主国的长期殖民统治,这些新独立国家在经济上严重依赖宗主国,经济剩余被宗主国通过不平等交换攫取。经济严重畸形,走独立自主发展道路举步维艰;另一方面,宗主国在殖民统治结束后,加速资本、技术、设备的撤离,同时利用跨国公司等,控制新独立国家的经济命脉,旧殖民主义还未彻底瓦解,新殖民主义又雪上加霜。

例(6)在"另一方面"前用了分号,而"一方面"开始的分句中在"攫取"后用句号,是舛误——用分号隔开的部分中不宜用句号。

(7)许多欧洲企业处于进退两难的境地:一方面离开俄罗斯将对自身经营造成直接负面影响,另一方面留在俄罗斯将面临越来越多的政治经济风险。

例(7)中"境地"后的冒号表示后面是解说的成

分。只有一个层次,"另一方面"前用逗号是正确的。

(8) 这些年他的成长可以分为两个方面:一方面,通过刻苦自学,从一个对现代会计学一无所知的练习生,成长为会计学著作的著述者;另一方面,他的思想觉悟有很大提高,决心用毕生精力,为国奉献。

例(8)是总分复句,"这些年他的成长可以分为两个方面"是总说,冒号后是分说。由于两分句中出现逗号,"另一方面"前用分号是正确的。

下面谈谈近些年"一方面……(另)一方面"出现的若干新用法:

一、用"一方面""另一方面"并列的两部分中有一部分较长或两部分都较长,其间用句号

例如:

(1) 一方面,好民之所好,做好造福人民的实事好事长远事,切实做好一个地方的民生事项,像焦裕禄、谷文昌、杨善洲、黄文秀、廖俊波等同志那样,真抓实干解民忧、纾民怨、暖民心,不慕虚荣、不务虚功、不图虚名,切实做到为官一任、造福一方。另一方面,恶民之所恶,人民反对和痛恨什么,我们就坚决纠正和防范什么。

例(1)"一方面"开始的部分比较长,所以"另一方面"前用了句号。

(2)一方面是因为科学人物传记片的创作门槛较高,要求主创具备一定的科学知识储备、充沛的学习热情、较高的学习能力以及必要的艺术造诣,处于科技前沿领域和学术顶端的大科学家,只有花大力气将深奥的理论和技术概念转化为通俗易懂的语言,才能让观众真正理解这些科研项目的艰辛和科学事业的意义。另一方面,创作者对此类电影的认知定位有些模糊。只有在将各类电影作品加以深入细致的比较,彻底弄清楚此类电影在表现上的特点和在结构上的特点之后,才能归纳出此类电影真正的特殊之处,并因此采取相应的特别的表现手法。

例(2)"一方面"跟"另一方面"开头的部分都比较长,各自的独立性比较凸显,其间用句号是合理的。

二、用"一方面""另一方面"开头的句子充当段首标题

例如:

一方面体现在老旧小区与乡村地区公共体育设施功能较为单一。其主要依附于公共健身广场或社区活动中

心,以简单的机械健身设施为主,大多数健身设施陈年老旧,利用率低,缺乏青少年儿童活动场地,室内活动场地与多功能室外球类场地配置较少。仅初步解决了公共体育设施"有没有"的基本问题,没能充分考虑到其在实际利用过程中"好不好、优不优、利用率高不高"的现实问题,而这恰是关乎民众健身体验的重要方面。

另一方面体现在公共体育设施类型结构不合理。针对青少年、儿童需求建设的场地设施偏少,且基本未关注到老年人、残疾人群体的健身需求。我国体育场地数量前3位分别是篮球场、全民健身路径、乒乓球场地,相较群众参与度较高的游泳、足球、羽毛球等场地设施,数量明显偏少,且适老化与无障碍化建设尚需补齐短板。

此例中,"一方面""另一方面"引领的句子分别出现于段首,其后用句号。这样,它们就成为具有小标题性质的句子。这种情况下,"一方面""另一方面"后可用逗号,也可不用。

三、在段落中或段首单独使用"另一方面"

例如:

(1)当时,飓风给这一地区带来了高达150厘米的降水量,远远超过了过去的记录。特伦伯思发现,当时墨西哥湾温度极高的海水比正常情况下产生了更大的蒸发量，直接导致了过多的降水。另一方面，奥托和同事也进行了独立的分析，结果表明气候变化致使降水量增加了15%。

例（1）叙述一段话之后，觉得还有另一个方面是与上述所说并列的，于是采用了"另一方面"的说法。

（2）我们在野外有很多工作，比如说去做珊瑚礁修复，比如说再典型的就是种珊瑚。
另一方面，还比如说底质改造，比如说是沙地或者淤泥太多的地方，我们可能会把它底质做一些改造，使它适合珊瑚生长。

例（2）在段首用"另一方面"，是因为作者觉得下面所述不仅与上一段落所说是并列的，而且独立性比较强。

（3）谈到这次让亚运会金牌旁落，柯洁觉得最对不起的是队友和棋迷。……
但另一方面，本次亚运会围棋赛事，因为世界几大顶尖棋手的存在，也让围棋火出了圈。

例（3）中，段首使用了"但另一方面"，这是因为作者感觉下面内容不但跟上一段落相并列，且语意上有转折。

宜舍弃的旧写法

《现代汉语词典》某些词的用法中，有"旧同"某词的说明。意思是过去同某词，现在已经不这么用了。"旧同"往往不被人注意，故常引起误用。例如：忽略"分（fèn）""旧同'份'"，将"都闹到这份儿上了"（"份儿"表程度、地步）误写成"都闹到这分儿上了"；忽略"忿""旧同'愤'"，将"愤愤不平"误写成"忿忿不平"；忽略"戒""旧同'诫'"，将"告诫"误写成"告戒"；忽略"么（·ma）""旧同'吗'（·ma）（语气词）"，将"明天他来吗？"误写成"明天他来么？"；忽略"么（·ma）""旧同'嘛'（·ma）（语气词）"，将"这件事嘛，让我再想想"误写成"这件事么，让我再想想"；忽略"粘""旧同'黏'"，将"黏合"误写成"粘合"。

另外，有些"同"虽然《现代汉语词典》中尚未改为"旧同"，但实际上人们现在已经不大采用了，建议不用。例如："呵（·a）"虽"同'啊'（·a）"，但人们一般写"多好的天气啊"，不写"多好的天气呵"；"呆（dāi）"虽"同'待'（dāi）"，但人们一般写"我待会儿再去"，不写"我呆会儿再去"；"划（huà）"虽"同

'画'",但人们一般写"画一条直线""画上句号",不写"划一条直线""划上句号";"拣"虽"同'捡'",但人们一般写"在沙滩上捡贝壳",不写"在沙滩上拣贝壳";"吗(·ma)(语气词)"虽"同'嘛③'",但人们一般写"这件事嘛,我再考虑一下",不写"这件事吗,我再考虑一下";"呐(·na)"虽"同'哪'(·na)",但人们一般写"谢谢您哪",不写"谢谢您呐"。

值得注意的是,有的词没有"同某词"的注释,但常误用为某词。例如,"窜(cuàn)"没有同"蹿(cuān)"的注释,但"猫蹿到树上去了"常误写成"猫窜到树上去了";"勾(gōu)"没有同"钩"的注释,但"把床下那本书钩出来"常误写成"把床下那本书勾出来";"嘛(·ma)"没有同"吗(má)"的注释,但"干吗?""吗事?"常误写成"干嘛?""嘛事?"。

舍弃社会已经弃用的旧写法,有益于书面语的规范化。报纸、杂志、图书的编辑留意到此事,可避免同一个词儿,一会儿这样写、一会儿那样写的弊病。

"冬至"不是"冬天到了"的意思

有人以为"冬至"是"冬天到了"的意思,其实不是。"冬至"的"至"指"极点","冬至"意为"冬天的极点"。"冬至"这天黑夜最长，此后慢慢变短。"夏至"则是"夏天的极点"，这天白天最长，以后渐短。

"至"有"极"的含义，所以宋代朱熹说："至，极也。""极"常指"顶点"。成语"登峰造极"是说"登上高峰，达到顶点"，人们常用"登峰造极"来比喻事业取得最大成就。明代的张岱说："诗在唐朝，用以取士，唐诗之妙，已登峰造极。"（张岱《琅嬛文集》）意思是唐诗的精妙，已达最高顶点，后人无法超越。

古人认为，"冬至，阴之极"（唐·张守节《史记正义》），即冬至是阴气的极点；还认识到"阳至而阴，阴至而阳"（《国语·越语下》），即阳气达到极点时阴气会上升，阴气达到极点时阳气会上升。

这个说法中蕴含着"物极必反"的道理。"物极必反"指事物发展到顶点会反向转化。《史记》中记载，李斯帮助秦始皇统一天下后，当了丞相，他在家宴请文武百官时叹息："当今人臣之位无居臣上者，可谓富贵极矣。物极则衰，吾未知所税驾（指解下驾车的马，停放好车，即歇息之意）也！"意思是："我现在职位最高，可以说富贵到极点。但是，物极必反，我还不知道自己的归宿在哪里呢。"

"物极必反"的意识在中国人的思维中扎根很深。《红楼梦》中秦可卿给凤姐托梦时说："常言'月满则亏，水满则溢'，又道是'登高必跌重'……趁今日富贵，将祖茔附近多置田庄房舍地亩，以备祭祀供给之费皆出自此处，将家塾亦设于此。……便是有了罪，凡物可入官，这祭祀产业连官也不入的。便败落下来，子孙回家读书务农，也有个退步，祭祀又可永继。"她说的"月满则亏，水满则溢"就是"物极必反"的意思。秦可卿所提保证子孙安宁的措施，是在这一理念的指引下产生的。

跟"物极必反"相关的成语是"否（pǐ）极泰来"。"否""泰"是六十四卦中的卦名。"否"表凶，"泰"表吉，两者相对。

人们常用"否极泰来"指事情坏到头就会转化。《西厢记》里的红娘对张生说："亏你真心耐，志诚挨。小姐的心回意转，张生你否极泰来……"红娘是说，张生对爱情一片痴情，在崔莺莺的怀疑、嗔怪乃至训斥面前，始终坚执爱心不灰心，故最后能否极泰来，赢得芳心。

含"否（pǐ）"的另一常见词语是"臧（zāng）否（pǐ）"，义为"褒贬"或"评论"，"臧"表"褒扬"，"否"表"贬斥"，如"臧否人物"。

提到"冬至"，杜甫说："冬至阳生春又来。"（杜甫《小至》）意思是，冬至到了，阳气上升，天气渐暖，春天即将到来。这跟他的心境相关，这时老杜生活安定，心情舒畅，故诗句中包蕴着平静与欣悦。由杜甫这句诗想到英国诗人雪莱《西风颂》中的名句："如果冬天已经来临，春天还会遥远吗？"虽然都表示"冬去春归"之意，但两人风格迥异。杜甫诗歌多表现出深沉的忧思，敢于直面眼前的"悲惨世界"，但这句诗却显现出另一风格：从容而优雅，抒写出令人向往的大好春光。雪莱这句诗被评论为"以强烈的暗示性语言，对未来发出召唤"。在那个反封建压迫的年代,他的目光投向远方。诗句给所有与困难作斗争的人以勇气和信心,具有震撼人心的预言力量,自诞生之日起,便成名句。因此,恩格斯称雪莱为"天才的预言家"。

冬至这天,北方吃饺子,喝羊肉汤;南方煮汤圆,食酒酿丸子。品尝美食之际,品味一下"冬至",更有味道——自然界冬去春归,人世间否极泰来。

从"鼎力"的误用说起

在媒体上时或发现"鼎力"的误用。例如:

(1)市总工会鼎力促进劳动关系和谐发展。
(2)鼎力为全市人民提供优质便捷的精神科医疗卫生服务。
(3)浙江鼎力为世界互联网的思想盛宴搭建舞台。
(4)这是中国灾害研究的鼎力之作。

前三个例子中的"鼎力"实际表示"大力"。"鼎力"虽有"大力"义,但为敬辞,一般用于"请托"或"感谢"。譬如,1937年,为出版《鲁迅全集》,许广平致信胡适敦请"鼎力设法";事成之后,诚谢其"鼎力促成"。前一"鼎力"表"请托",后一个表"感谢"。也有用对的，如"今年，在黑龙江省政府的主导以及社会各方鼎力支持下……"。第四个例子中的"鼎力之作"意指分量重、影响大的作品，宜写成"扛鼎之作"。留意观察，会窥见忽略"鼎力"敬辞义的不在少数。

敬辞流传千古，是理念与言辞淬炼出的社交精品，是汉语中的华彩乐章。但时下往往有人淡忘这一祖传秘籍。例如，"光顾"是敬辞，商家用以称客人来到，如"欢迎光顾本店"，有人却说"我常光顾一家小餐厅"；"府上"是敬辞，用来称对方的家或老家，如"改日我一定到府上请教"，有人却说"中秋节请你到我府上喝酒"；"位"做量词时含敬意，如"欢迎各位代表"，有人却说"一位护士工作时注意力不集中，给患者多注射了药液"，甚至偶现"这时来了位鬼子军官"之类奇文。

在日常交际中，应重视敬辞的运用。提到自己的举动涉及对方时，宜用敬辞"奉"，如"下午我去开会，就不能奉陪了""这件事我明日当面奉告""借的几本书，下周奉还"。提到对方对待自己的行动，宜用敬辞"惠"，如"明天敬候惠临""如蒙惠允，不胜感谢""昨天收到惠赠的词典"……以便让话语更得体，更有礼貌和内涵。

跟敬辞相辅相成的是谦辞，如"过奖""拙著"。谦辞"家父"用来称自己父亲，不宜说"您家父……"。

敬辞跟谦辞合称敬谦语。在中华民族五千年的文明史中，逐渐形成完整的敬谦语体系。它映现出我们这个"文明古国""礼仪之邦"谦恭有礼的传统美德与和谐相处的言语范式，也展示出汉语精妙细腻的语言美。

（原载《光明日报》2017年1月15日）

标点符号

标点符号功能及当下使用中的几个问题

标点符号是汉语书面语中,辅助书面表达的符号系列。其作用是使汉语书面语更为清晰、准确。

一、从语音、词语、语法三个方面来看标点符号功能

1. 从语音方面观察

标点符号标示出语音的停顿、拖长、戛然而止和语调等。标示停顿可区分不同语义。如"货到,全付款"跟"货到全,付款"语义不同。准确标示停顿不仅使表义清晰,有时还传递出语言的韵致。如某作品描述飞流

而下的瀑布在风中消散,说:"如烟,如雾,如尘。"若改用顿号,写成"如烟、如雾、如尘",便顿然失色。标示语音的拖长实际是指某个音节的延长,如"同学们——你们好!"中是"们"字发音的延长。标示语音戛然而止,往往跟说话人情绪有关。如"'班长他牺——'小战士说着不禁哭了起来"中,"牺"后的骤停表现出小战士的悲痛心情。标点还可标示出陈述、疑问、祈使、感叹等不同语气的语调。

2. 从词语方面观察

标点符号标示出词语的性质、作用以及被强调等。如"《杜十娘》剧中杜十娘的命运引起观众同情"中加书名号的人名指剧作,没加书名号的指人物,性质不同。"他拿着一本书(昨天买的)"中,括号标示出其中词语的作用——补充说明。"这个工作需要创新"中,着重号标示出"创新"是被强调的。

3. 从语法方面观察

标点符号标示出词语的结构关系和结构层次。例如:

(1)陈梦/王艺迪在女子双打比赛中获得冠军。
(2)民族的形式,新民主主义的内容——这就是我们今天的新文化。
(3)老王给我发微信说:"送你一部《红楼梦》(昨天去王府井新华书店买的一部"程乙本"〔乾隆五十七年

（1792年）印刷的120回本〕为底本的《红楼梦》),已快递,请注意查收。"

（4）做,要靠想来指导;想,要靠做来证明。

例（1）用分隔号标示出"陈梦""王艺迪"结构关系紧密,是一个整体;与此相反,例（2）破折号后的"这"复指前面的"民族的形式,新民主主义的内容",这里的破折号标示出其前后没有直接的结构关系。例（3）用引号、圆括号、六角括号标示出不同的结构层次;例（4）用逗号和分号标示出复句的两个层次。

从语音、词语、语法三方面观察的,是标点符号的基本作用。标点符号的修辞或者说审美作用,则是对标点使用的美学观察所得,是附着于基本作用之上的附加作用。

二、标点使用中,当下几个值得注意的问题

1. 引号内句末点号的位置

先看例子:

他强调,"要坚决落实党中央和省委、省政府决策部署,压紧压实省州问题反馈问题整改责任,集中精力补短板、强弱项,坚决打赢打好'翻身仗',努力提升人民群众的幸福感和获得感。"

句尾的句号宜放在引号外。原因是：引语前的"强调"后是逗号。这时引语是句子的组成部分，把句号放在引号内，只表示引语的结束，不能表示句子的结束。如果"强调"后是冒号，引语成为独立使用的成分，这时句号可放在引号内。这是当下"常见病"。

2. 加引号的直接引语须明确交代说话人

时见未明确交代说话人之弊。例如：

"记得当时厂里如果外国专家半个月没来，设备就无法维修。"李建国说，后来大家在坚持自主创新上下足了功夫，铆足劲追赶世界先进水平，实现了历史性的飞跃发展。

引语后的"说""管后不管前"，只表明此后话语是谁说的，不能表明前面引语是谁说的。引语后使用"表示""介绍""认为""感到"等，同样会造成说话人不明的后果。例如：

"'八个坚持'明确了金融工作怎么看、怎么干，既有世界观，又有方法论，为我们提供了根本遵循和行动指南。"张经理表示，要坚定践行"金融为民"理念，不断拓展普惠金融服务的广度和深度。

句中"表示"同样"管后不管前"。有时引语后话锋

一转,直接叙事,也导致说话人不明。例如:

(1)"一定要尽全力抢救。"专家会诊后,医护人员进行了紧张的抢救,患者病情逐渐稳定,母子平安。
(2)"你好!请出示一下身份证并登记手机号码。"在江苏省南京市鼓楼区的"宁青驿站",一位戴眼镜的小伙拉着行李箱走到前台办理入住手续。

例(2)从下文可揣度出说话人,(1)则难以揣测。常说表达宜"准确、鲜明、生动",从"准确"角度说,两例都应明确交代说话人。

因此,引语后的"某某说""某某表示"等,其后宜用句号。例如:

(3)"那时大家都不看好我,也没人相信我的经营模式和经营理念。"他说。
(4)"看到山村孩子们的学习一点点进步,感觉自己的付出是值得的。"邹勤洪表示。

如果引语后继续介绍说话人想法,宜在交代说话人后进行,如:

(5)"这个办法很有效,我们将继续坚持,并在实践中不断改进、创新。"刘继中说。他表示,今后还将吸纳新的人才参加这项研究。

3. 序次语不宜混用

"第一……第二""首先……其次"等序次语是各自独立的一套,不宜混用。"第一,……其次,……""首先,……第二,……"之类序次语混用的说法不规范,不宜采用。

4. "双、单相间"规则的运用

引号中又有引号,书名号中又有书名号,这就是套用。为清晰起见,须"双、单相间"。"双、单相间"其实是一种规则,或者说是一种思想,意在区分。请看例子:

(1)小李说:"小张一再叮嘱:'给我带两个"驴打滚儿"。'"

(2)他的论文《试析〈文选·屈原《离骚》〉》获得好评。

但是,如果套用的引号被括号、书名号隔开,关系清楚,不必再用"双、单相间"方式区分。例如:

(3)《孟子·告子上》:"虽有天下易生之物也,一日暴之("暴"同"曝"),十日寒之,未有能生者也。"(《现代汉语词典》)

(4)妹妹说:"我昨天也去买了《哈利·波特与"混血王子"》。"(校对标准论坛)

分析句中引号、书名号套用情况时，需从外向内一对一对"盯住"观察，方洞明结构关系。

5. 表示总说、分说的复句，总说后不宜用逗号，宜用冒号

例如：

动物吃植物的方式多种多样：有的是把整个植物吃掉，如原生动物；有的是把植物的大部分吃掉，如鼠类；有的是吃掉植物的要害部位，如鸟类吃掉植物的嫩芽。

这个复句开头的"动物吃植物的方式多种多样"是总说，故其后用冒号，后面是并列的分说。时或看见有人将这里的冒号误写成逗号，不妥。——这种做法抹杀了复句中的总、分关系。

6. 段首独立引用的诗句等，句末句号宜放引号内

段落开头引用的诗句、谚语、名句等末尾的句号，有的放在引号内，有的放在引号外。例如：

（1）"欲穷千里目，更上一层楼。"……
（2）"一年之计在于春。"……
（3）"虚心使人进步，骄傲使人落后"。……

比较起来，（1）（2）做法比较好，因为引文是独立引号的，而不是充当句子成分。

三、正确使用标点符号，益于书面语准确表达

1951年10月5日中央人民政府政务院发布的《关于学习标点符号用法的指示》指出："目前全国各级政府机关文件和各种出版物的稿件所使用的标点符号，混乱很多，往往有害文意的表达……"所以，学好、用好标点，有益于书面表达，可更精准地表情达意。例如：

（1）微笑是笑之国度里的国王；微笑是笑之花海中的牡丹。

两个并列的分句内部都没有逗号，分句间用逗号是常态；而（1）用分号与常态不同，显示出强调并列关系的意向。

（2）好在她现在已经再没有什么牵挂，太太家里又凑巧要换人，所以我就领她来。——我想，熟门熟路，比生手实在好得多……

例（2）说话人在"所以我就领她来"后本想说"她在鲁家干过活儿，情况都了解……"，但为表达简洁，省去了，直接说后面的"熟门熟路……"。这里的破折号准确标示出语意上的跳跃。

值得注意的是，不掌握标点符号用法，不仅不利于写与读，还会在古籍加注标点时出现失误。请比较：

（3）猛听黛玉直声叫道："宝玉！宝玉！你好——"说到"好"字，便浑身冷汗，不作声了。(《红楼梦：名家汇评本》第九十八回，北京图书馆出版社，第751页）

（4）猛听黛玉直声叫道："宝玉，宝玉，你好……"说到"好"字，便浑身冷汗，不作声了。〔《红楼梦》（全二册）第九十八回，人民文学出版社，2008年7月第3版，第1186页〕

例（3）中"你好"后用破折号，（4）中"你好"后用省略号，标点不同。这是林黛玉在《红楼梦》中说的最后一句话。在她生命的最后时刻，远处传来宝玉迎娶宝钗的乐声。她想起跟宝玉一起作诗，一起读《西厢》，一起说酒令，以及多少花前月下的倾谈。尤难忘宝玉诉肺腑、赠罗帕、雨夜相探……说不尽的浓情蜜意，一时间荡然无存，心上情郎竟成他人夫婿。怀想、怨尤、悲愤、绝望一齐涌上心头，激情难抑，一时哽咽，导致话语骤然中断。例（3）用破折号精确标示出黛玉话语的中断。破折号有标示话语中断的作用，而省略号无此作用，故（4）中的"宝玉，宝玉，你好……"会令读者误解为"你好"后还有话，只是省略了，从而不能准确读出黛玉生命最后时刻情怀激动引致的话语戛然而止。

1955年新中国召开了首次"现代汉语规范问题学术会议"，罗常培、吕叔湘在大会所作报告《现代汉语规范问题》谈及标点符号，发人深省："单就书面形式说，还有两个问题：一个是异体字和生造字的问题，另一个是标点符号的问题。这些个问题，从语言规范的角度来看好像只是次要的问题，但是在报刊和出版社的编辑部和校对科是异常严重的问题，浪费的人力可惊，而在读者方面还是有意见。"罗、吕先贤的深刻见解，至今仍具启示意义。

标点符号某些用法中的细节

本文就标点符号某些用法中应注意的若干细节进行举例说明，希望引起读者注意。

一、叠用、连用、套用

问号、叹号有时叠用。例如：

（1）这么一来两者还有什么区别？？
（2）我们必须赶过去！！

虽然问号跟叹号都可以叠用三个，但现在一般叠用两个。问号、叹号有时连用。例如：

这些困难就能吓住我们吗？！

值得注意的是，问号、叹号分别叠用（两个），以及二者连用，都宜占一字位置。引号套用时，一般采用"双、单相间"的方式。例如：

他说："我听见小李说：'大雁排成"一"字飞了过来。'"

如果套用时被括号隔开，因结构和层次一望而知，可不用改变。例如：

他说："这件事（指此前发生的"误撞"）已经解决了。"

2011年版的《标点符号用法》指出："必须套用括号时，宜采用不同的括号形式配合使用。"这透露出一个规则，引号套用时的改动是为了避免结构混淆。故此，虽有套用但被隔开后结构关系清楚，不改动更好些。当然，有人予以改动，亦可。譬如，下面第一组的A、B及第二组的A、B、C、D都不算错：

第一组：

A. 他说："我会背《水调歌头·游泳》（我最欣赏其中的"胜似闲庭信步"一句）。"
B. 他说："我会背《水调歌头·游泳》（我最欣赏其中的'胜似闲庭信步'一句）。"

第二组：

A.（《涪江泛舟送韦班归京（得山字）》）
B.〔《涪江泛舟送韦班归京（得山字）》〕
C.〔《涪江泛舟送韦班归京（得山字）》〕
D.（《涪江泛舟送韦班归京〔得山字〕》）

第二组的不同写法宜根据局部体例来选择。

二、破折号与话语的中止、转换、稍停、跳跃

破折号有时用来标示话语中止、话题转换、话语稍停、语意跳跃。

1. 标示话语中止

例如：

（1）"班长他牺——"小马话没说完就大哭起来。
（2）猛听黛玉直声叫道："宝玉，宝玉，你好——"
（3）门开了，一位大婶走了出来，说："哦！您好，您是——"

例（1）和（2）都是说话人感情一时激动而喉头哽住，引起语塞，话语便中止了。例（3）的话语中止表示询问的语意。

2. 标示话题转换

例如：

（1）"今天好热啊！——你什么时候去上海？"张强对刚刚进门的小王说。

（2）"好香的干菜，——听到了风声了么？"赵七爷站在七斤的后面七斤嫂的对面说。

例（1）和（2）中的破折号都标示话题的转换。也就是说话时突然把话题改换到与原话题不相干的另外的事情上。

3. 标示话语稍停

例如：

（1）亲爱的妈妈，您不知道我多爱您——还有你，我的孩子！

（2）然后他呆在那儿，头靠着墙壁，话也不说，只向我们做了一个手势："放学了，——你们走吧。"

例（1）是在补充说明的话语前稍停。例（2）是因心情沉重而话语稍停。

4. 标示语意跳跃

例如：

（1）回到家，把事情讲给妈妈听。妈妈听得又急又气，最后与我一同笑了，笑完又骂我："你这傻女，让你不要管闲事，惹祸上身，现在的人，你以为——以后不要再傻了。"

（2）好在她现在已经再没有什么牵挂，太太家里又凑巧要换人，所以我就领她来。——我想，熟门熟路，比生手实在好得多……

例（1）说话人在"你以为"后本来想说"谁都像你一样"，但为了表达上的委婉，话到嘴边没说出来，而直接说后面的"以后不要再傻了"。这里的破折号标示出语意上的跳跃。例（2）说话人在"所以我就领她来"后本想说"她在鲁家干过活儿……"，但为了表达简洁省去了，直接说后面的"熟门熟路……"。破折号同样标示出语意跳跃。有人把这种语意上的跳跃称为"跃进"，但称为"跳跃"更为准确、清楚。

三、有两种并列关系间是否加顿号要注意

并列的引号、书名号之间可以不加顿号，也可以加顿号。应当注意的是，在一篇文章、一册书、一本刊物中宜保持一致。下面两种并列关系也存在同样问题。

1. 并列的括号之间

例如：

（1）例（33）（34）都是只有一个层次的复句，下面再看多重复句。

（2）成片土地开发，除附本条（一）、（二）、（三）、（四）项规定的资料外，还应附有开发总体规划。

（3）多音多义字，用（一）（二）（三）等分列音项……

（4）注解中的"(-子)、(-儿)、(-头)"表示该字可以加上这类后缀，构成大致同义的词，不另加注解。

（5）用［例］（或［例一］［例二］［例三］）表示。

（6）例如，【鸡肋】【跨灶】【烂柯】【莫须有】【三不朽】【小巫见大巫】【鞭长不及马腹】【无所不用其极】【郎不郎，秀不秀】【死诸葛走生仲达】【小不忍则乱大谋】……

（7）则此类标记在前，〈文〉〈方〉〈口〉等标记在后。

2. 并列的带圈数字、汉字之间

例如：

（1）一个词语有多个义项的，用序号①②③等表示。

（2）同一音项下有几个区别意义的反切，用㊀㊁㊂等分列。

（3）分项注解，用❶❷❸等表示义项。

（4）在大的义项之内设引、又处理。

这两种情况同样可加顿号也可不加顿号，但须在文本中前后保持一致。

一个每天都能看到的标点差错

有一种标点差错，几乎每天在报上都能看见。例如：

（1）正如用无处不在的石头，可造就许多迥然不同的建筑，每一座都自成风格，"其中的灵魂会对生命有真正的开启。"

这句话末尾的句号应放在引号之外。即改为：

（2）正如用无处不在的石头，可造就许多迥然不同的建筑，每一座都自成风格，"其中的灵魂会对生命有真正的开启"。

放在引号内，便导致全句缺少表示句子结束的点号。希望编校人员注意这个不起眼的小毛病。

有时候宜将引号前的逗号改为冒号。例如：

（3）老刘心里想，"这个孩子完全有可能成为一个出色的歌唱家，我差点儿犯了一个错误。"

（4）比起贸易战，他更担忧的是美国农业的未来，佩雷特坦言，"我不敢肯定下一代能比我们这一代农民过得更好。"

（3）中的"想"、（4）中的"坦言"后的逗号宜改为冒号。改为冒号后，不仅使句末的句号不用移动，而且使引语中的人称代词"我"显得自然、规范。即改为：

（5）老刘心里想："这个孩子完全有可能成为一个出色的歌唱家，我差点儿犯了一个错误。"
（6）比起贸易战，他更担忧的是美国农业的未来，佩雷特坦言："我不敢肯定下一代能比我们这一代农民过得更好。"

引号前逗号宜改为冒号的情况，有时候还需添加"他/她说"。例如：

（7）王先生很快收到了出版社李编辑给他寄来的《中国文学史》，"我去了两家书店都没买到这本书，没想到一个电话就给我快递到家了。"
（8）来哈尔滨开会的陈雪和同事们利用晚上的时间特意来中央大街逛一下，"这里的文化氛围很浓，虽然天特别冷，但是很热闹，很好看。"

例（7）宜在引号前加"他说"，例（8）宜在引号前加"她说"，其后都宜加上冒号。即改为：

（9）王先生很快收到了出版社李编辑给他寄来的《中国文学史》，他说："我去了两家书店都没买到这本书，没想到一个电话就给我快递到家了。"

（10）来哈尔滨开会的陈雪和同事们利用晚上的时间特意来中央大街逛一下，她说："这里的文化氛围很浓，虽然天特别冷，但是很热闹，很好看。"

这个问题，几乎每天都可以在媒体上看到。天天看到的差错，让人视而不见。

与"某某说"相关的标点

写文章时我们引用别人的话，常常用到"某某说"。"某某说"后面用什么点号，要根据"某某说"所处的位置来决定，即引语前、引语中间、引语后。

"某某说"处于引语前时，其后用冒号。例如：

（1）莎士比亚说："书籍是全世界的营养品。"
（2）老王说："好吧，这件事交给我，让他跟我联系。"

有时虽然没有出现"说"字，但明显表达出"说"的意思，也宜用冒号。例如：

（3）连长得知这些情况后，一脸严肃："借老乡的东西，用完一定要及时归还。"

（4）小王笑着点了点头："赞成，这也是我的想法。"

引语前若用逗号，有时会造成歧义。例如：

（5）老李迎了上去，举手招呼，"先吃早点吧。"小孙解开塑料袋，取出早餐。

例（5）中的"招呼"后用了逗号，使得引语"先吃早点吧"，可能是"老李"说的，也可能是"小孙"说的。"招呼"后改用冒号，说话人就明确了。

"某某说"插在引语中间时，其后用逗号。例如：

（6）"这场雨下得真及时。"老吴高兴地说，"你看，一下雨玉米长势多好！"

（7）"因为我是搞建筑的，"张健康说，"所以对文学史不太了解。"

插在引语中间的"某某说"后，不宜用句号或冒号。例（6）中"老吴高兴地说"后如用句号，只能说明前面引语是谁说的，导致后面引语未明确交代说话人。例（7）"张健康说"后如用冒号，只能说明后面引语是谁说的，导致前面引语未明确交代说话人。

"某某说"前面的引语末尾可以用句号，如例（6）；

也可以用逗号，如例（7）。"某某说"插在引语中间时，其前后的引语是同一个人连续说出的言语片段，是能够连读的。写文章的时候，将"某某说"前后的引语连读一下，就可以判断出前面引语末尾用什么点号比较合适。譬如：例（6）"某某说"前的引语是个完整的句子，所以末尾用句号，后面的引语是另起的一句；例（7）"某某说"前后的引语共同构成因果复句，前面引语是复句的前一分句，所以其后用逗号。

"某某说"处于引语后面时，"说"后一般用句号。例如：

（8）"那天我也去长安街了，不过不是参加游行，而是站在路口当标兵。"老王回忆说。

（9）"研制这个零件，没有参考资料，全靠我们自己摸索。奋战两年，终于搞出来了。"李工程师说。

如果"某某说"后的话语，是对说话人的某种补充说明，"某某说"后可以用逗号。例如：

（10）"有件事我忘说了……"他说，表情有点为难。

（11）"这个新品种是我们试验了好几年才获得成功的，今年亩产一定能增加不少。"老张说，脸上一副信心满满的样子。

同样处于引语后，下面两例的"某某说"后用逗号则不妥：

*（12）"采用剪枝的办法后，果实数量减少了，但个头变大了。"老王喜滋滋地说，这个办法效果非常好。

*（13）"在重重困难面前大家没有动摇，坚持试验，几经失败后，终于攻关成功。"刘主任说，这项新技术不仅追上了国外的先进水平，有的指标还实现了超越。

例（12）和（13）中，"某某说"是"管后不管前"的，是在交代后面间接引语的说话人。这就造成前面直接引语未明确交代说话人的毛病。这两例都宜在"某某说"后用句号，并作相应调整：

（14）"采用剪枝的办法后，果实数量减少了，但个头变大了。"老王喜滋滋地说。他指出，这个办法效果非常好。

（15）"在重重困难面前大家没有动摇，坚持试验，几经失败后，终于攻关成功。"刘主任说。他介绍，这项新技术不仅追上了国外的先进水平，有的指标还实现了超越。

虽然（12）和（13）的说法有时靠上下文可以揣度出说话人，但（14）和（15）规范使用标点后，可让读者一望而知直接引语的说话人是谁，而不用琢磨意会，比较妥当。

（原载《光明日报》2022 年 8 月 21 日）

公文语言

公文及法规写作中的语言文字问题

近年来,由于社会的进步、文明程度的提高,对公文语言和法规语言的要求也逐步提高,其中的语言文字问题日益受到重视。

一、重视公文及法规中语言文字的正确使用

写好公文、法规,从语言文字角度说,要规范使用词语、句式和标点。

1. 重视语言文字问题,有利于使表达准确

(1)×××执行安全保卫任务,可以采取以下措

施……

在"任务"后可加"时"。这样，可以清楚地表述出，只有在"执行安全保卫任务"的时候，"可以采取以下措施"，其他时间不可以采取这些措施。

（2）（武警乘坐的车辆）遇交通阻碍时，优先通行……

可在"优先通行"前加"可以"。武警乘坐的车辆遇到交通阻碍时，因为公务紧急，可以优先通行。没有紧急公务时，可以等候，不一定每次都需要优先通行。

（3）禁止以歪曲、贬损等方式使用非物质文化遗产。

"歪曲、贬损"的对象是非物质文化遗产本身，还是指用非物质文化遗产来贬损其他事物或人物？不论是哪种，都应清楚表示。

（4）县人民武装部必须按照规定对在本行政区域内登记的预备役军官，每年进行一次核对，并逐级统计上报。

"县人民武装部"只能将统计结果"上报"给自己的上级单位，难以再"逐级"上报。如要求逐级上报，应在对各级的要求中表述。

(5) 中止执行的情形消失后，行政机关应当恢复执行。

"中止执行的情形消失后"意思不明确，可在前面加上"引起"，改成"引起中止执行的情形消失后"。也可加上"导致""引致"或"造成"等。

(6) 对没有明显社会危害，当事人确无能力履行，中止执行满三年未恢复执行的，行政机关不再执行。

第三分句跟前面说的是同一个条件的组成部分还是单独的一个条件？如果是同一个条件的组成部分，可在"中止执行"前加"且"，改成"对没有明显社会危害，当事人确无能力履行，且中止执行满三年未恢复执行的，行政机关不再执行"。如果是另一个条件，可加"或"，改成"对没有明显社会危害，当事人确无能力履行，或中止执行满三年未恢复执行的，行政机关不再执行"。

(7) 按照参加军事训练、执行军事勤务的时间及其职务等级发给补贴。

按照一般用法，"及其"的"其"是指"及"前词语"时间"的，显然不通。可删去"及其"的"其"，改成

"按照参加军事训练、执行军事勤务的时间及职务等级发给补贴"。

（8）裁定不予执行的，应当说明理由，并在五日内将不予执行的裁定送达行政机关。

前面的"裁定"是"判定"的意思，后面的"裁定"则是"裁定文件"，即指文件。因此可在后面的"裁定"后加"书"，改成："并在五日内将不予执行的裁定书送达行政机关"，"书"有"文件"的意思。

（9）依法给予记大过、降级、撤职或者开除的处分。

"依法给予记大过、降级、撤职或者开除的处分"中，几个处分措施不是并列的，是依次加重的，是递进关系，不宜使用表示平等选择关系的"或者"，宜改为"直至"，改成："给予记大过、降级、撤职直至开除的处分"。另外，"依法"最好改为"依照规定"。

（10）本市今年将建立五座垃圾工厂。

应改为"垃圾工场"。"工厂"是进行工业化生产的单位，"工场"指手工业生产的场所等。

（11）应当经过严格的批准手续。

"经过……手续"的说法不贴切,宜说成"履行……手续",《现代汉语词典》中有"履行手续"的例句。原句可改成"应当履行严格的批准手续"。

(12)任期同本级人民代表大会每届任期相同。

这句话采用的"同……相同"的说法很别扭。口语中一般说"跟……相同"。考虑到法律文本的书面语色彩,可采用"与……相同"的说法,写成"任期与本级人民代表大会每届任期相同"。

(13)依照前款规定制定规章,须经各该级政府常务会议或者全体会议讨论决定。

这里的"该"是代词,指上文出现过的人或物,相当于"这个"。例如:

a. 该人多次上访,向有关部门反映当地的环境污染问题。
b. 该厂大力开发自主创新产品,扭转了亏损局面,连年盈利。

从上面的例子可以看出,"该"一般代指上文出现的某一个人或物。而"各"则指多个,不用来指某一个,故而"各该"中的"各""该"是相互抵牾的。因此,宜删去"该",写成"须经各级政府常务会议或者全体会议讨论决定"。

(14)对代表的监督和罢免、辞职、补选……

"对代表的监督""对代表的罢免""对代表的补选"可以变换成"监督代表""罢免代表""补选代表",但是,"对代表的辞职"无法变换。可调整为"对代表的监督、罢免、补选和代表的辞职"。

(15)国家设立国家功勋簿,记载国家勋章和国家荣誉称号获得者名录及其功绩。

"及其"用得不妥。可改为"记载国家勋章和国家荣誉称号获得者名录及获得者功绩"。

(16)按照规定佩带国家勋章、国家荣誉称号奖章。

其中的"佩带"宜改为"佩戴"。

(17)防止网络数据泄漏或者被窃取、篡改。

其中的"篡改"宜改为"窜改";"泄漏"宜改为"泄露"。

（18）由外交部和国务院测绘地理信息主管部门拟订，报国务院批准后公布。

"拟订"宜写成"拟定"。"拟订"用于正在进行的拟制。

（19）国家鼓励公民、法人和其他组织依法向公共图书馆捐赠。

缺少宾语，其后宜加上"图书"或"图书、款项等"，这样语义才明确。

（20）跨境电子商务经营者可以凭电子单证向国家进出口管理部门办理有关手续。

其中的"向"用得不妥。一般说"在某单位办理……"，而不说"向某单位办理……"。用"向"时一般说"向某单位申请……"等。因此，"向国家进出口管理部门办理有关手续"宜写成"在国家进出口管理部门办理有关手续"。

（21）加强法制道德教育，弘扬中华优秀传统文化，构建不敢腐、不能腐、不想腐的长效机制。

这句话说的是"法制道德教育"，而"弘扬中华优秀传统文化"是指文化方面的事情，包括文学、艺术等。因此这里的"弘扬中华优秀传统文化"跟句子前后所要表示的意思不相契合。宜改为"弘扬中华优秀传统思想"，整个句子写成："加强法制道德教育，弘扬中华优秀传统思想，构建不敢腐、不能腐、不想腐的长效机制。"这样，句子的意思就协调一致了。

（22）监察机构、监察专员对派驻或者派出它的监察委员会负责。

这句话里的"它"用得不妥，因为"派驻或派出"的，有机构（监察机构），也有人员（监察专员）。指机构，可以用"它"，指人员就不可以用"它"了。因此，这里的"它"不能成立。用"他"也不可，因为"他"可指人员，但不能指机构。所以，这里的"它"须进行调整，宜改为"自身"等，整个句子说成："监察机构、监察专员对派驻或者派出自身的监察委员会负责。"这样句子就没有毛病了。

（23）对于复杂、疑难案件，期限届满仍有必要继续采取技术调查措施的，经过批准，有效期可以延长。

其中的"届满"用得不妥。"届满"的意思是"规定的担任职务的时期已满"，例如："他当政协主席的任期到今年就届满了。"这里是表示法定的采取技术调查的时间期限已到,因此这里不宜用"届满"。可以用"已到"等,说成:"对于复杂、疑难案件,期限已到仍有必要继续采取技术调查措施的,经过批准,有效期可以延长。"

(24)在通缉一年后不能到案,或者死亡的,由监察机关提请人民检察院依照法定程序,向人民法院提出没收违法所得的申请。

其中"不能到案"宜删去"能",写成"不到案"。因为"不能到案"容易理解成主观上想到案,但是由于某种客观原因,例如被别人控制或因病无法行动等而不能到案。这样,语意上就无法跟后面的"提请……没收违法所得"相呼应。

(25)(八)……
　　　(九)其他滥用职权、玩忽职守、徇私舞弊行为的。

这句话由于缺少必要的动词,成为病句。宜在句子前面加"有"写成:"有其他滥用职权、玩忽职守、徇私舞弊行为的。"

2. 重视语言文字问题,有利于使表达规范

(1)为推动春耕生产顺利进行,农业部于近日派出

9个工作组,分赴内蒙古、辽宁、吉林、黑龙江、江西等15个省(区、市),深入春耕生产第一线,因地制宜开展技术指导与服务,千方百计确保春播作物满栽满插。

主语应为"工作组"。有两种改法:

a. 农业部于近日派出9个工作组,工作组分赴内蒙古、辽宁……
b. 农业部于近日派出的9个工作组,分赴内蒙古、辽宁……

(2)目前我国大部分冬小麦进入起身拔节期,是决定小麦穗多穗少、穗大穗小的关键时期,也是加强田间管理、打牢产量基础的重要阶段。

主语应为"拔节期"。改法同(1)。

(3)……其(指"代表")所在单位按正常出勤对待,享受所在单位的工资和其他待遇。

第二分句主语是"代表",不是"单位"。可在"享受"前加"代表",改成:"其所在单位(应)按正常出勤对待,代表享受所在单位的工资和其他待遇。"

(4)发展定位清晰,目标集中,这些年来在推动和服务渔业产业发展,特别是从传统渔业向现代渔业发展的过程中,做出了重要贡献。

缺少介词"在","在……中"是介词结构。应为"特别是在从传统渔业向现代渔业发展的过程中,做出了……"。

(5)专家指出,我国城镇化率以每年1%在增长,每年有将近一千万人口进入新的城镇……

缺少介词的宾语"速度","以……速度"是介词结构。应为"我国城镇化率以每年1%的速度在增长……"。

(6)享有执勤目标单位工作人员同等的保护条件和福利补助。

"享有"后缺少介词"与","与……人员"是介词结构。可在"享有"后加"与",改成"享有与执勤目标单位工作人员同等的保护条件和福利补助"。

(7)每一选民在一次选举中只有一个投票权。
每一代表与其他代表联合提名的候选人人数,均不得超过应选名额。

"每一选民"应为"每一位选民","每一代表"应为

"每一位代表"。现代汉语数词跟名词不直接组合,中间要有量词。普通话如此。

(8)战士特少的哨所……

"战士特少"中的"特少"口语化明显,宜改为"战士特别少"。公文语言书面语色彩明显,特点是:准确、庄重、朴实、精练、规范。
(1)至(3)是主语表达不规范,(4)至(6)是介词结构不规范,(7)是量词使用不规范,(8)是语体风格不规范。

3. 重视语言文字问题,有利于使表达简洁、易懂

(1)发现人民武装警察在执行任务中有违法违纪行为的,应当及时通报……

"行为"后的"的"可删去。删去不影响意思表达。

(2)根据较多数选民的意见……

"较"可删去,改为"根据多数选民的意见"。

(3)代表名额的具体分配……

"具体"可删去,改为"代表名额的分配"。

(4)以得票多的当选。

"以"可删去,改为"得票多的当选"。

(5)组织关于特定问题的调查委员会……

"关于"可删去,改为"组织特定问题的调查委员会"。

(6)……票数过半始得当选。

"始"有"才"的意思,如"千呼万唤始出来""始能稍安"。"得"在这儿是"能够"的意思。"始得"相当于"才能够"。文言色彩较重,可改为"方可当选"或"才能当选",使语言易懂。

(7)可以向常务委员会提出对由该级代表大会选出的上一级代表大会代表的罢免案。

"由"可删去,改成"可以向常务委员会提出对该级代表大会选出的上一级代表大会代表的罢免案",使语言简洁、易懂。

二、国家语言文字工作委员会公布的跟公文有关的几个规范

1.《第一批异形词整理表》（2001年）

同一个词（读音、意思相同），有不同写法，是异形词现象。应根据《第一批异形词整理表》来选择异形词的词形。这个表的推荐词形，已经贯彻在《现代汉语词典》等词典中，采用词典推荐词形即可。

2.《标点符号用法》（2011年）

可从网上获得这一规范，还可参阅《〈标点符号用法〉解读》一书。

3. 出版物上数字用法的规定（2011年）

可从网上获得这一规范。另外，词语的含义和用法，一般宜以《现代汉语词典》为准。

三、从语言文字角度审读公文及法规时的几个关注点

1. 词形规范问题

（1）军官军衔的肩章、符号式样和佩带办法，由中央军事委员会颁布。/军官佩带的肩章、符号必须与其军

衔相符。

"佩带办法""佩带的肩章、符号"应为"佩戴办法""佩戴的肩章、符号"。挂在肩、臂、胸处时,用"佩戴";挂在腰间时,用"佩带",如"佩带手枪""佩带短剑"。

(2)拟订了三条新的规定。

其中的"拟订"可改为"拟定"。法律文本中,指制定法律法规时,一般使用"拟定"。"拟订"是指正在拟制,"拟定"是指将要或已经拟制出来。二者一个侧重过程,一个侧重结果。尚在拟制过程之中时,用"拟订",其他用"拟定",后者使用较多。

(3)从下月开始,由本单位直接定货。

根据《第一批异形词整理表》,"定货"应改为"订货"。

(1)至(2)是错用词形,(3)是异形词规范问题。

2. 语义搭配问题

(1)构成犯罪的,依法追究刑事责任;未构成犯罪的,依法给予处分。

后一个"依法"可改为"依照有关规定",改成"构成犯罪的,依法追究刑事责任;未构成犯罪的,依照有关规定给予处分"。

(2)文化遗产形式和内涵保持完整的……

"保持",可改为"保存"。"保存"有"维持着并使之继续存在"的意思,说"保存文化遗产"比说"保持文化遗产"更恰当。

(3)会议时间另订。

宜写成"会议时间另定",这里表示的是"决定""确定"的意思。

3. 标点符号问题

(1)如果被逮捕、受刑事审判、或者被采取法律规定的其他限制人身自由的措施……

"或者"前的顿号宜删去。表示等同关系,"或者"前可以用逗号,也可以不用标点。例如:
a. 对土地实行征购、征用,或者收归国有。
b. 对土地实行征购、征用或者收归国有。

(2)让文物充分"活起来",力争达到"1+1〉2"的效果。

其中的〉是单书名号,应改为大于号>。

(3)已为宣讲员发放《党的十九届四中全会<决定>学习辅导百问》……

其中的单书名号错打成英文状态下的单书名号形式<>,宜改为汉字状态下的单书名号〈〉。

4. 数字用法问题

(1)该文件一式二份……

可改为"一式两份"。在汉语中,"二"和"两"的使用习惯不同,在非传统度量衡单位的一般量词前用"两"不用"二"。例如"两个""两回""两条""两根""两件"等,因此宜说"两份"。

(2)依法给予二倍赔偿。

应改为"依法给予两倍赔偿"。理由同上一条。

5. 注意前后一致

(1)××的选举,适用前款的规定……
……××的选举办法,适用前款的规定

"选举办法"应改为"选举",以便跟上文的"××的选举,适用前款的规定"的说法一致。也可统一改为"选举办法"。

(2)……预备役军官的管理工作……
……军兵种政治部负责军兵种部队预备役军官的有关管理工作。

上文几处的"管理工作"前没有"有关",此处"有关"可删去。以便全文说法一致。

(3)给予军衔降级处分……
……预备役军官军衔降级不适用于预备役少尉军官。

"降级"后可加"处分",改成"预备役军官军衔降级处分不适用于预备役少尉军官"。这样,就跟上文说的"给予军衔降级处分"相一致了。

(4)接到征召(zhào)通知后……
……接到征召通知……

可在"通知"后加"后",改成"接到征召通知后……",这样就跟上文的"接到征召通知后……"相一致了。

（5）有突出功绩的……
……有突出贡献的……

上文有"有突出功绩的……"。两者意思如确有不同，可不变；若意思相同，可统一成一种说法。

四、公文写作中常遇到的语言文字问题

（一）若干词语的使用问题

1. 涉及/涉及到

"涉及"的意思是"关涉到"，这里的"及"就是"到"的意思。"涉及到"相当于"涉及及"。因此最好说"涉及"，不说"涉及到"。例如："涉及到科技创新问题"最好说成"涉及科技创新问题"。

2. 作/做

词语中充当语素时用"作"还是用"做"拿不准时，可查阅《现代汉语词典》（商务印书馆）来确定。例如"作对""做主"。

充当动词且后面带宾语时，用"作"还是用"做"呢？例如写"作报告"还是写"做报告"呢？

（1）如果后面的宾语是动词时用"作"，例如：

作报告　作比较　作处理　作调查　作动员　作分析　作贡献　作规定　作汇报　作记录　作检查　作鉴定　作检讨　作介绍　作决定　作判断　作示范　作说明　作推断　作修改　作研究　作证明　作指示　作准备

需要说明的是，"工作"虽然常用来做动词，但是人们习惯写"做工作"，而不写"作工作"。这样写的好处是避免了"作"跟"工作"的"作"同形，使得"做工作"这一述宾结构在书面上更加清晰。

（2）如果"作／做"后面是名词（这些词语不能用来做动词）时，一般用"做"。如：

做笔记　做功课　做好事　做家务　做买卖　做生意　做事情　做手脚　做手术　做体操　做伪证　做文章　做习题　做学问　做游戏　做作文　做作业

表示制造具体东西时，用"做"，例如：

做饭　做汤　做鞋　做家具　做米饭　做衣服　做桌子　做飞机模型

此外，跟在动词后，表示"成，成为"时，写成"作"。例如：

比作　变作　称作　化作　视作　算作　用作　解释作　理解作　调整作

3. "制订"跟"制定"的区别

"制订"跟"制定"的区别主要在于："制订"侧重于事情的过程，而"制定"侧重于事情的结果。也就是说，"制订"强调"草拟"，而"制定"强调"定出"。例如宾语同样是"方案"，说"你们先制订一个方案，然后大家讨论，最后经上级审批后公布"中，宜用"制订"；说"有关方案已经制定好了，马上就会公布"中，宜用"制定"。

4. "必须"跟"应当"的区别

"必须"是"一定要（怎样做）"或"非这样（做）不可"的意思，强调行为的必要性。"必须"是副词，只做状语，例如：

（1）我们必须做好这项工作。
（2）他必须把事情说清楚。
（3）在这个问题上，你必须理智，决不能感情用事。
（4）现在看来，必须你去才能解决问题。

"必须"的否定形式是"不必"或"无须"。例如：

(5) 难题已经解决了，你不必着急了。
(6) 这是内部问题，无须外人参加讨论。

"应当"是助动词，常做状语。意思是"按情理说（应该）"，这一点跟"必须"不同。例如：

(7) 儿女应当赡养父母。
(8) 这是全班的事儿，大家都应当发表意见。
(9) 他昨天这样做，确实不应当。

有时，"应当"表示对某种可能性的估计。例如：

(10) 这次应当没有问题。
(11) 他今天应当到北京。
(12) 马上四月了，天气应当暖和了。

这种估计，语气比较肯定，含有"必然如此"的意味。"必须"没有这种用法。

起草法规时，如果表示"一定要"的意思时，宜用"必须"；如果表示"按道理说"要怎么做，宜用"应当"。

5. "亟待""亟须""急需"的不同

"亟待"是"急迫等待"的意思。其中的"亟"是个文言词语，义为"急迫""迫切"。例如：

（1）这件事情亟待解决。
（2）这片森林里的珍稀鸟类亟待保护。

"亟待"带有较浓的书面语色彩，因此"亟待"一词一般用于书面语中。《现代汉语词典》中有"亟待解决"的用例。

《现代汉语常用词表》（商务印书馆，2008年版）中有"急待"（跟"亟待"同义）。可见"急待"在社会语文生活中也有一定流通性，但词典多未收录这个词形。

在人民网上搜索，看到"亟待"的使用率远远大于"急待"。

故而，我们在写公文的时候，特别是写书面语色彩明显的公文的时候，宜用"亟待"，不宜用"急待"。这样做不仅使该词语的写法跟权威工具书相一致，也跟社会的主流写法相一致。

"亟须"是"急迫须要"或者"迫切要"的意思，也带有浓厚的书面语色彩。《现代汉语词典》中有"亟须纠正"的用例。

20世纪30年代出版的《国语辞典》中，曾有"急须"（跟"亟须"同义），现在的词典一般不收录"急须"这一词形。在人民网上观察，可以看到，"亟须"是主流用法，而"急须"则用得甚少。另外，在古代，"急须"还是个名词，用来指"煮茶、暖酒的器具"或者"便溺器"。

因此，我们写公文的时候，宜用"亟须"，不宜用

"急须"。

"急需"是"紧急需要"或"急迫需要"的意思。《现代汉语词典》上有"急需"的词条,并有"急需处理""以应急需"的用例。

在《汉语拼音词汇》《普通话水平测试实施纲要·普通话水平测试用普通话词语表》《现代汉语常用词表》中,都只有"急需"而无"亟需"。可见,就词语的流通性而言,"急需"远大于"亟需"。故此,我们在公文写作中,表示"紧急需要"时宜用"急需"而不宜用"亟需"。

坚持写"亟待""亟须""急需",而不写"急待""急须""亟需",也有利于避免在公文写作中表示同一意思时词形歧出。

6. "思维定式"还是"思维定势"

"定式"一般用来指"长期形成的固定方式或模式"。例如:

(1)汉人用韵参差,沈约《类谱》,始为严整,《早发定山》尚用"山""先"二韵,及唐以诗取士,遂为定式,后世因之。(明·谢榛《四溟诗话》)

(2)他们首创了弃文存质,保存经意,照原本直译的方法,因而为后来译家所遵守,一人口说,一人笔录,也成为译经的定式。(范文澜、蔡美彪等《中国通史》第三编)

上面两例是前人用例，再举几个现实生活口语中的例子：

（3）老张每次遇到这类情况，都这样处理，这似乎成了他的一种处事定式。

（4）文学艺术的创作没有定式，跟解数学习题不一样。

（5）我们必须改变过去那种先大搞建设、后治理污染的发展定式，要采用高度重视环境保护的方式来进行新时代的经济建设。

"定势"一般用来指"某种确定的发展态势"。例如：

（6）逆顺有大体，强弱有定势。（《三国志·魏书·刘表传》）

（7）臣闻天下无易事，非其人则难于登天；天下无难事，得其人则易于反掌。难无定势，易无常形，惟其人也。（宋·秦观《李训论》）

上面两例是前人用例，再举几个现实生活口语中的例子：

（8）在解放战争的这一阶段，人民解放军由战略防御转为战略进攻已成定势。

（9）综合各方面情况分析，今年我省小麦丰收看来已成定势,各地要抓紧时间,搞好收割、晾晒和储存。

(10)从最近的市场情况来看,这些蔬菜价格的上涨势头被遏制住已然成为定势。

《现代汉语词典》在说明"定式"表示"长期形成的固定的方式或格式"之后,在末尾说"也作'定势'",在"定势"的释义里则有"同'定式'"的说法。

这表明:第一,该词典认为,表示"长期形成的固定方式或格式"时,"定式"跟"定势"是一组异形词;第二,表示这一意思时,该词典推荐使用的词形是"定式"而不是"定势"。

因此,我们在表示"长期形成的固定方式"时,宜用"定式";在表示"确定的发展态势"时,宜用"定势"。这也是当前社会的主流用法。故而,宜写"思维定式",不宜写"思维定势"。

(二)公文写作中若干标点符号的用法

1. 序次语的用法

用"第""其""首先"等做序次语时,应当使用逗号。例如:

(1)第一,我们要总结历史的经验。第二,我们要对现状作深入细致的调查。第三,我们要高瞻远瞩,展望未来。第四,我们要有克服困难的决心。

（2）其一，我们要总结历史的经验。其二，我们要对现状作深入细致的调查。其三，我们要高瞻远瞩，展望未来。其四，我们要有克服困难的决心。

（3）首先，我们要总结历史的经验。其次，我们要对现状作深入细致的调查。再次，我们要高瞻远瞩，展望未来。最后，我们要有克服困难的决心。

（1）至（3）是三套序次语的说法，不能混用，例如不能说："第一，我们要总结历史的经验。其次，我们要对现状作深入细致的调查。""其一，我们要总结历史的经验。第二，我们要对现状作深入细致的调查。""首先，我们要总结历史的经验。其次，我们要对现状作深入细致的调查。第三，我们要高瞻远瞩，展望未来。"

用不带括号的汉字数字或者"甲、乙……"做序次语时，要用顿号。例如：

（4）一、历史上的有关情况　二、对现状的调查　三、存在的问题

（5）甲、历史上的有关情况　乙、对现状的调查　丙、存在的问题

用不带括号的阿拉伯数字、拉丁字母做序数时，用下脚点。例如：

（6）1. 历史上的有关情况　2. 对现状的调查　3. 存

在的问题

（7）a. 历史上的有关情况　b. 对现状的调查　c. 存在的问题

应当注意，"1""a"后面不能用顿号。这是因为阿拉伯数字、拉丁字母跟汉语书面语中的顿号不相配。

加了括号的序次语后面不能加顿号或逗号。例如不能写成"（一）、""（1）、"或"（一），""（1），"。

序次语的一般使用层次是：第一层是带有顿号的汉字数字，第二层是带括号的汉字数字，第三层是带下脚点的阿拉伯数字，第四层是带括号的阿拉伯数字，第五层是带圈的阿拉伯数字或小写拉丁字母。即：

一、……

（一）……

1. ……

（1）……

①/a. ……

上文中有多处省略号，这些省略号都处于行文中，因此都用六个点。如果省略号单独出现在一行，表示诗行或者段落的省略，要用十二个点，写成"……………………"。这十二个点是连续的，中间不能有空，且须上下居中。

2. 书名号、括号和冒号的套用

一个文件名为《关于转发国务院〈关于……的决定〉的通知》，如果这个文件再次被转发，在文章中引用这个文件时，该如何使用书名号呢？

在文章中引用这个文件时，应该在外面再加上一层书名号。这样，就成了三层书名号。最外面的一层，应该用双书名号，第二层用单书名号，最里面的第三层用双书名号，这样就把三个层次区分开来了。例如：

（1）他接到一份文件，题目是《转发〈关于转发国务院《关于……的决定》的通知〉的通知》。

从书名号的使用来说，应当避免层次太多，一般两层也就可以了。层次多了，读者不容易分辨清楚。

三层引号的处理办法跟三层书名号的处理办法相同。也就是说，当双引号内再有引号时，用单引号；单引号里又有引号时，用双引号。不过在实际的使用中，应当尽量避免三层或更多层的引号、书名号的用法。

行文中应尽量减少括号的套用，必须套用时，一般外面用六角括号，里面用圆括号。例如：

（2）〔《现代汉语词典》（2005年版）〕

但是，如果上下文有某种习惯用法，则应照顾这种习惯用法而作变通，在外面使用圆括号，里面使用六角括号或方括号。例如为照顾习惯用法而作如下变通：

（3）（〔清〕纳兰性德）

（4）（[英]莎士比亚）

一个句子内部一般不应套用冒号。在公文的列举式或者条文式表述中，如果不得不套用冒号时，可另起一段来显示两个层次。例如：

第十条　遗产按照下列顺序继承：
第一顺序：配偶、子女、父母。
第二顺序：兄弟姐妹、祖父母、外祖父母。

3. 用日月简称表示事件、节日

例如：

"一·二八"事变　"一二·九"运动　"五四"运动　"5·12"地震

引号一般加在日月简称上，如果为了突出或强调事件、节日等，也可以都加上引号。例如也可以写成"一·二八事变""一二·九运动""五四运动""5·12地震"。用阿拉伯数字表示时，月跟日之间要加间隔号；用汉字数字表示时，只在一、十一和十二月后使用间隔号。

4. 分号值得注意的两种用法

第一种：表示分项列举时，中间不能出现句号。如：

一、讲授本学科的课程；
二、主持重点项目的研究；
三、领导学术梯队建设；
四、努力赶超国际先进水平。

上面分项列举的内容是分行的，在叙述中，也可以接排。

第二种：分号前的冒号。

分号前可以使用冒号，常见的情况有两种。

一种是在复句的总说、分说的关系中用冒号。例如：

（1）打猎的讲究不少：野鸡、野兔要白天打，叫打坡；野猪、狐狸要夜里打，叫打猎。

（2）你如果相信朋友，就不会轻信敌人的谎言；你如果不相信朋友，就会轻信敌人的谎言：二者必居其一。

（1）是总说在前，（2）是总说在后。

另一种是在单句的宾语前用冒号。例如：

（3）历史经验说明：整个国家不改革开放，没有出路；各个民族不改革开放，不能发展。

（4）气象学家告诉我们：天空的薄云，往往是天气晴朗的象征；天空低而厚密的云层，常常是阴雨风雪的征兆。

（3）跟（4）都是单句，其中的"说明""告诉我们"是动词性成分，是提示性词语，它们的后面是宾语，动词性成分跟宾语之间用了冒号。这两个句子的宾语都是并列关系的复句，其中使用了分号。特别要注意的是，不能将这两种冒号写成逗号，那样就看不清楚语义关系了。例如：

（5）他们采取了不少措施，平时，经常分组研究讨论；战时，则结合具体问题自行决断。（"措施"后应当用冒号）

5. 连接号的分工

连接号有三种形式：一字线"—"、半字线"-"和浪纹线"～"。

（1）表示时间、地域起止用一字线，例如：

沈括（1031—1095）
北京—上海特别旅客快车

（2）门牌号、电话、日期、复合词、产品型号、音译复姓和双名用半字线，例如：

21楼3-2-201室　010-87654321　满-通古斯语族　WZ-10直升机　让-雅克·卢梭（"让-雅克"为双名）

皮埃尔·孟戴斯－佛朗斯（"孟戴斯－佛朗斯"为复姓）

（3）表数值范围用浪纹线（浪纹线表示数值范围，不表示数量范围），例如：

25～30g　5～150公斤　20～380公里　100～150 kg
第五～八课　-36～-8℃　400～429页　2000～6000元
13万～15万　6亿～8亿　16%～22%

（三）公文写作中多位数和年代的表示

1. 多位数的表示

为了便于读者阅读，多位数可以采用两种分节书写多位数字的方法。第一种方法是采用逗号分隔符（也叫"千分撇"）。按照这种方法，每三位一组，组跟组之间加逗号（在电脑输入拉丁字母的状态下）。例如：

634,069　　　78,423,652　　　34,475,869,237

四位数以内的整数可以不分节。例如：

3469　　　8572　　　9643

小数点后面的小数部分可以连起来写，不用分节。例如：

0.37594   3.141592653589
25,528,376.7391

第二种方法是采用空格分隔符（也叫"四分空"）。按照这种方法，从小数点起，向左、向右每三位数一组，组间空四分之一个汉字（二分之一个阿拉伯数字）的宽度。例如：

95 265 327.356 23   78 295 328.268 378 286 25

2. 年代的表示

"21 世纪"或"二十一世纪"，建议写"21 世纪"
"康熙十五年"不宜写成"康熙 15 年"
公文中尽量避免"08 年""〇八年"的写法

五、公文中语言文字问题示例

下面这些示例中所包含的问题，多是公文语言文字方面的"常见病"，见于各种公文、法规等。有的问题上文曾提及，可检验一下自己记住没有。

1. 城市环境卫生设施的建造、改造、设置和维修按下列分工进行：

（一）城市主次干道两侧的公厕，由市、区环境卫生管理单位负责。

（二）城市各类集贸市场的公厕，由集贸市场管理单位负责。

（三）新建改建居民楼群和住宅小区的公厕，由其管理单位负责。

（每条后应为分号，最后用句号）

2. 邮政企业工作人员违反本条例第十四条第（一）项至第（四）项和第（七）项规定的，由其所在单位或者上级主管部门给予行政处分，没收违法所得，并处罚款；给用户造成经济损失的，依照规定承担赔偿责任构成犯罪的，依法追究刑事责任。（"依照规定承担赔偿责任构成犯罪的"中在"依照规定承担赔偿责任"后宜加分号）

3. 经依法批准的正定历史文化名城保护规划，应当严格实施，不得擅自修改。确需修改的，应当依法重新报送审批。（宜将"不得擅自修改"后的句号改为分号）

4. 本规定所称"以上"、"以下"，均包括本级或本数在内。（删去顿号）

5. 属于本规定第四条第（一）、（二）和第（三）项，未标明产品规格、等级、所含主要成分名称和含量行为的，责令改正，并处未售出商品货值金额百分之五至百分之十五、已售出商品违法所得百分之十至百分之二十罚款。属于本规定第四条第（四）、（五）、（六）、（七）项行为的，没收违法所得，并处未售出商品货值金额百分之十至百分之二十、已售出商品违法所得百分之十五至百分之二十罚款。（删去括号间的顿号）

6. 行政执法证件式样由市人民政府统一制定另有规定的除外。（在"另有规定"前加逗号）

7. 在古城开展大型户外公益活动、群众文化活动、商业活动等应当依法报请相关部门批准。（宜在"商业活动等"后加逗号）

8. 在本市行政区域内从事商品生产、经销（以下简称生产、经销者）及其有关活动必须遵守本规定。（"生产、经销者"宜加引号，删去"及其"的"其"）

9. ××市人民政府农业、林业、畜牧、水利、农机、水产等行政部门（以下统称农业技术推广行政部门）按照各自的职责，负责全市范围内的农业技术推广领导工作。（"农业技术推广行政部门"宜加引号）

10. 本条例所称出租汽车管理是指出租汽车客运管理和出租汽车租赁管理。（"出租汽车管理"宜加引号）

11. 温室气体，是指大气中吸收和重新放出红外辐射的自然和人为的气态成分，包括二氧化碳、甲烷、氧化亚氮、氢氟碳化物、全氟化碳、六氟化硫和三氟化氮。温室气体排放亦称碳排放。（"碳排放"宜加引号）

12. 现役军官（以下简称军官）依照本规定享受休假、探亲待遇。（"军官"宜加引号）

13. 今年2月25日，财政部办公厅下发了《关于做好2011年财政支持现代农业生产发展工作的通知》（财办农[2011]19号，以下简称"通知"），其中明确提出加大对国家现代农业示范区（以下简称"示范区"）建设的支持力度的要求。（宜写"简称《通知》"）

14. 违反本条例第八条第一款规定，任意堆放物料的，处以每平方米二十元至五十元的罚款；违反第二款、第四款规定的，处以二百元至五百元罚款；违反第三款规定的，处以五十元至二百元的罚款，情节严重的，处以二百元至五百元罚款。("罚款"跟"的罚款"两种说法，前后不一致)

15. 第三十八条 改动城市公共排水设施的行为包括：

（一）自建排水设施接入城市公共排水设施的；

（二）临时封堵城市公共排水设施的；

（三）穿凿城市公共排水设施的；

（四）移动、导改城市公共排水设施的；

（五）其他改动城市公共排水设施的。

第三十九条 禁止下列损害城市公共排水设施的行为：

（一）堵塞、损毁、盗窃城市公共排水设施；

（二）向城市公共排水设施倾倒垃圾、渣土、粪便、施工泥浆等废弃物；

（三）向城市公共排水设施倾倒有毒有害、易燃易爆物品和抛入明火；

（四）擅自向城市公共排水管网加压排水或占压、穿越城市公共排水设施；

（五）擅自拆卸城市公共排水设施或截流、改变排水流向；

（六）其他损害城市公共排水设施的行为。(两组并列项目都指"行为"，前一组末尾有"的"，后一组无，宜统一)

16. 出租汽车客运经营企业应具备下列条件：

（一）具有一定数量的可供营运的车辆；

（二）有符合规定的停车场地和经营场所；

（三）有相应数量的出租汽车客运驾驶员；

（四）有适应出租汽车客运调度的通讯设施；

（五）有相应资质的机务、质检、安全技术管理人员及健全的管理制度；

（六）法律法规规定的其他条件。〔最后一条句子开始宜加动词，如"有""具有""符合"等，以便跟上文一致；第（四）中"通讯"宜写成"通信"〕

17. 出租汽车客运经营车辆装置、标志、标识应符合下列规定：

（一）装有"出租"字样的顶灯和空车显示牌；

（二）符合规定的专用牌照；

（三）具有符合市人民政府统一规定的车型和车体颜色；

（四）车身两侧标明所属公司名称简称、编号，车窗标明租价标准，座套指定位置标明监督管理机关名称、监督电话；

（五）在车内明显位置装有检测认定合格的计价器，放置服务监督卡；

（六）配备消防器材；

（七）装有卫星定位调度（GPS）系统。（用"标识"即可，指用来识别的文字、图案等）

18. 下一步，农业部将根据《国务院食品安全委员会办公室关于印发<"瘦肉精"专项整治方案>的通知》精神，于近期启动全国养殖场（户）"瘦肉精"专项监测计划，以中小规模养殖场（户）为重点，在全国30个省（区、市）全面开展盐酸克伦特罗、莱克多巴胺和沙丁胺醇监督抽查，并对已公布的其它"瘦肉精"类物质进行排查监测。（单书名号写法不正确，"其它"宜写"其他"）

19. 有下列行为之一的，除责令其停止违法行为，限期清理、改造、拆除或者采取其它补救措施改正外，可并处以罚款：（"其它"宜写"其他"）

20. 单位和个人经批准在集贸市场内自建的永久性的经营设施，只准用于经营，不准改做它用。（"它用"宜写"他用"）

21. 应标明产品标准代号、规格、等级、所含主要成份名称和含量，而未标明的；（"成份"宜写"成分"）

22. 行政执法部门依法定权限和程序，查处假冒伪劣商品时，需要对生产、经销者的帐目、库房、商品进行检查或者查封、扣押、登记保存时，生产、经销者应主动予以配合，不得擅自解封、转移、隐匿被扣押、查封、登记保存的物品。（"帐目"宜写"账目"）

23. 开发区重点发展通讯、微电子、生物医药、机电一体化、新材料、高效节能等高新技术及其产业。（"通讯"宜写"通信"）

24. 使用07兆瓦以上锅炉或窑炉的，应当使用低硫份、低灰份优质煤炭或其他清洁能源，并安装除尘和脱除二氧化硫的装置或采用其他脱硫、固硫措施，达到国家规定的排放标准。（"低硫份""低灰份"宜写"低硫分""低灰分"）

25．在市区、县城规划区内新建、改建、扩建建设工程禁止设计、使用粘土制品；县级人民政府应当鼓励农民自建住宅采用建筑节能技术，使用新型墙体材料，逐步淘汰实心粘土砖。（"粘土"宜写"黏土"）

26．隐瞒事实真相，伪造、隐匿、毁灭、篡改证据和有关数据资料，出具虚假材料的，处以三千元以上七千元以下罚款。（"篡改"宜写"窜改"）

27．军人应当按照规定配套穿着军服、佩带标志服饰，做到着装整洁庄重、军容严整、规范统一。（宜写"佩戴""标识"）

28．市和县（市）区水行政主管部门会同有关部门依据上一级水中长期供求规划和本地区实际情况，制订本地水中长期供求规划，经发展改革主管部门审查、本级人民政府批准后执行。（"制订"宜写"制定"）

29．于全国新兵运输开始日的 30 天前制订全国新老兵航空军事运输计划。（"制订"宜写"制定"）

30．法制机构应当……拟订本部门、本级人民政府年度规章制定工作计划……（"拟订"宜写"拟定"）

31．应当按照国防义务均衡负担的原则，及时拟订下达安置计划，落实接收单位。（"拟订"宜写"拟定"）

32．建设单位应在工程开工前按城乡规划主管部门要求制做公示牌，将规划许可证件在工程施工现场全程公布；属于商品房项目的，还应在房屋预（销）售时，在房屋预（销）售场所公示。公示牌在工程建设期间应当保持完好。（"制做"宜写"制作"）

33. 应当说明对听证会意见的处理情况及其理由。（"情况"宜改为"措施"）

34. 经营多个品牌的肉品未按规定分区销售并在销售凭证上注明屠宰厂名的……（"屠宰厂"宜写"屠宰场"）

35. 为加强出租汽车管理，维护出租汽车市场秩序，保障乘客、出租汽车经营者及其从业人员的合法权益，适应经济社会发展和人民生活需要，根据有关法律、法规，结合本市实际，制定本条例。（删去"及其"的"其"）

36. 当前，北方冬麦区陆续进入抽穗扬花灌浆期，是产量形成的关键时期；早稻栽插已过九成，玉米等作物大田播栽全面展开，全国春耕春管进入高峰。（在"进入"后加"的"）

37. 专家指出，我国城镇化率以每年1%在增长，每年有将近一千万人口进入新的城镇……（宜写"以……的速度增长"）

38. 法制工作部门认为草案内容与现行的军事法规、军事规章、军事规范性文件存在不一致，确需修改或者废止现行相关规定的，应当在审查报告中提出处理意见。（宜写"存在的不一致之处"）

39. 1983年（不含）以前军队院校毕业的学员，……

〔宜写"1983年以前（不含1983年）"〕

40. 市、县级人民政府应当加强科技企业孵化器建设；支持和鼓励行业领军企业、投资机构、社会组织等社会力量，参与众创空间、创业孵化基地和高层次人才创业园建设，经相关部门认定后，按照规定给予补贴。（暗中更换主语，宜在"经相关部门"前加"有关项目"）

41. 为推动春耕生产顺利进行，农业部于近日派出9个工作组，分赴内蒙古、辽宁、吉林、黑龙江、江西等15个省（区、市），深入春耕生产第一线，因地制宜开展技术指导与服务，千方百计确保春播作物满栽满插。（暗中更换主语，宜让"工作组"做第三分句主语，或删去第二个逗号。）

42. 为了奖励在科学技术进步活动中做出突出贡献的公民、组织，调动科学技术工作者的积极性和创造性，鼓励科学技术创新，加速科学技术产业化，促进本市经济和社会发展，根据《中华人民共和国科技进步法》、《国家科学技术奖励条例》等法律、法规，结合本市实际，制定本条例。（宜写"作……贡献"，删去书名号间的顿号）

43. 供热单位不得擅自停业、歇业。要求停业或者歇业的，应当在采暖期开始六个月前向供热用热行政主管部门提出申请，供热用热行政主管部门应当自收到申请之日起二十日内做出是否批准的决定。做出批准决定的，应当对供热范围内的用户做出妥善安排。（宜写"作出……决定""作出……安排"）

44. 发展定位清晰，目标集中，这些年来在推动从传统渔业向现代渔业发展的过程中，做出了重要的贡献。（宜写"作出……贡献"）

45. 操课前，根据课目内容做好准备。（宜写"作……准备"）

公文常用的三组词及"其他"用法辨析

从事公文写作的朋友提出三组词用法及"其他"位置的问题。答复后觉得对从事文秘工作的同志或许有帮助，于是写出来供大家参考。

1. "根据""依据""依照"的辨析

介词"根据""依据""依照"都可以表示根据某因素而采取措施。例如：

（1）我们根据有关规定，决定进行这项工作。
（2）我们依据有关规定，决定进行这项工作。
（3）我们依照有关规定，决定进行这项工作。

从所表达的意思来说，（1）至（3）基本相同，都表示将根据某个规定，来进行某项工作。也就是说，选用

"根据""依据""依照"时，不会因为选用的不同，造成理解上的歧义。

但是，从表达上来说，这三个词在侧重点上各有不同。

"根据"侧重于实施某措施的"出发点"或者某信息的"来源"。例如：

（4）根据大家提出的意见，我们将计划进行了调整。

（5）为了保护民事主体的合法权益，调整民事关系，维护社会和经济秩序，适应中国特色社会主义发展要求，弘扬社会主义核心价值观，根据宪法，制定本法。

（6）根据气象台预报，明天有大雨，请大家注意做好防雨工作。

（7）根据市场调查，今年汽车需求量将有较大幅度增长。

"依据"侧重于采取某措施或获得某认知的"凭据"。例如：

（8）将依据有关法律法规追究当事人的责任。

（9）这个小组依据少量珍贵的历史照片来修复一座清代建筑。

（10）依据专家们的研讨结论，我们认定这是一座汉代古墓。

（11）依据考古新发现，他们获知这里最早种植水稻的年代。

"依照"侧重于"完全照办",也就是"完全按照某法规的要求来执行",有一定的强制意味,多见于政令、法规等,具庄重色彩。例如:

(12)有关民事主体之间应当依照有关法律、行政法规规定的权利和义务订立合同。
(13)对这些严重违反交通规则的行为,必须依照有关规定进行处罚。
(14)要依照规定按时纳税。
(15)我们都必须依照法律办事。

在公文写作中,须从表达的需要出发,来选用这三个词语。

2. 连词"和""与""及"的辨析

"和""与""及"做连词时的一个显著不同点是,"和""与"表平等联合,而"及"连接的成分往往有主次之分。"及"前一般是主要的或需要强调的;"及"后一般是次要的或不需要强调的,或者是从属的。例如:

(1)医务工作者及一些志愿者在当地抗击疫情中发挥了重要作用。
(2)八路军一个团及县大队、李家庄民兵都投入了战斗。

（3）老王最近研究了哲学中的"质量互变"及有关论点。

（4）主要设备及辅助设备已经运到厂里了。

连词"和"跟连词"与"比较起来，"与"的书面色彩要明显些。因此，书面色彩明显的文本或语句中，表示平等联合，宜用"与"，如"亟待研究与改进"。比较口语化的文稿中，宜用"和"，如"迫切需要研究和改进"。

具有书面色彩的"与"，常用于标题、书名。因此，在文稿的标题以及具有标题功能的语句中，宜用"与"。例如：

（5）谈谈乡镇企业与乡镇建设（标题）
（6）苹果树的栽培与病虫害防治（标题）

3. 三个以上词语并列时，最后两项之间选用"和"、"或者"、顿号的辨析

三项以上词语并列时，其间可以都用顿号，也可以在最后一项之前用"和"。

在议论性文章里，为了强调每一项的意思，并列性成分间往往用顿号。例如：

（1）参与攻关的几个年轻人心中充满了乐观、自信、

进取的精神。

（2）他们经历了、参与了、看见了这一历史性的宏大场面。

由于最后一项之前的"和"表示列举结束，用"和"更能凸显"列举完毕"以及列举的"整体性"，因此，在说明性文稿及法规里，最后一项之前用"和"好一些。例如：

（3）组委会对志愿者的年龄、文化程度、技能和身体状况都有要求。

（4）防止给公民、法人和其他组织的合法权益造成损害。

（5）国家可以依照法律规定的条件，对土地实行征购、征用和收归国有。

在具有描写性的语句里，并列成分间常采用顿号。例如：

（6）桃树、杏树、李树都开花了。

（7）半山的湖水、山下的桃林、西边的特色小镇，吸引了不少慕名而来的游客。

这样做的好处是，使得每一个形象都得到显现。有时候，为了进一步凸显各个形象，描写性语句的并列成分间可以用逗号。例如：

（8）桃树，杏树，李树都开花了，姹紫嫣红，美极了。

（9）半山的湖水，山下的桃林，西边的特色小镇，吸引了不少慕名而来的游客。

并列几项的最后一项前用了连词"或者"，是表示并列的"几种情况都有"。例如：

（10）防止给公民、法人或者其他组织的合法权益造成损害。

（11）国家可以依照法律规定的条件，对土地实行征购、征用或者收归国有。

从表达来说，如果将并列几项的内容看作同一类情况，可在最后一项之前用"和"；如果将并列几项的内容看作不同的情况，可用"或者"。

4. "其他"位置的辨析

一般来说，指示代词"其他"距离被指示的词语比较近。例如：

（1）还有其他精彩节目。(《现代汉语词典》)
（2）其他问题都好解决。(《现代汉语规范词典》)
（3）领导一带头，其他的人都动起来了。(《现代汉语学习词典》)

（4）这一天也和其他日子一样，平淡地过去了。（《汉语大词典》）

（5）园子里除了杂草以外，没有其他东西。（《现代汉语大词典》）

从（1）至（5）可以看出："其他"紧挨着被指示的词语，如（2）（4）（5）；或者位于被指示词语的修饰语之前，如（1）。〔（3）的用法下面提及。〕

但是，也可以看到"其他"处于句首而远离被指示词语的情况。例如：

（6）（一）不可抗力；

（二）无民事行为能力人或者限制民事行为能力人没有法定代理人，或者法定代理人死亡、丧失民事行为能力、丧失代理权；

（三）继承开始后未确定继承人或者遗产管理人；

（四）权利人被义务人或者其他人控制；

（五）其他导致权利人不能行使请求权的障碍。

例（6）中，最后列举的"（五）"里，"其他"处于句首且远离被指示的"障碍"。这是因为，在多项列举之后，最后列举的"（五）"，力图强调"另外的"这个意思，故而将"其他"放在句子的最前面。在这种语境中，如果不特别强调"另外的"，也可以把"其他"按照一般用法放在被指示词语之前。例如：

（7）（一）权利人向义务人提出履行请求；

（二）义务人同意履行义务；

（三）权利人提起诉讼或者申请仲裁；

（四）与提起诉讼或者申请仲裁具有同等效力的其他情形。

因为不特别强调，（7）中"（四）"里的"其他"，紧挨着被指示的"情形"。

顺便提及，"其他"后是单音词，一般要加"的"，如（3）中"其他的人"，再如"其他的事""其他的法"。"其他"后是双音词，则不加"的"，如（2）中的"其他问题"，再如"其他事情""其他法律""其他单位""其他领导""其他地区"等。

另外，有人问，在公文、法规中"对/对于""处/处以""为/为了"怎样选用。"对/对于"表示关涉对象，是介词，意思相同，如"对这种情况"跟"对于这种情况"意思一样。"处/处以"都是动词，都可表示"处罚"。如"处100元罚款"跟"处以100元罚款"意思相同。"为/为了"表示"目的"时是介词，两者意思相同。如"为促进经济社会发展"跟"为了促进经济社会发展"意思是一样的。

从音节多少来说，公文、法规条款中，为了行为简练，用单音节的"对""处""为"好些。在叙述或说明性语句中，选择双音节的"对于""处以""为了"，可使语气舒缓、从容自然。

从语体风格角度来说,"为了"在口语、书面语中都用,而"为"书面上用得多些。故而,书面色彩明显的文稿或语句里,用"为"好些。如"为达此目的"中宜用"为"。

公文文风问题

近些年大量阅读公文,逐渐感觉文风存在着几个突出的问题。

第一,长文如海。长篇公文实在太多,特别是工作总结、各级领导讲话,面面俱到,长篇大论,让人读来费劲,好像喝一海碗白开水。

听听这个故事:明朝开国皇帝朱元璋接到一份很长的奏章,长达一万七千余字,朱元璋命人读,念到六千多字,还不知奏章要说什么。朱元璋越听越气,怒不可遏,立即命人将上书者拖出痛打五十大板!第二天,他耐着性子听完奏章,叹口气说,这点儿事儿,500字就够了,怎么搞这么长?朱元璋严厉警告,今后谁再这么干,必定严惩。

这个故事让人听来很痛快。

前几年我在《人民日报》写了篇文章,题目叫《陈言务去,文风当简》。这篇文章最后说:

近期以来，中央提出"走转改"要求后，新闻媒体积极倡导、践行"改文风"，甚有必要。这不但对改进工作作风是有力促进，也是资源节约——假若每份公文陈言务去，哪怕用纸仅减少一页，全国每年不知要节约多少纸张，少毁多少森林！

本来，文章末尾，说到"不知要节约多少纸张"，就收束了。《人民日报》编辑在后面添了一句："少毁多少森林！"可见，编者颇有同感。文章里"哪怕用纸仅减少一页"的假设，也是从实际观察得来的。我借调到某部委工作时，经常看到四五页甚至五六页的公文。看完后有个感觉：每份文件删减套语、絮语，压缩掉一页，是完全可以做到的。《中国共产党重大事项请示报告条例》中的第二十四条中说，"报告应当简明扼要、文风质朴，呈报党中央的综合报告一般在5000字以内，专项报告一般在3000字以内"，这显然是扼制"长风"之举。

第二，套语过多。常读公文的人没有不熟悉下列套语的："标本兼治、长短结合、齐抓共管、横向到边、纵向到底、条块结合、真抓实干……"有的文章里套语是连续不断、大面积出现的。例如：

"学"字当头，就是要原原本本学，坚持学原文、读原著、悟原理，真切地理解其信仰追求，真实地体会其理论关切，真心地领悟其百姓情怀；就是要融会贯通学，坚持结合马克思主义经典理论学，学立场、学方法、学精神实质，只有拥有这样的思想罗盘和武器，才能信念坚定、意志笃定、方向清晰；就是要创新实践学，坚持理论联系实际把中央的精神转化为自身解决问题、推动工作的实际能力，立足于手头工作，立足于新的实践与发展，以学促用，学行合一，真正做到学而信、学而用、学而行。

这些话都是对的，是"大实话"。电影《小兵张嘎》中有个战士叫"快板刘"，喜欢说"大实话"："冬天冷，夏天热，见了老婆儿叫大娘……"诙谐风趣，十分可乐。但公文中充满"大实话"可就不可笑了，反而沉闷，且令人生厌。

说套语不会出错儿，套语成了一种"保护色"，还省力，所以"长盛不衰"。

若真心向民众发声，就得抛开套语。举个例子：

早期马克思主义理论家、马克思的女婿保尔·拉法格在《革命前后的法国语言》中说，聚集在凡尔赛宫廷的法国贵族们，崇尚富于哲理和逻辑性的表达方式，陶醉于古典语言风格的套语。当资产阶级大革命爆发后，他们感到自己势单力孤，想借助平民力量，得到平民同情和支持。于是，贵族们毫不犹豫地抛弃了自己原先的贵族套语，而大量采用"菜市场上大娘们的语言"。新兴资产阶级一瞧，不甘下风，甚至比贵族们干得还要起劲儿，立即抛下自己原先娴熟的政治套语，大量运用"养鸡鸭的杂院里"的、"随军贩卖饮食杂品的女商贩"的、女裁缝的、理发师的方言俚语、行业用语、民间口语等。瞧瞧，两个对立的阶级，都抛弃了原先熟稔的套话，争先恐后采用平民"俗语"，以寻求支持。

若真心讲求实效，也须丢弃套语。例如：

在20世纪60年代，"革命套语"铺天盖地，我至今记得，有一篇文章不用套语，却震撼了中华大地。这就是《县委书记的榜样——焦裕禄》。文章用了许多焦裕禄的原话，如"吃别人嚼过的馍没味道""榜样的力量是无穷的""韩村的精神，秦寨的决心，赵垛楼的干劲，双杨树的道路"，等等。写这篇通讯时，主持者穆青对起草者说："像这样的词儿，多来点儿！"该文在中央人民广播电台，由一位著名播音员播出。他被这些完全抛开套语、充满鲜活生活气息和赤诚为民精神的语言深深打动，多次哽咽，读不下去。播音员们闻讯纷纷赶来在玻璃窗外观看。焦裕禄之所以扬弃套语，采用田间村头的话，是因为他要办实事，要讲成效，要切实改变旧貌。

第三，书面语色彩过重。从语体色彩来看，当下公文的书面色彩往往过于浓重。例如常在公文中看到很长的书面色彩浓厚的句子。这种句子，由一组组连续的分句构成，每组分句之后是个分号，分号后又是一组分句，排列成长长的"字儿话""火车"，空泛冗赘，"官腔"十足。

还有，喜欢使用文言句式，但由于没弄清含义，语义照顾不周，造成语病。如：

要始终保持正确的立场和方向，不为杂音噪音所扰，不为传闻谣言所惑，不为困难所惧，在任何时候、任何情况下都做政治上的明白人。

文言句式"为……所……"是"被……所……"的意思。"不为杂音所扰"，表"不被杂音打扰"；"不为传闻谣言所惑"，表"不被传闻谣言迷惑"。而"不为困难所惧"就是"不被困难惧怕"，不大通啊。

还有，喜欢营造文字晦涩的长句子，让人费解。如：

只不过，他们没有碰上一个作家席勒和作曲家罗西尼，更没有德国作家席勒的家乡被来自法国的侵略者拿破仑占领、他的家人在侵略者铁蹄下仰人鼻息的生活经历。

一位央视著名播音员感慨道："当我们有时候用晦涩、一般人听不懂的专业词汇播报新闻时，这种书面语言离老百姓多么远！"

面对新时代大众，宜倡导自然、流畅、洗练的新文风。这种新文风，应以口语为主，杂以书面或文言词语。这样，既让群众好懂，又不失文采。读起来恰似盛夏顶着烈日回到家中，从冰箱里取出冰激凌，扒一勺儿搁嘴里，爽！有味儿！

八十多年前，鲁迅提议："从活人的嘴上，采取有生命的词汇，搬到纸上来……"(《人生识字胡涂始》)这话至今仍具有强大的生命力。

进一步说,文风问题,引出了一个根本性的拷问:公文、讲话等文章是干什么用的?经常读到教人写公文的文章,其中教秘书们怎么起承转合,怎么语惊四座、振聋发聩,怎么符合领导意图,等等。这些都不错。但是,我们写作公文的根本目的,是对本地区、本部门问题进行具体分析,提出解决问题的具体措施!也就是"办实事"啊!一味玩儿文章技法没有出路。

不过,在现实生活中,长文、套语折射出的"官僚习气"确实存在。从根本上说,有一心为民的心,才有一心为民的文。

趣话公文中的文学语言

有的文本不是文学作品,由于运用了文学语言,从而使作品大放异彩。

司马迁的《史记》是记述史实的史书,却用浓墨重彩的文学语言来表述。刻画人物,生动、细腻、传神;引述对话,个性鲜明;叙写事件,场景宏大而逼真,使读者如临其境。称得上文采焕发,彪炳百代。令人惊叹的是,不少"文学史"专著,设立了"司马迁与《史记》"的专章。鲁迅称颂这部史籍是"无韵之《离骚》",

毛泽东在《为人民服务》中提到司马迁时甚至说："中国古时候有个文学家叫做司马迁的……"

南北朝郦道元的《水经注》是详记地貌的综合性地理专著，铺展出来的却是清丽、洒脱的优美语言。"地理志"变身为妙笔生花的山水散文集，卓绝不凡，影响深远。

法国法布尔的《昆虫记》是节肢动物著述，作者以充满人文情怀的文学笔调，栩栩如生地描绘了昆虫的生活、劳作和"婚姻"等，令无数人读得兴味盎然，爱不释手。法布尔因此获得"文学家"的美誉。

马克思、恩格斯《共产党宣言》的语言绮丽流畅、挥洒自如、文辞斐然。文章开头的"一个幽灵，共产主义的幽灵，在欧洲大陆徘徊……"和末尾的"无产者在这个革命中失去的只是锁链。他们获得的将是整个世界"，充满文学意味，震撼了无数心灵。无怪乎这部马克思主义经典著作问世之初，被归入散文类作品。

我第一次读毛泽东《论人民民主专政》时，深深惊艳于贯穿全文的俊逸文笔，其中"十月革命一声炮响，给我们送来了马克思列宁主义"等精彩语句至今记忆犹新。胡适曾说："共产党里白话文写得最好的还是毛泽东！"洋溢着文学气质的酣畅犀利的语流，让主席雄文如虎添翼。

"中国经济是一片大海，而不是一个小池塘。"

"狂风骤雨可以掀翻小池塘，但不能掀翻大海。"

"经历了无数次狂风骤雨，大海依旧在那儿！经历了

5000多年的艰难困苦，中国依旧在这儿！面向未来，中国将永远在这儿！"

习近平主席在中国国际进口博览会开幕式主旨演讲中运用的这些充溢着文学韵味的话语，顿时让各国朋友牢牢树立起对中国经济的坚定信心。

这么说吧，甭管哪类文章，一旦披上文学语言的华彩外衣，面貌便焕然一新，效力倍增。

采用文学语言的时候，对不同质的文本，宜赋予不同的语言风格。譬如，面对大众的讲稿，语句宜清新、自然、流畅，以口语为主，间或糅以书面语。既好懂，又有文采，还具感染力。

公文文本运用文学语言时，须留意几个"看"：

一、看对象。《与陈伯之书》是一封劝降信，其中的"暮春三月，江南草长，杂花生树，群莺乱飞"洋溢着文学意韵，词句瑰丽，历来为评论家所激赏。这四句是冲着陈伯之说的，陈伯之是江南人，作者形象地描述旖旎迷人的南国风光，意在唤起收信人陈伯之的故园之情。

二、看语境。骆宾王《为徐敬业讨武曌檄》中的"请看今日之域中，竟是谁家之天下"，是千古名句。它出现在一篇政论性檄文之中。前有大段铺陈，后将收束煞尾，在这一特定语境中，喷涌出气势雄浑、荡气回肠的豪言壮语，恰到好处。

三、看身份。《马援诫兄子严敦书》中说："效季良不得，陷为天下轻薄子，所谓画虎不成反类狗者也。"意思是，学习（杜）季良没学好，就会堕落为世上轻浮的人。其中"画虎不成反类狗者也",语句绝妙,演变为成语"画虎类狗"。马援的信是写给俩侄子的,训诫言辞与"叔叔"身份契合。因为有"以上对下"的亲属关系,这句劝谕才恰到好处,贴切精辟。

四、看目的。韩愈《祭鳄鱼文》文末说:"夫傲天子之命吏,不听其言,不徙以避之,与冥顽不灵而为民物害者,皆可杀。刺史则选材技吏民,操强弓毒矢,以与鳄鱼从事,必尽杀乃止。其无悔!"词句严正刚劲,文学性强,犹如巨石从万仞高峰滚下,势不可当,最后落在一个"杀"字上。话语之所以锋芒毕露、气势逼人,与写作目的密切相关——虽为祭文,意图却是驱逐为害一方的鳄鱼,故而毫不留情,以文学语言喷发出猛烈火力。

《红楼梦》语言

曹雪芹并不知道《红楼梦》这个书名

曹雪芹活着的时候,《红楼梦》已经开始传抄,不过书名不叫"《红楼梦》",而是叫《石头记》。

曹雪芹大约1763年辞世。他去世21年后的1784年,小说才第一次改名为《红楼梦》。这个首次命名为《红楼梦》的本子,是"甲辰本"(手抄本)。《红楼梦》是曹公谢世二十余载后起的书名,他自然不知道。

《红楼梦》这个名称比《石头记》好。《石头记》让人不知说什么,《红楼梦》则让人联想到一幢华美的红色绣楼,以及梦幻般的大观园里跌宕起伏、悲喜交织的故事。

这个书名也比小说第一回中提到的《情僧录》《风月

宝鉴》《金陵十二钗》等强得多，能概括整个故事。为避封禁，清代书商曾采用《金玉缘》《大观琐录》等书名，后来都销声匿迹了。可以说，"红楼梦"三字是经过对比、挑选后"优化"的书名。

曹雪芹离世后，不仅书名被"优化"，文字也被"优化"了。他去世28年后的1791年，出现了"程甲本"，这是第一个用木活字排印的《红楼梦》，意义重大。排印本的出现使《红楼梦》结束了读者寥寥的手抄本时代，跃入印刷本时代。《红楼梦》从此得以广泛流传，被世人熟知。值得注意的是，"程甲本"问世第二年，即1792年，出版了其修订本"程乙本"。这个本子在文字上进行了整饬、修饰、润色，使语言更流畅自然，更好阅读。也就是说，"程乙本"在文字上进行了全面"优化"。

我最初读此名著时，看的是人民文学出版社以"程乙本"为底本的《红楼梦》。后来读的，是社会流行的人民文学出版社以"庚辰本"（曹雪芹在世时的手抄本）为底本的，顿感后者滞涩、拗口处甚多，疙疙瘩瘩，没有"程乙本"读得那么顺畅、舒服。"程乙本"语言也更规范，例如"庚辰本"第三十八回的"两颗桂花"，"程乙本"改为"两棵桂花"；"庚辰本"第四十二回的"心下暗伏"，"程乙本"改为"心下暗服"等。

研究者重视接近曹氏原稿的"庚辰本"，但对一般读者尤其是对青少年而言，读"程乙本"更好些，因为文字更晓畅，更易于理解和欣赏。

人民教育出版社小学《语文》（2019年12月版）五

年级下册有篇课文《红楼春趣》,说的是春天放风筝的故事,选自《红楼梦》第七十回。我拿来流行的人民文学出版社的《红楼梦》(2008年7月版,以庚辰本为底本)一比对,文字有出入,特别是最后一句"说着,有丫头来请吃饭,大家方散",原著没有,颇为显眼。是编者改动了吗?我猛然想,是不是"程乙本"的?找出人民文学出版社1964年版的"程乙本"《红楼梦》一对,果然,一字不差!编者的选择十分正确,肯定进行了对比。

没比较,认不清;一比较,洞若观火。

《红楼梦》语言的含蓄特色

表达含蓄是《红楼梦》的语言特点之一。尤其是描写人物内心情怀时,字里行间往往不"说破",而是让读者审视语境、对照上下文,自己体悟出来。虽有时费些心思,然而这恰是《红楼梦》魅力所在。

一、不动声色地含蓄展现人物性格

作品常常在波澜不惊的平静叙述中,仿佛不经意地透露出人物的性格特点。第八回中,黛玉去宝玉处闲聊,宝玉也刚回来,跟丫头们闲话。小丫头茜雪捧上茶来,宝玉忙让："林妹妹吃茶。"丫头们笑道："林妹妹早走了，还让呢。"这里，一个蜻蜓点水般的小细节，隐含了两个意蕴：1. 黛玉的不辞而别，流露出她爱计较小事的秉性；2. 宝玉做事瞻前不顾后，毫无知觉间，冷落了黛玉。小小情节，寥寥数笔，"一石二鸟"地刻画出两个人物的迥异性格。

小说有时让不同人物做同样的事儿，用不同表现映衬出人物相异个性。第二十二回中，贾母让几人点戏，宝钗点了贾母喜欢的"热闹戏"——一折《西游记》，老太太"自是喜欢"。凤姐"亦知贾母喜热闹"，点了《刘二当衣》，"贾母果真更又喜欢"。接着，让黛玉点，小说在这里忽然刹住笔势，仅给出"黛玉方点了一出"七个字。淡淡一笔，却大有深意。提到宝钗、凤姐点戏，都特意交代贾母听了高兴。对黛玉呢，既没说点什么戏，也没提贾母反应。也就是说，小说运用对比的手法含蓄地写出黛玉没有刻意投贾母所好，点热闹戏！作者用"点戏"时的不同做派，巧妙而不动声色地写出三人截然不同的性格：钗、凤对贾母的百般迎合与黛玉的坚守人格尊严，不事趋奉。

有时，人物话语看似平淡无奇，若跟人物行为比照，立马有新收获。第七十二回中，凤姐对贾琏说："我因为我想着后日是尤二姐的周年，我们好了一场，虽不能别的，到底给他上个坟烧张纸，也是姊妹一场。"凤姐这话颇有人情味儿。但将此语与她用尽各种残忍手段害死尤二姐的行为对照，立即领略到凤姐口蜜腹剑的诡诈性格。

作者在这里同样采用了"引而不发"的手法，摆出其言其行，并不品评，让读者自己对比、体味。

有时人物的话语或行为，看上去并不令人惊诧，但仔细考察作者设计的语境，会发现人物的某种品性。第二十九回中，黛玉对探春说："他（宝钗）在别的上还有限，惟有这些人带的东西上越发留心。"这话是批评宝钗的，表面看跟黛玉平常说的话差不多，并无奇特。但察看语境，会吓一跳——贾母就坐在一旁！贾母曾多次公开表示喜爱宝钗，黛玉自然知晓。当着老太太的面说这样的话，会令贾母不悦啊。一句寻常话，含蓄而细腻地写出黛玉性格中不够谨慎的一面。第五十四回中，宝玉挨个儿给大家敬酒，到黛玉这儿，唯独她不喝，而且"拿起杯来放在宝玉唇边，宝玉一气饮干"。观察此时环境，发现贾母也在现场！从秉持传统观念的贾母的视角看，黛玉此种举动显然是青年男女之间的"出格"行为，令老太太大不快。果然，很快，贾母借评议说书人故事之机，猛烈抨击自主恋爱，犀利锋芒，指向黛玉。这可以视为对黛玉的严重警告。以上两处黛玉失当之举，作者都未评说一句，而是借助人物言行与环境的配合，来揭示人物性格、思想，让读者自己咀嚼。

小说还善于通过描写人物的细小动作，含蓄而深刻地显露人物内心世界。第二十五回中，赵姨娘让马道婆诅咒凤姐、宝玉，给了她银子和欠条。这时，只见马道婆"满口里应着，伸手先去抓了银子掖起来"。作者没说"把银子收起来"或者"将银子掖起来"等，而是巧妙地用了一个"抓"字，活灵活现地把马道婆的贪婪个性淋漓尽致地展现出来。第二十六回中说，小丫头佳蕙去黛玉处送东西，正赶上黛玉给身边丫头"发工资"，见佳蕙来了，黛玉就"抓了两把"给她。这里的"抓了两把"，是说黛玉抓了两次，作者用连续两次的"抓"，摹写出黛玉心底的善良。连续动作写出黛玉不是做做样子，而是想多给丫头一点儿。

二、含蓄细腻展示人物各种心态

小说描写人物在各种事件中的心态，也往往采用含蓄手法，不直白明说，而是通过人物话语或举止显示出来。

第三回中，黛玉初入贾府，贾母问黛玉"念何书"，黛玉答"只刚念了《四书》"。过了会儿，宝玉跟黛玉见面，问黛玉"可曾读书"。黛玉完全颠覆了自己刚才的说法，回复"不曾读"，仅"些须认得几个字"而已。黛玉话语前后矛盾。细阅上文可知，宝、黛见面之前，黛玉听到了贾母的"女孩儿读书无用论"，知道外祖母反对女孩儿读书，故宝玉当着贾母的面再问时，黛玉来了个一百八十度大转弯，说法完全相反。黛玉的话语调整，显现出刚入贾府时，黛玉处处小心谨慎的心态。

耐人寻味的是，小说有时用人物的言语数量，含蓄地表现某种心态。第十三回中，贾珍想给儿子买官，找到宦官戴全。本来事儿很简单，能不能办，三言两语即可，戴全却说了一大车话："事倒凑巧，正有个美缺。如今三百员龙禁尉短了两员。昨儿襄阳侯的兄弟老三来求我，现拿了一千五百两银子送到我家里。你知道，咱们都是老相与，不拘怎么样，看着他爷爷的分上胡乱应了。还剩了一个缺，谁知永兴节度使冯胖子来求，要与他孩子捐，我就没工夫应他。既是咱们的孩子要捐，快写个履历来。"除了最后一句外，这一大堆话，都与贾珍无关，而戴全却滔滔不绝，口若悬河，似乎仍意犹未尽。

为何这样写？这里是运用饾饤冗赘的絮语，将位高权重的宦官炫耀自身权势的洋洋得意的心态，活灵活现地描摹出来。

送往迎来的寻常客套话，也被曹雪芹用来含蓄点染人物心态。第八回中，宝玉到薛姨妈家做客，薛姨妈热情欢迎道："他（宝钗）在里间不是，你去瞧他，里间比这里暖和，那里坐着，我收拾收拾就进去和你说话儿。"薛姨妈热情邀请宝玉去宝钗闺房跟宝钗"单聊"，一连串客套话，含蓄地描写出薛姨妈心底期盼宝玉跟自己闺女关系热络的心态。第三十四回中，宝玉挨打，宝钗探视，袭人送客时说："姑娘倒费心了。改日宝二爷好了，亲自来谢。"这句送客的客套话虽然简单，却含深意。一个伺候主子的丫头怎能决定"宝二爷"行止呢？小说用这句简单的客套话，轻轻一笔，婉转地点出袭人内心认定自己身份特别，将来必是宝玉侍妾的心思。

傲慢与谦恭这两种对立的心态，作者常常通过人物的行为动作，含蓄地刻画出来。第六回中，刘姥姥初来贾府，见"平儿站在炕沿边，捧着小小的一个填漆茶盘，盘内一个小盖钟。凤姐也不接茶，也不抬头，只管拨手炉内的灰，慢慢的问道：'怎么还不请进来？'"这里，用一连串凤姐的缓慢动作，蕴藉地活画出贾府大管家的高傲与骄矜。与此相反，第五十五回中，凤姐让平儿上炕吃饭。平儿的动作则是"屈一膝于炕沿之上，半身犹立于炕下"，短短几个字的动作描写，不动声色地勾画出平儿内心的谦恭与谨慎。

值得玩味的是，某种众人心态或者带有时代心态，作者善于运用人物话语，含蓄展现出来。第三十七回中，丫头秋纹得到王夫人赏的衣裳，有人嘲笑，说这是赏给别人后剩下的。对此，秋纹说："那怕给这屋里的狗剩下的，我只领太太的恩典……"众人笑道："骂的巧，可不是给了那西洋花点子哈巴儿了。"一句"骂的巧，……"，自然而蕴藉地写出了大观园仆人鄙视袭人阿谀王夫人的共同心态。

第四十二回中，宝钗对黛玉说："男人们读书明理，辅国治民，这便好了；只是如今并不听见有这样的人，读了书，倒更坏了。这是书误了他，可惜他也把书糟蹋了。所以竟不如耕种买卖，倒没有什么大害处。"宝钗话语中明确肯定的"买卖"，即经商。自古以来都是"万般皆下品，唯有读书高"，常蔑视商人，如白居易《琵琶行》中说"商人重利轻别离"。但随着资本主义萌芽的产生和社会的发展，商人名声渐渐发生改变。故而"三言"里《卖油郎独占花魁》中的小商人秦重被写成"志诚君子"。这里，小说透过宝钗一席话，含蓄地映现出诞生《红楼梦》的乾隆时代，人们对商人看法发生的历史性变化，写出了具有时代特色的新意识。

三、含蓄显现人物内心情感

对人物的内心情感，作者往往不是直接交代出来，而是通过人物的行为或话语含蓄透射出来。这给品味人物情怀提供了饶有兴味的空间。

第七十回中，贾政将回贾府。宝玉毛笔字练习数量不够，怕父亲检查，很着急。忽然，黛玉的丫头送来"一卷……一色老油竹纸"。宝玉打开一看，上面是"临的钟王蝇头小楷，字迹且与自己十分相似"。这里的"十分相似"四字，透露出黛玉平日里下功夫模仿宝玉字迹的作为。"一卷"则道出数量之多。可以说，这卷"老油竹纸"包孕着黛玉平时许许多多的伏案辛劳。作者用这卷纸含蓄而真切地摹写出黛玉对宝玉的深挚情意。

有时，作者用极为细微的行为，来抒写人物的某种情感。第六十二回中，袭人送来一杯茶，让宝钗、黛玉不论谁先喝，然后再去倒。谁先喝呢？小说写道："袭人便送了那钟去，（黛玉）偏和宝钗在一处，只得一钟茶，便说：'那位渴了那位先接了，我再倒去。'宝钗笑道：'我却不渴，只要一口漱一漱就够了。'说着先拿起来喝了一口，剩下半杯递在黛玉手里。袭人笑道：'我再倒去。'黛玉笑道：'你知道我这病，大夫不许我多吃茶，这半钟尽够了，难为你想的周到。'说毕，饮干，将杯放下。"这里有三个连续的细小行为：1. 宝钗喝半杯；2. 宝钗把杯子递给黛玉；3. 黛玉一饮而尽。作者用这一连串细小动作生动形象地展示出钗、黛推心置腹恳谈后，情感已变得十分亲密融洽的情状。虽然作者未评说一句，但透过一系列细小动作，读者可窥察出两人的亲昵关系。

有时，作者用接连发生的不同行为，含蓄写出不同的情感。第四十一回中，众人在妙玉处饮茶。妙玉命人将刘姥姥用过的一个名贵杯子放到外面，准备丢弃。片刻后，她请宝、黛、钗喝茶。这时，只见妙玉"仍将前番自己常日吃茶的那只绿玉斗来斟与宝玉"。在这个小片段里，妙玉两个涉及杯子的行为，透露出截然不同的情感：一种是对老农妇的嫌弃，仅仅因为刘姥姥用过一次，再名贵的杯子也不要了；另一种是对宝玉的爱慕之情，她特意将自己平日里喝茶的那个心爱的杯子斟上茶请宝玉喝（这是宝玉之外，任何人没有享受过的"特殊待遇"）。小说用两个衔接在一起的行为进行对照。读者从中可以领略到妙玉心灵深处两种截然不同的情感。

尤其值得品味的是，小说巧妙运用"话题转换"手法来含蓄地描摹人物内心情愫。第三十五回中，宝玉为了让贾母夸赞黛玉，说："若是单是会说话的可疼，这些姊妹里头也只有凤姐姐和林妹妹可疼了。"宝玉没想到，贾母没顺着他夸赞黛玉的话语往下说，而是突然将话题一转，对身旁的薛姨妈说："提起姊妹，不是我当着姨太太的面奉承，千真万真，从我们家四个女孩儿算起，全不如宝丫头。"这里，作者运用贾母的话题转换，自然含蓄地写出贾母喜欢宝钗、不喜欢林黛玉的心底情结。第四十回中，小说再次运用话题转换手法含蓄揭示贾母的感情倾向。刘姥姥对贾母夸赞黛玉的住所，说："这那里像小姐的绣房，竟比那上等的书房还好。"贾母没接着刘姥姥的话茬儿往下说，而是忽然变换话题，询问："宝玉怎么不见？"贾母这一话题转换较上一处更为明显，转换幅度也更大，干脆直接拒绝回应涉及黛玉的话题。贾母的这一言语行为暴露出，她在情感上反感黛玉爱读书的习惯（故而不回应刘姥姥说黛玉绣房像书房的话），也反感外孙女的某些做派。虽然这两处文字中，贾母没说一句批评黛玉的话，但通过两次话题转换，含蓄地显示出贾母喜钗厌黛的情感。从这些对贾母含蓄的描写中，可以领悟到，在贾母喜钗厌黛阴云笼罩下，黛玉对爱情真挚热诚的追求是没有希望的，迟早要被扼杀。

四、通过言语含蓄透露人物观念

《红楼梦》往往不直接说明人物秉持的观念，说谁是什么样的人，而是通过铺陈人物侃侃叙谈的话语，一步步将其隐匿心扉的思想意识揭示出来。

第六十回中，探春对赵姨娘谈及跟小丫头们的相处之道，说："那些小丫头子们原是些顽意儿，喜欢呢，和他说说笑笑；不喜欢便可以不理他。便他不好了，也如同猫儿狗儿抓咬了一下子，可恕就恕，不恕时也只该叫了管家媳妇们去说给他去责罚，何苦自己不尊重，大吃小喝失了体统。"不错，探春是个是非清楚、做事果断、精明干练的"女中丈夫"，然而这段话却透露出探春意识的另一面。她将小丫头们视同"猫儿狗儿"等语，泄露出她心中分明的等级观念。这段娓娓而谈的劝导，揭示出探春意念的另一侧面，增厚了探春形象的内涵。

第五十四回中的例子更为典型。王夫人对贾母解释袭人缺席家宴的缘由，说："他妈前日没了，因有热孝，不便前头来。"贾母借题发挥，说："跟主子却讲不起这孝与不孝。若是他跟了我，难道这会子也不在这里不成！皆因我们太宽了，有人使，不查这些，竟成了例了。"贾母这番话，显然不是针对袭人一人一事而说的，而是强调贾府必须严格遵守的准则，要求严守等级分明的老规矩。小说用贾母的这番话含蓄地写出其心灵深处严苛、固执的等级观念。从中可以体味出，在她的意识里，主子跟奴才是天上、地下两个完全不同的等级，两者之间的界限绝对不可逾越、不容混淆。跟上文探春的等级意识比较起来，贾母的这一观念要强烈得多，顽固得多。《红楼梦》在这里依然没有作任何评论，仅让人物平平静静地叙说，舒缓而含蓄地一点一点展示其心坎里的真实思想。

在这部描写宝、黛爱情的小说中，婚姻观备受关注，贾府最高统治者贾母的婚姻观更受关注。对此，小说仍采用含蓄手法徐徐展现。第四十七回中，贾母对邢夫人谈到贾赦对鸳鸯逼婚时说："我正要打发人和你老爷说去，他要什么人，我这里有钱，叫他只管一万八千的买去，就这个丫头不能。留下他伏侍我几年，就比他日夜伏侍我尽了孝一般。"这些话透露出：贾母恼火的不是贾赦纳妾，在她看来，纳妾是社会生活中再正常不过的事了，自己甚至可以出钱帮儿子纳妾。她恼火的是贾赦盘算收纳的，竟是对自己忠心耿耿、用起来得心应手的贴身丫头。这还了得！这是要剪除自己的"股肱之臣"、断自己的"左膀右臂"啊。也就是说，一席话显露出贾母这样的观念：纳妾很合理，很正常啊，是正当的婚姻生活，纳几个都行。将贾母的这些话与下面她的另一言论合到一处，便可窥见贾母完整的婚姻观。第五十四回中，贾母借女说书人的故事大发议论："开口都是书香门第，父亲不是尚书，就是宰相，生一个小姐，必是爱如珍宝。这小姐必是通文知礼，无所不晓，竟是个绝代佳人。只一见了一个清俊的男人，不管是亲是友，便想起终身大事来，父母也忘了，书礼也忘了，鬼不成鬼，贼不成贼，那一点儿是佳人！便是满腹文章，做出这些事来，也算不得是佳人了。"这些话暴露出贾母婚姻观的另一面：婚姻必须由父母做主，如果自主恋爱，便是大逆不道，是"鬼不成鬼，贼不成贼"，是没有道德的坏人。

将两段话联系起来，可以窥见贾母婚姻观的完整版：

贵族阶层可以随意纳妾，数量不限，完全合乎情理；青年男女绝对不允许自由恋爱，只能听从长辈安排，否则便是大逆不道。

这些，都是在贾母日常生活里与媳妇、姑娘们说说笑笑的言谈中，一点一滴展现出来的，《红楼梦》中未对贾母婚姻观评说一句。这体现出，《红楼梦》含蓄隽永的叙述风格。

耐人寻味的是，有时候，人物话语不但蕴含人物某种观念，还显现出人物之间的思想差异。第七十八回中，贾母谈到宝玉时说了这样一段看似普通的家常话："我也解不过来，也从未见过这样的孩子，别的淘气都是应该的，只他这种和丫头们好却是难懂。我为此也耽心。每每冷眼查看他。只和丫头们闹，必是人大心大，知道男女的事了，所以爱亲近他们。既细细查试，究竟不是为此。岂不奇怪。想必原是个丫头错投了胎不成！"接下去小说写其他事了，作者对贾母之语未予评说。然而恰在这几句平平淡淡的家常话里，我们看到了深层次的内涵：

第一，贾母的等级理念。贾母从娘家到婆家，都生活在贵族大家庭中，等级意识自幼养成，根深蒂固。上文提到的处置贾赦逼婚、评论袭人守孝，甚至调解凤姐跟平儿芥蒂时，无不渗透着她那严酷、冰冷的等级观。

第二，宝玉在贵族家庭中与众不同的平等意识。宝玉平日跟身边丫头们相处，如同对待玩伴一样随和，从不摆架子，总是平等相待。丫头们在他面前说话也无顾忌，以至袭人说他一天不挨晴雯"村"两句就过不去。他还常帮丫头们做事，如熨衣裳，甚至帮丫头梳头。宝玉从未把丫头们当奴仆，而是当朋友。谁有不幸，他为之伤心；谁有好事，他为之高兴。宝玉的作为中流露出一种朦胧的平等观念。

第三，贾母秉持的是深入骨髓的等级观念，使得她无法理解宝玉的平权做派，由此形成了祖孙之间天差地远的思想隔阂。小说通过贾母这段话，深刻而含蓄地揭示出贾母跟宝玉之间理念上深如鸿沟的隔膜。可以说，这儿给读者留下了广阔的思考与想象空间，可谓是《红楼梦》不显山露水的点睛之笔。

含蓄表述，是《红楼梦》的一大艺术特色。这一风格提升了小说的趣味性、欣赏性；同时，又引人思索，增强了作品思想的深邃性和丰富性。

跟其他三部古典名著《三国演义》《水浒传》《西游记》比较起来，《红楼梦》的叙说方式非常独特。《三国演义》等三部古典名著，是以悬念迭出、引人入胜的故事取胜的；《红楼梦》则以揭示几十个典型人物的多样人性取胜的。作者在揭示不同人物的人性时，不大采用直接交代、点明、说破的方式，而是通过人物的话语、行为，以及事件等舒缓、渐进地展示人物的多样人性，让读者自己观察、悟解、归纳。可以说，《红楼梦》的语言风格细腻、含蓄，独树一帜。

趣话《红楼梦》中奇特的"留白"

《红楼梦》中奇特的"留白"手法,颇有意趣,耐人寻味。例如第四十回有个精彩场景:

> 贾母这边说声"请",刘姥姥便站起身来,高声说道:"老刘,老刘,食量大似牛,吃一个老母猪不抬头。"自己却鼓着腮不语。
>
> 众人先是发怔,后来一听,上上下下都哈哈的大笑起来。史湘云撑不住,一口饭都喷了出来;林黛玉笑岔了气,伏着桌子叫"嗳哟";宝玉早滚到贾母怀里,贾母笑的搂着宝玉叫"心肝";王夫人笑的用手指着凤姐儿,只说不出话来;薛姨妈也撑不住,口里茶喷了探春一裙子;探春手里的饭碗都合在迎春身上;惜春离了坐位,拉着他奶母叫揉一揉肠子。地下的无一个不弯腰屈背,也有躲出去蹲着笑去的,也有忍着笑上来替他姊妹换衣裳的,独有凤姐鸳鸯二人撑着,还只管让刘姥姥。

这里写出八种笑态,都跟人物身份、性格密切相关:史湘云曾"醉卧花荫",比较率性,故"一口饭都喷了出来";黛玉身体羸弱,便"笑岔了气"趴在桌上;宝玉是奶奶宠儿,笑得"滚到贾母怀里";王夫人乃威严主人,看出是凤姐指使刘姥姥出怪相,因而"用手指着凤姐";薛姨妈系王夫人妹妹,为尊贵亲戚,憋不住笑,将茶水喷到姑娘裙子上倒也无妨;探春这个"女中丈夫"不拘谨,笑得"把饭碗都合在迎春身上";惜春年纪小,边笑边"离了坐位,拉着他奶母叫揉一揉肠子"。多姿多彩的笑态惟妙惟肖呈现出欢快、热烈而又真实、自然的场景。但是,读到这里人们心中升起一个大大的问号——小说核心人物宝钗也在场,怎么没写她的笑态呢?

洞明世事的宝钗早已看透凤姐、鸳鸯玩弄的小把戏,对主动"献丑"的刘姥姥觉得滑稽好笑,又有几分鄙视、几分怜悯。所以城府颇深的宝钗并不开怀大笑,只不过略微翕动朱唇,微笑一下而已。若写出,则跟整体欢腾欣悦氛围不合。曹雪芹在这里一句不提宝钗,采用了类似中国水墨丹青的"留白"技法,给读者留下揣摩品味、自由想象的空间,更含蓄耐读,富有艺术张力与文学魅力。

有时,《红楼梦》对人物话语予以"留白"。第四十三回中,宝玉夜探黛玉。他脱下蓑衣后,"一手举起灯来,一手遮住灯光,向黛玉脸上照了一照"。按常理说,"提灯照脸"是不礼貌行为,一般人不乐意接受。但这里,小说却让一贯爱挑理的黛玉一语未发,尤其是书中对此也一句未予评说。这一"留白"喻示,第三十二回诉肺腑及第三十四回题帕定情之后,宝、黛已然心灵契合、相互沉醉,情感渐入佳境。故而黛玉才顺从地接受了宝玉"提灯照脸"的"鲁莽举动"。此时,不论让黛玉说句什么,或"旁白"解说,都不如"留白"更耐人咀嚼。再如,第一百二十回里宝玉出家后,见到父亲贾政,"倒身下拜",贾政连连问话,宝玉却一句未答,跟着"一僧一道"飘然而去。这是宝玉在《红楼梦》中的最后出场。此时,他满怀无限愤懑、悲伤、不平、无奈、感慨……如此复杂的情怀,岂是一句话或几句话所能涵盖?让宝玉之言"留白",就给读者留下思忖咂摸的广阔天地——人们会忆起他遇到的一桩桩奇崛往事、跟黛玉刻骨铭心的爱情生活,以及昔日多少喜悦、兴奋、气愤、悲痛、不平……引发读者深深思索。这儿宝玉话语的"留白",实为妙策。

其实,别的名作,也采用"留白"技巧。《西游记》中孙悟空二借芭蕉扇,因未获缩扇口诀,小小身躯竟扛丈二巨扇踽踽独行,十分可笑。小说对此未评一句,而是"留白",让读者自己体味大圣令人捧腹的洋洋自得与粗疏大意,使叙述更具蕴藉意味。

论说文有时亦用"留白"手法。如毛泽东《反对自由主义》在列举自由主义十一种表现后说:"还可以举出一些。主要的有这十一种。"一句"还可以举出一些"引而不发,意为可详述但不详述,这一"留白",强力启发读者联想身边种种自由主义表现。

论说文的"留白"有时还运用"反问"形式。譬如毛泽东在《中国人民解放军总部发言人为英国军舰暴行发表的声明》中说:"过去数年内,美国、英国、加拿大等国政府是帮助国民党反对我们的,难道艾德礼先生也忘记了?"毛泽东没有一桩一件摆出数年内美、英等国帮助国民党打内战的实例,而是用一句反问来"留白"。这样,一方面指明客观事实,一方面引发读者思量以往。反问式"留白"具有点明真相、启发思考的独特作用。

焦大话语中几个有趣的词

焦大是整部《红楼梦》中最典型的着墨不多、却令读者印象深刻的人物。《红楼梦》第七回有个"焦大醉骂"情节。焦大"先骂大总管赖二,说他不公道,欺软怕硬":

有了好差事就派别人,像这等黑更半夜送人的事,就派我。没良心的王八羔子!瞎充管家!你也不想想,焦大太爷跷跷脚,比你的头还高呢。

接着又骂申斥他的贾蓉,说:

蓉哥儿,你别在焦大跟前使主子性儿。别说你这样儿的,就是你爹、你爷爷,也不敢和焦大挺腰子!不是焦大一个人,你们就做官儿享荣华受富贵?你祖宗九死一生挣下这家业，到如今了，不报我的恩，反和我充起主子来了。不和我说别的还可，若再说别的，咱们红刀子进去白刀子出来！……那里承望到如今生下这些畜牲来！每日家偷狗戏鸡，爬灰的爬灰，养小叔子的养小叔子，我什么不知道？咱们"胳膊折了往袖子里藏"！

焦大话语透露出两个不满意：一个是不满意赖二给他派黑夜送人的差事，另一个是不满意年轻主子贾蓉的申斥。

这两个不满意折射出焦大内心的不平衡。他早年"跟着太爷们出过三四回兵，从死人堆里把太爷背了出来，得了命"。也就是说，焦大救过贾府先辈"太爷"的命。没有这个"太爷"，也就没有此时的荣华富贵，焦大是贾府的大恩人。恩人应得回报，如今却没得着什么，他自然一肚子气，借着酒劲儿发泄出来。从贾府的角度说，对恩人焦大，可以安排一个重要的管理职务，也可以安排一个不受管家支使的闲差，颐养天年。从"焦大醉骂"来看，贾府没有周到妥帖安排焦大，欠了他一个人情。

耐人寻味的是，焦大醉骂中出现了几个有趣的词语。

焦大在叫骂中说"若再说别的，咱们红刀子进去白刀子出来"。其中的"红刀子进去白刀子出来"，拍摄87版《红楼梦》电视剧时，剧组问，这话里的"红""白"是不是弄颠倒了？专家说不是，这是"醉话"，电视剧台词便没改。其实，曹雪芹在世时的抄本"甲戌本"中

"脂批"对此已有评议："是醉人口中文法。"意思是，这是喝醉酒的人说的胡话。这个胡话体现出曹雪芹笔法的精细传神。

焦大醉话里说："那里承望到如今生下这些畜牲来！每日家偷狗戏鸡，爬灰的爬灰，养小叔子的养小叔子，我什么不知道？咱们'胳膊折了往袖子里藏'！"开头的"那里"应理解成"哪里"。古书里只有"那"，没有"哪"，有的"那"要理解成"哪"。"五四"之后，才逐渐用"哪"。其中的"承望"是"料到"的意思，例如《红楼梦》第六十三回中道士向尤氏报告："不承望老爷于今夜守庚申时，悄悄的服了下去，便升仙去了。"是说，没料到追求长生不老的贾敬悄悄吃了丹砂，导致死亡。所以，焦大说的"那里承望……"是表示"哪儿想到……"。

其中的"爬灰"指公公和儿媳私通。在灰上爬，必然弄脏膝盖，即"污膝"，"媳"与"膝"谐音，"污膝"暗指"污媳"。郭沫若话剧《卓文君》也用了这个词，说："这样挽着我做什么！你这想爬灰的老忘八！"焦大说的"胳膊折了往袖子里藏"是"家丑不可外扬"的意思。那么，他说的"咱们'胳膊折了往袖子里藏'！"是表示自己跟贾府主子们都别把丑事往外说吗？不是。结合这句话前面说的"我什么不知道？"，就会体味出，焦大的意思是："贾府里的丑事，我全都知道，虽然你们不说。"也就是说，焦大话里的"胳膊折了往袖子里藏"是"你们将丑事藏着不说"之义。他说的"咱们"实际是指"你们"。在口语中,"咱们"有时指对方。例如《现代汉语学习词典》中"咱们"的用例:"师傅,咱们这儿有针线吗?"(对售货员说,指"你们")再如《现代汉语词典》里"咱们"的用例:"咱们别哭,妈妈出去一会儿就回来。"(对小孩儿说,指"你")

提到这个片段,评家说焦大是"骂主子其实是爱主子的典型",是"贾府里的屈原"(鲁迅语)。不过,焦大跟屈原有不同之处:屈原一心为国为民;焦大则是贾府好,自己能好,贾府若败,自己难生活。归根结底,他还是为了自身利益。

人们都说,《红楼梦》中用笔墨最少、给人印象深刻的典型人物是焦大。为什么呢?因为他说出了别人不敢说的话。

说出别人没有说出的话,容易被读者记住。

贾政的告示为何碰了壁

《红楼梦》里宝玉的父亲贾政是个京官。有一回,外放到江西。

贾政决心做个好官儿。他思谋之后,发布了措辞严厉的告示,宣称贪赃枉法行径一经查实,立即严惩。

但事与愿违,贪腐依旧猖獗,他还被人参了一本,连降三级,卷起铺盖狼狈回京。

贾政始终闹不明白,究竟是怎么回事儿。

他的随员道出了玄机——

地方官员和百姓读了他"声色俱厉"的告示,反应出乎预料:"凡有新到任的老爷,告示出的愈利害,愈是想钱的法儿。州县害怕了,好多多的送银子。"因此,人们将他视作比前任更贪婪的墨吏,贪贿之风照样肆行无忌。

其实也在意料之中。贾政如果真的想革除弊政,就该深入调查,处置贪官,办出几件实事,地方上才会信从其箴言。

听其言,观其行,是世人判断言语有无诚意的两大凭据。空喊口号,行动阙如,谁会相信呢?

《红楼梦》中的色彩衬托

《红楼梦》中的色彩描写有时具有衬托的修辞作用。

例如,用某种色彩描写对人物性格的映衬:

黛玉窗外是"千百竿翠竹","满屋内阴阴翠润",一片翠绿。宝玉形容潇湘馆"宝鼎茶闲烟尚绿"。淡雅的绿色意境,衬托了黛玉这一人物形象的高雅、纯洁与超逸的才情。宝钗周围则弥漫着一片"白色氛围"。她的居室

"雪洞一般"，每日服的"冷香丸"由四种纯白花朵制成，她咏白海棠的诗在大观园姐妹中被评为第一，她奋力扑打的是"一双玉色蝴蝶"……笼罩着宝钗的白色，烘托出她淡泊、贤淑、恪守妇德及对弱者冷漠的性格特点。

小说的双色描写有时对场景起着衬托作用。例如第五十一回说，白雪纷飞中，大观园姐妹穿的"十来件大红衣裳，映着大雪，好不整齐"。第四十九回描绘，妙玉门前"十数枝红梅如胭脂一般，映着雪色，分外显得精神"。这两处红、白双色描写烘托出故事场景中景物的秀美和气氛的祥和。

多色描写则往往衬托出金玉满堂的富贵气象。例如：黛玉头一次迈入荣府，到了荣禧堂东耳房，所见色彩斑斓绚丽：有猩红毯、石青色引枕、秋香色大条褥、银红撒花椅搭……再如，小说细述尤氏房内陈设时，细致地交代，这儿有镏金火盆、猩红毡、大红彩绣靠背引枕、黑狐皮袄子、白狐皮坐褥、灰鼠椅搭……这两处多色彩描写衬托出钟鸣鼎食之家非同凡响的豪富。

《红楼梦》的色彩描摹发挥了积极的旁衬功能，使得被衬托的人或事物在某方面的属性更加彰显突出，给读者留下深刻印象。

从《红楼梦》"凸碧堂品笛"说到《桃花源记》

《红楼梦》第七十六回中,有个中秋夜"凸碧堂品笛"的片段,内蕴耐人寻味:

> 这里贾母仍带众人赏了一回桂花,又入席换暖酒来。正说着闲话,猛不防只听那壁厢桂花树下,呜呜咽咽,悠悠扬扬,吹出笛声来。趁着这明月清风,天空地静,真令人烦心顿解,万虑齐除,都肃然危坐,默默相赏。听约两盏茶时,方才止住,大家称赏不已。

近百字小段描述出这样的情景——明月当空,月光皎洁,四下里被照得如同白昼;周围很安静,没有风声,也没有说笑打闹;微风吹拂,让人格外舒爽。恰在此时,桂花树下的乐手吹响了竹笛。笛声舒缓,悠扬婉转,余音袅袅——这个画面环境优美雅静,笛声柔和动听,让参加晚宴的人们分外享受,都"称赏不已"。

《红楼梦》第四十一回中,有个与此类似的吹奏场面:

不一时，只听得箫管悠扬，笙笛并发。正值风清气爽之时，那乐声穿林度水而来，自然使人神怡心旷。

两个小片段有几个共同点：1. 都使用了乐声悠扬的笛子、笙、箫等管乐器；2. 演奏时周围都很安静，清风徐来；3. 听众都和谐融洽；4. 乐声都从远处传来，轻柔、婉转；5. 演奏效果都让人如痴如醉。

由此可窥见小说的音乐审美观：在宁静的环境与和谐的人际关系中，倾听远处传来的柔美舒缓的乐曲，最为惬意。

第七十六回中贾母说"音乐多了，反失雅致，只用吹笛的远远的吹起来就够了"，又说"须得拣那曲谱越慢的吹来越好"。有力印证了上述音乐审美观。

由此联想到《红楼梦》第四十九回中一个雪景：

到了次日一早，宝玉因心里记挂着这事，一夜没好生得睡，天亮了就爬起来。掀开帐子一看，虽门窗尚掩，只见窗上光辉夺目，心内早踌躇起来，埋怨定是晴了，日光已出。一面忙起来揭起窗屉，从玻璃窗内往外一看，原来不是日光，竟是一夜大雪，下将有一尺多厚，天上仍是搓绵扯絮一般。……出了院门，四顾一望，并无二色，远远的是青松翠竹，自己却如装在玻璃盒内一般。于是走至山坡之下，顺着山脚刚转过去，已闻得一股寒香拂鼻。回头一看，恰是妙玉门前栊翠庵中有十数株红梅如胭脂一般，映着雪色，分外显得精神，好不有趣！

宝玉便立住，细细的赏玩一回方走。只见蜂腰板桥上一个人打着伞走来，……

这儿展示出这样的画面：清晨，大雪纷纷扬扬，雪地白茫茫一片，映衬着远处高大的青松和挺拔的翠竹。山坡下白雪世界里，妙玉门前矗立着一簇红艳艳的梅花，傲雪怒放，生机勃勃。附近小桥上，有人打着伞在漫天飞雪中缓步走来。

总起来看：音乐描写也好，景物描写也罢，都稳定而宁静，弥漫着祥和、平安、和谐的氛围。

由此想到北宋名画赵佶的《听琴图》。画中，松树下一人抚琴，两人静听，四周寂静，人物和谐，显现出跟《红楼梦》音乐、美景描绘相同的美学意向——同样在追求一种宁静、和谐的境界。

中国古代思想巨著《孟子》中说："独乐乐，与人乐乐，孰乐？"曰："不若与人。"曰："与少乐乐，与众乐乐，孰乐？"曰："不若与众。"意思是：独自欣赏音乐不如跟别人共赏快乐，跟少数人赏乐不如跟多数人同赏快活。话语体现出这样的理念：和谐、共享，方能获得真正的快乐和福祉。

中国古老的传统文化中，一贯强调"和为贵"(《论语·学而》)以及"四海之内，皆兄弟也"(《论语·颜渊》)。战国时代的墨子主张"兼相爱，交相利"(《墨子·兼爱上》)。这些思想对后世产生巨大影响。

可以说，自古以来，中华民族就具有追求和平、宁静度日并与人和睦共存的传统理念。

清朝时,中国的《镜花缘》跟英国的《鲁滨逊漂流记》都描写了远离尘世的地方。《镜花缘》的"君子国"里,人们不仅在买卖中相互谦让,对外来者也以礼相待,还热情请到家做客。《鲁滨逊漂流记》里,荒岛上的鲁滨逊不满足现状,不断进取。但是,对待外来者,则显示出这样的做派:他用火枪征服土人,把"星期五"变为自己的仆人,甚至贩卖黑奴,显露出"征服者思维"。

晋代陶渊明的《桃花源记》跟英国的《鲁滨逊漂流记》颇为相似:第一,都想象出一个与世隔绝的地方;第二,都建立起一个理想家园。但从对待外人的角度看,迥然不同。桃花源中人,对外人友好、真诚,文章两次描写村人对来访者的宴请。一次是最初见到外来者的村民邀请他到家里做客,并"设酒杀鸡作食"款待;另一次是,其他村民得知后,也纷纷"延至其家,皆出酒食",盛情招待。处处透露出"宁静地生活并与他人和谐共处"的意识。同样处于"绝境",两种行为体现出完全不同的文化。《桃花源记》中对外人的思维,植根于深厚的中华传统文化土壤。

现今,多国人士对"一带一路"倡议的称赞,可以看作对神州传统的友好和谐共处,携手同行理念的认同和赞许。

语文人物

我所知道的周有光先生

20世纪50年代到80年代,周有光一直住在沙滩后街55号。我家跟他家是邻居,周先生爱找我父亲聊天。90年代初我在国家语委工作,所以对先生前后几十年间的言谈有很多鲜活记忆。

50年代末至"文革"前,周先生经常晚饭后找我父亲热聊。有时几乎天天来。他每次来,总是先轻叩几下门,接着推门进来。屋子里的孩子们都在写作业。他点头向孩子们微笑后,径直走进父亲房间。有时聊十几分钟,有时聊近一小时。他是来我家最多的客人,母亲让称"周伯伯"。

每次来,母亲都给他沏茶,但他从来不喝,盘里的糖果也不吃。母亲让多了，他就从盘中拿起一块软糖，轻轻剥开糖纸，搁在嘴里。周先生是个步履轻捷的人。有一次，他刚走，我正好要上厕所，推门出去，已经不见他人影。到院子中央朝前院一看，周先生脚步轻快，他打着手电，地上那团光快速向前移动，在拐角处一闪，不见了。

周先生做事特别有条理。他家的一日三餐不是现想现做，而是按计划行事，每周日先生拟出下星期食谱，保姆每天照此做饭。我父亲曾跟别人说："周先生的文章跟别人的不一样，不是随便写的。他的每篇文章都是一个大计划中的一部分。看似互不相干，实际上构成了一个完整的系统，最后成书十分方便。"我在国家语委担任《语言文字报》主编时，周先生已过百岁，耳聪目明，乐于给我们写稿。我去他住的三楼送稿费，只见周先生从口袋掏出一个长方形的钱包，先拿起百元大钞放入一档，继之将50元的放另一处，再拿起10元的放又一处，最后搁好零钱。看着他不慌不忙、有条不紊的举止，我不由感叹，一百多岁的老人，做事竟如此有条有理，一丝不乱。

周先生很自信。60年代北京公交车非常拥挤，周先生自信满满地跟我父亲说："现在公交车的调度很不得法，如果让我去调度，一定会好很多。"

周先生不论做什么事，都爱时时处处动脑筋。一次我跟父母去看京剧《空城计》，马连良唱的。周先生携夫人也去了。那时候有中场休息，灯也亮了。休息结束的铃声响起，观众纷纷归座。我一瞧，周家夫妇的位子是空的。正诧异，忽见两人远远坐在前面座位上。估计是周先生琢磨中场时还未来的观众一定不会来了，所以来了个"阵地转移"。看完戏乘无轨电车回家，我跟父母在"故宫"站下。到大院门口碰上周家伉俪，他们是在"沙滩"站下的，说能少走一些路呢。虽然相差不太多，但透露出周先生时时动脑的良好习惯。

"文革"初期，研究员要轮流扫楼道北头的男厕所。总有人在厕所扔烟头，扫的人都埋怨，但谁也没辙。轮到周先生打扫，他在蹲坑的木门上钉了个纸盒，纸盒上写着"请把烟头扔盒里"。此举效果显著，地上烟头顿然消失。"文革"中期，文改会干部去宁夏平罗"五七干校"劳动。给几位研究员派的活儿是编筐子。我父亲是农村长大的，会编。周先生不会，父亲教他。没料到，过了数日，先生编得比父亲还好。他向父亲介绍经验说，先把柳条按粗细长短分类搁在地上，编的时候选用，取材得心应手。先生不论做什么事，都喜欢动脑筋思索一番。

周先生与人相处，有自己的准则。我曾多次听父亲说，他跟周先生共事几十年，从未听到周先生背后贬损自己什么，也从未听到周先生跟自己非议他人。提起某个人，总是说优点。这是一种德行（xíng）。

面对别人的争议，周先生往往显得比较圆通。对拼音教学，父亲主张"直呼"，有人主张"三拼"，争执不下。周先生听了，打了个比方，说："这就好比从文改会去天安门，走这边走可以，走那边走也可以。"还说："只要效果好，方法可以不同。"

周先生是重情义的人。"文革"后期，周先生先补发了工资。他收到工资当晚，就跟夫人到我家来，捧着一个信封，里面有500元。我父母婉拒，周先生坚持说："你家有三个孩子插队，需要钱啊！"父母每提及此事，都称赞周先生为人。父亲补发工资后，跟母亲登门奉还并致谢。

周先生活到111岁，世所罕见。许多人谈论他的长寿之道。在我看来，主要有两方面因素。一个是遗传因素，他的母亲活到99岁，是在沙滩后街去世的。另一个是主观因素，可分为两点。第一，生活规律。他起居规律，进餐定时。他常说："我不随便吃东西。"也就是说，到饭点儿才进食，让肠胃有规律地工作。第二，心态好。不论什么时候去拜访他，总能听到他爽朗的笑声。提起什么事情，总是乐呵呵地谈论。从未见他因何事动怒。他的座右铭是苏东坡《留侯论》里的两句话："猝然临之而不惊，无故加之而不怒。"我曾听文改会的老同志讲过这么一个故事：他给某领导写了篇发言稿，领导发言时忽然脱稿发挥，出了常识性错儿，听众席上传来笑声。领导脸上挂不住了，当场训斥："周有光，你这是怎么写的？"周先生并未辩驳，而是静静回复："我搞错了。"在场的人谁不知道周先生是水平很高的专家，都暗暗赞叹周先生涵养深厚，功夫了得。周先生曾说，谁不生气呢？最好的办法是，五分钟把火气降下来！这说起来容易做起来难,但周先生真真切切做到了。

下面,我想谈谈"汉语拼音之父"的问题。

有的媒体为了出新,称周有光是"汉语拼音之父"。这个提法是不符合历史事实的。

首先,从周先生所处的位置来看。据《中国语文现代化百年记事》记载:"1955年2月21日中国文改会召开第十二次常务会议,决定成立拼音方案委员会,由吴玉章、胡愈之、韦悫、丁西林、林汉达、罗常培、陆志韦、黎锦熙、王力、倪海曙、叶籁士为拼音方案委员会委员(后又增加周有光、吕叔湘,共13人)。"可见,周有光非核心人物,是后增补的拼音方案委员会委员。《当代中国的文字改革》中说,这个领导创制汉语拼音方案的委员会中,主任是吴玉章,副主任是胡愈之,这两位才是核心人物。

其次,从周先生发挥的作用来看。周有光在创制汉语拼音过程中所起的作用,在《中国语文现代化百年记事》中仅有一处,说:"1956年1月10日中国文改会召开第四次全体会议。会议对个别字母作了修改后,一致通过了《汉语拼音方案(草案)》。会议推举叶籁士、陆志韦、周有光组成小组,根据通过的方案,负责写定《汉语拼音方案(草案)》和《关于拟定汉语拼音方案(草案)的几点说明》。"在这个负责写定草案的三人小组里,周有光处于最末的位置。

他们修订的这个草案,从《当代中国的文字改革》所述来看,是1954年上半年中国文字改革委员会印发征求意见的吴玉章拟出、修订的方案。

此后，拼音方案委员会又进行了非常重要的修订：1956年6月29日召开的会议上，王力、陆志韦、黎锦熙修订的草案被定为"修正第一式"；林汉达修订的草案被定为"修正第二式"。

1956年10月10日成立了汉语拼音方案审订委员会（主任是郭沫若，副主任是张奚若、胡乔木）。1956年11月21日在汉语拼音方案审订委员会召开的第四次会议上，通过了王力、陆志韦、黎锦熙的"修正第一式"为《汉语拼音方案修正草案》。王力等三人修订的方案后来改称为《汉语拼音方案（草案）》。

1957年11月1日，国务院全体会议第六十次会议通过了《关于公布〈汉语拼音方案（草案）〉的决议》，此后进行了广泛讨论。1958年2月11日，第一届全国人民代表大会第五次会议通过了《全国人民代表大会关于汉语拼音方案的决议》，正式批准公布了《汉语拼音方案》。

上面的历史事实表明，不论从最初所提方案看，还是从最后重要修订看，周有光都不是核心人物。他只参与了一个中间环节的工作，而且不是领军人。

从方案产生的过程看，是众人之力创制的，而不是某一个人创制的，不论称谁是"汉语拼音之父"，都是不科学、不符合历史事实的。所以，周恩来总理于1958年1月16日在全国政协会议上所作的报告《当前文字改革的任务》中说："从采用拉丁字母来说，它（指《汉语拼音方案》）的历史渊源远则可以一直推溯到三百五十多年以前，近则可以说是总结了六十年来我国人民创制汉语拼音方案的经验。"周总理又说："自从1956年2月由中国文字改革委员会发表了第一个草案以后，曾经经过全国政协和各地政协委员会所组织的各方面人士的广泛讨论，又经国务院成立的汉语拼音方案审订委员会反复审议和多次修订，去年10月间复经全国政协常委会扩大会议讨论，才于11月1日由国务院全体会议第六十次会议通过，并决定登报公布，准备提请全国人民代表大会下次会议讨论和批准。"周恩来的话从宏观角度和具体创制客观地、实事求是地说明了《汉语拼音方案》是众多人心血的结晶。他还特别批评了《汉语拼音方案》"是少数人关起门来搞的"的错误说法。那种说某人是"《汉语拼音方案》之父"的说法是完全违背史实的。

在我的书柜下层，躺着一本厚厚的《韦氏第三版新国际英语大词典》。这是一本英文的百科全书。在图书馆里，是打开放在桌子上供读者随时翻阅的。此书是周先生1961年赠送父亲的。每看到这个"大部头"，就想起他笑吟吟地去父亲房间攀谈，想起他抱着老厚的盲文书找父亲切磋的情景。

我的父亲杜松寿

父亲杜松寿（1905.10—1991.7）少年时在陕西华县咸林中学读书。这是当地一所有名的学校。1924年春，学生向校方提出改革不合理规章，施行进步老师提出的改革措施，校方不允。于是，一些同学便组织起来，北上赴京求学。父亲也在其中，这年他19岁。

在京报考需要中学毕业证。大伙儿毕业前匆忙来京，自然没有。于是上街买了证书纸，一位擅长书法的同学填写好，我父亲将肥皂刻成印章，盖上去。大伙儿拍手叫绝。爷爷是刻字师傅，父亲也会刻字。头一年都没考上，他们便在西郊幽静的大觉寺复习功课。第二年（1925年）再考，大多如愿，父亲考上了北京师范大学中文系。

1924年下半年在西郊备考时，父亲加入中国共产党。1925年底至1926年初，在"北方区委党团员积极分子训练班"，父亲多次聆听了李大钊讲课。父亲说，他讲课很生动，易于理解；话语富含情感，有很强感染力。

1926年"三一八惨案"这天，父亲跟北师大同学参加要求拒绝帝国主义无理要求的游行。游行队伍走到铁狮子胡同段祺瑞执政府门口,父亲把传单递给军警,对方不接,他就将传单塞到军警子弹带上。

谈判代表还在里面谈着,忽然枪声大作,军警向游行队伍开枪射击!父亲立即卧倒,随后向西面马厩跑,马夫手持木棍殴打躲进来的人,父亲便向东跑。在胡同口被挤倒,爬起来继续沿东四北大街向南跑。这时他看见埋伏路边的军警向奔逃的人开枪,接二连三有人中弹倒地。父亲一直快跑,幸运脱险。

次日,父亲跟同学一起参加了多场悼念活动。去女师大时,看到展示的刘和珍血衣和她字迹秀丽的中、英文课堂笔记。

"三一八"后父亲跟一些党员同学被派去广州黄埔军校学习,但途中发生了"中山舰事件",便改派广州农民运动讲习所。

这是农讲所第6期,由毛泽东担任所长。父亲回忆说,毛泽东很关心学员。毛泽东常说,讲习所跟黄埔比起来,条件是很"甘难"的。"甘难"就是普通话的"艰难"。但毛泽东仍想方设法改善学员生活。一次,他听说北方学员不习惯天天吃大米,就让所有学员分三种情况分别报名:吃米饭的,吃馒头的,各吃一半的。一下子解决了学员饮食不习惯的问题。

来农讲所讲课的,不少是著名革命者,如周恩来、瞿秋白、恽代英、邓中夏等。父亲印象最深的是萧楚女。萧楚女有肺病,但仍抱病授课,学员都很尊敬他。萧楚女说自己是"蜡烛人生观"。他说:"蜡烛在风地里燃得快些，在没风处燃得慢些，但不管燃得快慢，都要放光明的，照亮周围，灭得早晚倒无关紧要。"父亲对萧楚女这番话很赞佩，一直记在心里。

在农讲所学习后，父亲回到陕西，担任华县农民协会委员长，后到西安，担任省农民协会秘书长。"大革命"失败后，转入文化战线。1934年父亲在上海从事"新文字运动"。"新文字"即1931年共产党人瞿秋白、吴玉章创制的"北方话拉丁化新文字"，简称"北拉"，相当于现在的汉语拼音。在上海，他常给《申报》副刊、《生活》杂志撰稿，宣传"新文字"，还去"新文字讲习班"讲课，讲习班实际上是工人夜校。同时，他还参与编辑宣传"新文字"的小报《我们的世界》。此外，他还挤时间跟别人合作，将世界语版描写红军游击队的苏联小说《夏伯阳》译成中文。"新文字"团体在上海功德林饭店举办"上海文化界座谈会"，宣传"新文字"。为避免意外，大堂牌子上写着"丁先生请客在××餐厅"。一些文化界名人应邀出席。父亲也去了，参加活动需交1元，父亲当时经济拮据，搞"新文字"的朋友替他出了。"西安事变"后，陕西形势好转，1937年1月，父亲应邀返回西安，继续从事"新文字"运动。这一阶段，他出版了《中国文字拉丁化全程》(1939年)和《北方话新文字自修讲义》(1936年)两书，在当时文化界产生一定影响。《全程》介绍了20世纪初叶中国语文运动，同时兼做"北拉"教材。是一本兼具知识性和实用性的专著。该书"上编"详细讲述了清末以来的中国语文运动、"北拉"的产生及拼音方面的基本理论,还介绍了土耳其文字拉丁化情况。该书文笔流畅生动,史料翔实,可读性强。每小节后的总结性评议,不乏真知灼见。"下编"是一套完整的"北拉"教材。该书在重庆出版,边区和香港均有发行。数十年后的1981年,著名儿童文学作家任溶溶对父亲说,他当年是通过《全程》来学习普通话的。该书至今仍在延安革命纪念馆展出。《北方话新文字自修讲义》是一本普及性读本,书中的"常用字汇"可检索常用字的北京音。此外,他还写了若干"新文字"普及读物,如《不走正路的安德伦》《妇女课本》《中国文字拉丁化问题解说》等。

回到陕西后,父亲先后在凤翔县竞存中学、蒲城县崇实中学、合阳县合阳中学、黄陵县鄜州师范、户县师范、临潼中学等校任教,同时进行文化活动。这一时期,他编辑出版了《中文同音字典》。

新中国成立后,父亲任西北出版社副主编。1952年11月奉调入京,先后任《中国语文》副主编、中国文字改革委员会拼音处处长、研究员及《文字改革》杂志主编。在《中国现代语言学家》(河北人民出版社,1985年版)中,被称为"中国文字改革活动家"。

父亲给我留下几点深刻印象:

一是说话客观,实事求是。改革开放之初,文改会搞了个"二简"(《第二次汉字简化方案(草案)》),征求大家意见,文改会内部争议很大。我问及此事,父亲说:"我当时是支持老叶公布的。""叶"指文改会主任叶籁士，父亲是元老级人物之一，他的意见有一定影响力。"二简"1986年被国务院发文废止，父亲并未因该方案被废止而掩饰自己当时主张，而是客观如实说明。一次我问，为什么汉语拼音中声调符号要"i、u并列标在末"，也就是音节中的"iu""ui"为何都须把声调符号标在后面。父亲说，当时有好几种意见，自己主张统一标在后面，后来这一意见被大家接受并写进最终方案。他说这件事的时候，语气平和，话语不多，像从旁说别人的事，丝毫没有吹嘘自己的意味。他在临潼中学教书时，一位老师被盗，人们都说是某校工偷的，校长准备责罚。父亲根据校工平时表现，不相信。他仔细询问校工，找涉事人反复核实情况，终于弄清真相，发现真正盗窃者，还校工以清白。

二是一贯重视普及工作。1930年代父亲在上海搞"新文字"时，虽极为繁忙，仍一直坚持在工人夜校授课。1951年，为了帮助志愿军战士快速识字、写家信，他写了帮助扫盲的小册子《四百四十六个字》。《汉语拼音方案》公布后，他多次深入山西等地农村，教农村干部借助拼音识字。"文革"后，他又数次去晋南了解汉语拼音教学情况。多年后，山西《小学生拼音报》副总编吴晓宁告诉我，父亲到乡村基层，没有架子，跟农民关系极为融洽，很受欢迎，当地群众一直怀念他。

三是终生勤奋工作。小时候，我睡下时，父亲小屋的灯仍亮着；清晨我醒来时，那盏灯早已亮了起来。当年编《中文同音字典》时，他单独住在学校附近一眼窑洞里，带了一篮馒头和开水，夜以继日工作。1950年代初他每次带孩子们出阜成门玩儿，必携一卷毯子和书籍、资料。我们在河边草地高兴地逮蚂蚱、捉蝴蝶，他坐在毯子上专心致志工作。父亲节假日从不休息。唯一一次周日带孩子们去北海公园，还是去参观琼岛上的文字改革展览。

四是始终勤勉学习。父亲在北大旁听过英语，在中学教过英语。他自学俄语并有译著《文字的发展》，又自修了法语、德语。"文革"中在宁夏平罗"五七干校"，他边劳动边学日语。从宁夏回来，他已能阅读日语版《毛主席语录》。对疑难的语言文字问题，他都追本穷源。有一年大年初一，国家语委某副主任听到敲门声，开门一看，是我父亲（已80多岁），边请他进屋，边吃惊地问："杜老，大老远的，您怎么来了，有什么事，您说一声，我去您家。"原来，父亲是问一个汉字方面的问题，这位副主任是汉字专家。一次，父亲听说有个计算机科普报告，不顾路远跑去听。大厅里坐着的都是二三十岁的年轻人，只有我父亲是满头银发的年逾八旬老者。有位记者好奇地找他攀谈，还写了篇报道。他曾说："我这一辈子，就是顽犟地学习。""顽犟"是陕西方言，即"顽强"。

五是一辈子生活俭朴。他的衣服旧得褪色，仍穿；铅笔刀豁了，仍用。写文章常用手边的各种纸，最后誊清到稿纸上。吃饭很随便，不论什么饭总是吃得很香。他提出的唯一饮食建议是吃碗家乡的"米儿面"（在比较稀的小米粥里下些面条)。他一生从未单独去餐馆吃饭,总是跟客人或家人同去。

六是待人宽厚。我小时候犯了错,从来不敢跟母亲说,都是跟父亲说,他总是想方设法帮我补救。1960年代"困难时期",他托一位回乡的朋友带给老家亲属些食品(也给了这位朋友家一些),不料那人全都带回自家。全家人都愤恨不已,要找他追究。唯独父亲说,他家也不容易,算了。"文革"前,父亲出了一本讲解汉语拼音理论的书,有位姓冯的青年给父亲写信,说没买到,看能否协助购买。父亲大热天骑车送去一本。冯当时没在家,但事后也没来电话或来信致谢。"文革"后,冯报考父亲的研究生,知情者告诉父亲,他就是当年得书而不谢一声的冯,建议不招。父亲并不介怀其失礼,同意他报考。

语言学界认识父亲的人很多,但大多不知父亲遭逢的不白之冤。1928年他在西安被捕入狱。一个军阀退走,另一个军阀进城,狱卒有的跑了,有的不管事,任人出入。父亲跟同志们立即逃离监牢。对此,父亲在履历上写"出狱"。不料1950年审干时认为是疑案,撤销了党籍。父亲此后几十年一直在申诉,甚至向党中央组织部长安子文反映,但一直搁置。令人哭笑不得的是,跟父亲一同从监狱跑出来的潘自力(曾任中国驻苏联大使)在履历中写的是"越狱",潘因此一直风平浪静,没人追究。一字之差,天差地远!"文革"后,中国社科院党组织外调,找到父亲当年的领导。老同志叹了口气,说:"其实,这么多年,我一直在想,老杜的事,搞错了。"1980年父亲平反恢复党籍时,已然75岁。他将补发工资全交了党费。父亲1991年去世,安葬于八宝山革命公墓红军墙。

前人足迹,后人路标。